ÓDIO AO OCIDENTE

*Conselho Editorial da
área de Serviço Social*

Ademir Alves da Silva
Dilséa Adeodata Bonetti
Elaine Rossetti Behring
Maria Lúcia Carvalho da Silva
Maria Lúcia Silva Barroco

**Dados Internacionais de Catalogação na Publicação (CIP)
(Câmara Brasileira do Livro, SP, Brasil)**

Ziegler, Jean
  Ódio ao Ocidente / Jean Ziegler ; tradução Marcelo Mori, Maria Helena Trylinski, Mariclara de Oliveira. – São Paulo : Cortez, 2011.

  Título original: La haine de l'Occident
  ISBN 978-85-249-1807-0

  1. Civilização Ocidental 2. Imperialismo 3. Norte-Sul 4. Nova ordem econômica internacional.

11-07532   CDD-327

Índices para catálogo sistemático:
1. Nova ordem econômica internacional : Economia   327

Jean Ziegler

Ódio ao Ocidente

Tradução de
Marcelo Mori
Maria Helena Trylinski
Mariclara de Oliveira

Título original: LA HAINE DE L'OCCIDENT
Jean Ziegler

Capa: aeroestúdio
Imagem de capa: gravura do livro "Portraiture of Domestic Slavery in the United States", de 1817.
Preparação de originais: Tiago José Risi Leme
Revisão: Sandra Brazil
Composição: Linea Editora Ltda.
Coordenação editorial: Danilo A. Q. Morales

Copyright © Jean Ziegler 2008 conforme edição francesa, para MOHRBOOKS AG Literary Agency, Klosbachstrassse 110, CH-8032 Zürich, Switzerland

Todos os direitos morais do autor foram respeitados.

Direitos para esta edição
CORTEZ EDITORA
R. Monte Alegre, 1074 — Perdizes
05014-001 — São Paulo — SP
tel. (11) 3864 0111 Fax: (11) 3864 4290
e-mail: Cortez@cortezeditora.com.br
www.cortezeditora.com.br

Impresso no Brasil — agosto de 2011

Este livro é dedicado à memória de
Jaime Vargas, l'Abbé Pierre, Franco Bettoli,
Andreas Malacorda.

Sumário

Prefácio 9
Introdução 21

Primeira parte. Nas origens do ódio 31
    I. A razão e a loucura 33
    II. Os meandros da memória 39
    III. A caça ao escravo 51
    IV. Os massacres coloniais 58
    V. Durban — ou quando o ódio ao Ocidente impede o diálogo .. 70
    VI. Sarkozy na África 82

Segunda parte. A filiação abominável 95
    I. Do escravagista ao predador onívoro 97
    II. Na Índia, na China 108

Terceira parte. A esquizofrenia do ocidente 115

I. Os direitos humanos 117
    II. Cinismo, arrogância e linguagem dupla 131

Quarta parte. Nigéria: A fábrica do ódio 135
    I. A máfia de Abuja 137
    II. No tempo da guerra de Biafra 147

III. A farsa eleitoral 150
IV. A corrupção como meio de controle...................................... 156
V. Rastros de sangue no delta... 160
VI. Lagos, depósito de lixo do Ocidente...................................... 169
VII. A hipocrisia do Banco Mundial... 173
VIII. As crianças escravas de Wuze 178
IX. Quando Angela Merkel esbofeteia Wole Soyinka................. 181

Quinta parte. Bolívia: A ruptura 185
I. Quando os porcos estavam famintos...................................... 187
II. Um indígena na presidência 198
III. O orgulho redescoberto... 206
IV. A reapropriação das riquezas 213
V. Vencer a miséria 220
VI. O Estado nacional 231
VII. A festa 242
VIII. Os ustashes estão de volta... 246

Epílogo... 257
"A nossa hora é chegada" 257
Agradecimentos.. 269

PREFÁCIO

O dia estava frio. Um sol tímido atravessava as nuvens. A avenida Pensilvânia estava apinhada de gente. Diante da fachada oeste do Capitólio tinha sido erigida uma plataforma adornada com as cores americanas.

Um homem esguio, de quarenta e oito anos de idade, rosto escuro e olhar brilhante, vestindo um casaco azul-marinho, andou até o centro do pódio.

O presidente da Corte Suprema leu o juramento.

Barack Obama o repetiu.

Ao lado dele estavam sua esposa, Michelle, e suas duas filhas, Sasha e Malia.

O tataravô de Michelle chamava-se Dolphus Shields. Ele nasceu escravo, numa plantação de algodão na Carolina do Sul em 1859.[1]

Na enorme multidão que se aglomerava em frente do Capitólio e ao longo da avenida Pensilvânia, muitos tinham lágrimas nos olhos. Era uma terça-feira, dia 20 de janeiro de 2009.

Desde a primeira publicação deste livro, em outubro de 2008, a eleição de Barack Obama como 44º presidente dos Estados Unidos é, certamente, o acontecimento mais marcante que ocorreu em nosso planeta. Fruto, acima de tudo, do despertar e da mobilização da

---

1. Para a árvore genealógica de Michelle Obama, ver o *site* do *New York Times*: <global.nytimes.com> [ou diretamente: <http://www.nytimes.com/interactive/2009/10/04/us/politics/200909-obama-family-tree.html?ref=firstladiesus>].

memória ferida de dezenas de milhões de descendentes de africanos deportados e de pessoas provenientes de outras minorias, essa vitória suscitou no mundo todo, mas especialmente no hemisfério sul, uma chama de esperança.

Esperança hoje despedaçada.

Na maior prisão militar do mundo, em Bagram, no Afeganistão, os agentes dos serviços de segurança dos Estados Unidos continuam a torturar seus prisioneiros. As "comissões militares" estão ainda no local, a aplicação da Convenção de Genebra aos prisioneiros é negada, "combatentes hostis" ou meros suspeitos.

Em Bagram, a advogada nova-iorquina Tina Forster cuida — por conta da *International Justice Network* — de três prisioneiros: dois iemenitas e um tunisiano. Ela observa: "Não há nenhuma diferença entre as administrações Obama e Bush."[2]

Obama conduz duas guerras ao mesmo tempo. E ainda recebe o Prêmio Nobel da Paz!

No final de novembro de 2009, quatro dias antes da cerimônia solene de entrega do prêmio em Oslo, na Suécia, ele decidiu intensificar maciçamente a guerra no Afeganistão e anunciou o envio de 30.000 soldados adicionais. Doravante, os bombardeiros americanos serão oficialmente autorizados a operar nas zonas tribais do Oeste do Paquistão, declaradas áreas de retirada e aprovisionamento dos talibãs. Os ataques aéreos dos *drones* [aviões teleguiados] sobre as cidades e aldeias Pashtun do Paquistão aumentarão consideravelmente. Ora, são esses aviões sem piloto chamados "drones",[3] dirigidos a partir de um posto de comando subterrâneo em Nevada (Estados Unidos), que provocam as mais terríveis devastações na população civil do Oeste do Paquistão. Existe ainda outro indício da submissão de Obama ao Pentágono: ao contrário de suas promessas de campanha, o novo presidente se recusa a aderir ao tratado mundial que proíbe a fabricação e a utilização de minas terrestres.

---

2. Tina Forster, jornal *Libération* (Paris, 23 de julho de 2009).
3. Os aviões teleguiados são também chamados "zangões". (N.T.)

No Oriente Médio, no gueto de Gaza, onde se amontoam, em 365 km², um milhão e meio de palestinos, a subnutrição e as doenças estão dizimando a população. O bloqueio israelense priva de medicamentos os hospitais. Depois dos massacres e dos bombardeios israelenses de janeiro de 2009, nenhuma reconstrução é possível. A punição coletiva contra a população civil sitiada impede a chegada de materiais de construção. Na Cisjordânia e na Jerusalém Oriental ocupadas, o roubo de terras, de água e dos lares palestinos prossegue sem entraves.

Autorizado pelas Nações Unidas, o juiz sul-africano Richard Goldstone investigou, durante seis meses, a agressão de Israel contra o gueto de Gaza de janeiro de 2009: 1.400 palestinos mortos, mais de 6.000 mutilados e queimados, sendo muitos deles mulheres e crianças. Ele concluiu que houve crimes de guerra cometidos pelo governo israelense (como também pelo Hamas) e solicitou a transferência dos culpados para o Tribunal Penal Internacional. No Conselho de Segurança e no Conselho de Direitos Humanos da ONU, os Estados Unidos combateram de modo veemente as conclusões do relatório Goldstone.[4]

Entre os aliados estratégicos dos Estados Unidos, ainda figuram certos países — Uzbequistão, Arábia Saudita, Israel, Nigéria, Colômbia, Kuwait — que, na lista da Anistia Internacional, estão registrados como os piores violadores dos direitos humanos.[5]

Escreve o *Washington Post*: "O ponto fraco de Obama são os direitos humanos."[6]

Por que esse fracasso?

Barack Obama sofre as consequências diretas da lei do império. Apesar de sua população relativamente pequena — 300 milhões de pessoas —, os Estados Unidos são de longe, ainda hoje, a nação

---

4. Richard Goldstone, "Report of the UN Fact-Finding Mission on the Gaza Conflit", Alto Comissariado das Nações Unidas para os Direitos Humanos (Genebra, 2009).

5. Anistia Internacional, "Annual Report" (Londres, 2009).

6. Citado segundo *Le Courrier international* (Paris, 14 de maio de 2009).

industrial mais criativa, mais competente e mais dinâmica do planeta. Em 2009, de todos os bens industriais produzidos em um ano no mundo aproximadamente 25% eram de empresas americanas.

A principal matéria-prima dessa gigantesca máquina industrial é o petróleo: os Estados Unidos usam cerca de 20 milhões de barris por dia. Porém, menos de oito milhões de barris por dia são produzidos entre o Alasca e o Texas. 61%, ou seja, pouco mais de 12 milhões de barris por dia, são importados do exterior. E, além disso, terras estrangeiras geralmente hostis e em situações de conflito: Oriente Médio, Ásia Central, Delta do rio Níger.

Qual é a consequência? Os Estados Unidos devem manter forças armadas extraordinariamente numerosas e dispendiosas.

Em 2008, pela primeira vez na História, as despesas com armamento dos países membros da ONU ultrapassaram um trilhão de dólares por ano. Os Estados Unidos gastaram com armas 41% desse montante (a China, segunda potência militar mundial, 11%).

O mesmo imperativo petrolífero — e militar — obriga o governo de Washington a estabelecer alianças estratégicas com algumas das nações mais insolentes do mundo, no que diz respeito aos direitos dos povos sob seu controle.

Somos confrontados com esse paradoxo.

Depois da eleição de um afro-americano para a presidência dos Estados Unidos, o ódio dos povos do Sul pelo Ocidente tornou-se ainda maior.

Régis Debray escreveu: "Hoje, mais do que nunca, a memória é revolucionária."[7] O segundo fenômeno mais importante observado desde a publicação desse livro é a rápida progressão, a consolidação da revolução indígena dos Andes.

Nas cadeias de montanhas intermináveis e áridas, no fundo dos vales, nas florestas exuberantes das terras baixas da Amazônia, a

---

7. Em *Aveuglantes Lumières* (Paris: Gallimard, 2006).

memória ferida dos povos indígenas vive um renascimento fulgurante. Essa memória se torna consciência política, uma força de resistência, o movimento social indomável.

Maio de 2009: os índios da Amazônia peruana se levantam. O governo de Lima acaba de conceder a companhias petrolíferas ocidentais os direitos de perfuração, que ameaçam arruinar a terra e os cursos d'água das comunidades indígenas. Sob a direção da Associação Interétnica para o Desenvolvimento da Selva Peruana (AIDESEP), as comunidades organizam a resistência, bloqueiam as estradas e os rios da região. Corrompido pelas empresas estrangeiras, o presidente Alan García Pérez decreta estado de emergência. A repressão se abate sobre as comunidades. Os assassinatos de indígenas se sucedem. No massacre de Bagua, o exército atira à queima-roupa contra trinta e quatro manifestantes, incluindo mulheres e crianças. Mas a resistência não esmorece mais.

Na quarta-feira, 17 de junho de 2009, Alan García apresenta-se perante o Congresso, em Lima. Ele pede a anulação dos decretos que preveem a expropriação de terras da Amazônia.

Na Bolívia, a revolução silenciosa iniciada com a entrada no palácio Quemado de Evo Morales Ayma, o primeiro presidente indígena da América do Sul eleito em 500 anos, avança em meio à agitação.

Os contratos negociados com mais de duzentas companhias de petróleo, gás e mineração estrangeiras, transformando-as em simples empresas de serviços, fornecem ao Estado boliviano, ano após ano, dezenas de bilhões de dólares em receitas. Evo Morales utiliza esse fundo financeiro para transformar radicalmente a situação material das classes mais pobres. Lentamente, o povo boliviano sai da sua miséria secular. Desde 2009, qualquer pessoa com idade superior a sessenta anos, sem renda, recebe 200 bolivianos por mês.[8]

O *Bono madre niño* [Bônus mãe filho] é outra reforma generalizada depois de 2009. Ele dá direito a acompanhamento médico

---

8. Se o beneficiário receber aposentadoria de outra fonte, o *Bono* (bônus), consequentemente, será reduzido.

gratuito durante toda a gravidez. O bebê é beneficiado com o mesmo serviço. Durante todo o período de gravidez, e até os dois anos de idade do bebê, a mãe recebe 200 bolivianos por mês. Outro *Bono*: aquele que procura manter os filhos das famílias mais pobres na escola. No final do quinto ano letivo concluído, a família recebe um bônus de 200 bolivianos, cerca de 30 dólares. Esse valor pode parecer ridiculamente baixo, mas, muitas vezes, as famílias têm de seis a oito filhos.

A luta contra o trabalho escravo faz progressos. Em Alto Parapeti, província de Santa Cruz, os agentes do INCRA[9] descobriram, em 2009, dez latifúndios pertencentes a cinco famílias e que abrangem uma área de 36.000 hectares. Várias centenas de famílias guaranis foram ali mantidas à força, obrigadas a trabalhar sem salário ou remuneração de qualquer espécie. As terras que abrigam esses escravos foram desapropriadas. Em 14 de março de 2009, Evo Morales foi pessoalmente a Alto Parapeti entregar às pessoas idosas das comunidades guaranis seus títulos de propriedade.

Mas o inimigo não depõe as armas. Periodicamente, são promovidos massacres de camponeses. Leopoldo Fernandez, governador, em 2009, da província de Pando, na Amazônia Oriental, vizinha do Brasil, é cúmplice e amigo de grandes proprietários de terras da região. A polícia e as milícias particulares caçam os funcionários do INCRA, os agrônomos vindos de La Paz, os tecnólogos encarregados de preparar a reforma agrária. Recentemente, em protesto, milhares de camponeses sem-terra, acompanhados de suas esposas e filhos, organizaram uma marcha em direção à capital da província. Na altura da aldeia Cachuela Esperanza, os pistoleiros de Fernandez fizeram uma emboscada. Dezessete manifestantes, incluindo mulheres e crianças, foram mortos à queima-roupa. Mais de seiscentas pessoas ficaram feridas. Dezenas foram consideradas como desaparecidas. Os sobreviventes testemunharam que vários agressores não falavam espanhol, mas uma língua "desconhecida".

---

9. Instituto Nacional de Colonização e Reforma Agrária.

Em abril de 2009, reuniu-se em Trinidad e Tobago, país caribenho ao largo da Venezuela, a Quinta *Cumbre de las Americas*, a reunião de cúpula dos chefes de Estado das Américas.

Lá Barack Obama encontrou, pela primeira vez, Evo Morales. Sua conversa foi breve.

Enquanto isso, a campanha de sabotagem perpetrada contra o governo legítimo da Bolívia, pela oligarquia de Santa Cruz e seus mercenários croatas, liderados pelos agentes dos serviços secretos norte-americanos, prosseguia com extrema violência.

Dois dias depois do aperto de mão em Trinidad, as unidades especiais da polícia boliviana cercaram, em Santa Cruz, o hotel Las Americas. No quarto andar do edifício, cinco veteranos das guerras dos Bálcãs de origem croata e húngara tinham estabelecido um depósito de armas e explosivos. A investida aconteceu às cinco horas da manhã. De acordo com notas encontradas no local, os mercenários estavam planejando assassinar Evo Morales, o vice-presidente Álvaro García Linera e quatro ministros do governo. Durante o ataque, três dos mercenários foram mortos e dois foram feitos prisioneiros.

Os complôs de assassinatos e sabotagem não são os únicos perigos que ameaçam a revolução silenciosa na Bolívia. A árvore da nova Bolívia que, lentamente, está criando raízes tem, certamente, galhos fracos, ramos apodrecidos. Por exemplo: Santos Ramirez, cofundador do Movimiento al Socialismo — MAS, que levou Morales ao poder. Ele era o terceiro homem mais poderoso do país, depois de Evo Morales e García Linera. Antigo advogado de sindicatos camponeses, ele se tornou diretor-geral da YPFB,[10] a companhia petrolífera nacional. A polícia prendeu-o em sua casa em fevereiro de 2009. Ela encontrou em sua residência 450.000 dólares em dinheiro, um "presente" — segundo o juiz de instrução — da empresa norte-americana Castler Uniservice, que recebeu da YPFB a encomenda de construção de uma usina de liquefação de gás natural.

---

10. Yacimientos Petrolíferos Fiscales Bolivianos [Jazidas Petrolíferas Fiscais Bolivianas].

Evo Morales afastou Ramirez e o substituiu por Carlos Villega, o sexto diretor-geral da YPFB desde a posse do presidente!

Porém, nem as intrigas internacionais, nem as campanhas de difamação orquestradas pela imprensa europeia, nem as sabotagens conseguiram, até agora, fazer ruir o extraordinário movimento identitário indígena, a construção do Estado nacional e a revolução silenciosa impulsionada pelo MAS. A nova Constituição foi adotada democraticamente. Em 6 de dezembro de 2009, Evo Morales Ayma foi, triunfalmente, reeleito presidente com mais de 63% dos votos. Seu movimento, o MAS, conquistou a maioria nas duas câmaras.

Terceira nova circunstância desde a primeira edição deste livro: no outono de 2008, um *tsunami* financeiro varreu o planeta; os predadores do capital financeiro globalizado, com suas especulações dementes, sua ganância obsessiva, destruíram, em poucos meses, trilhões de valores patrimoniais.

Alphonse Allais escreveu: "Quando os ricos emagrecem, os pobres morrem." O banditismo bancário já gerou milhões de desempregados no Ocidente. Só que nos países do hemisfério sul ele mata. De acordo com o Banco Mundial, desde a explosão da crise da bolsa, várias centenas de milhões de pessoas foram lançadas no abismo da pobreza extrema e da fome.

Em 22 de outubro de 2008, reuniram-se no palácio do Eliseu, em Paris, os quinze chefes de Estado e de governo dos países da zona euro. Estavam aí presentes, em especial, José Luis Zapatero, Angela Merkel e Nicolas Sarkozy. A sua decisão? Os países da zona euro iriam liberar 1.700 bilhões de euros para reiniciar os empréstimos interbancários e aumentar de 3% a 5% do piso do fluxo de seus bancos.

Nos meses que se seguiram à reunião de Paris, os países ocidentais reduziram, maciçamente, seus pagamentos às agências internacionais de ajuda humanitária e os créditos destinados aos países mais pobres.

Responsável pela ajuda alimentar de emergência, o Programa Alimentar Mundial das Nações Unidas (PAM) tem um orçamento corrente de 6 bilhões de dólares. Em 2008, ele era responsável por 71 milhões de pessoas, vítimas de guerras, desastres naturais e migrações forçadas. Atualmente, seus fundos disponíveis não são mais do que quatro bilhões de dólares. Em poucos meses, o PAM perdeu mais de um terço de seus recursos. Com que resultado?

Em Bangladesh, o PAM teve de cancelar as merendas escolares de um milhão de crianças desnutridas. Nos campos, em território queniano, 300.000 refugiados somalis recebem, atualmente, apenas uma ração diária de 1.500 calorias, enquanto a Organização Mundial da Saúde (OMS) fixa o mínimo vital em 2.200 calorias diárias por adulto. Nesses campos de refugiados, acima do qual tremula a bandeira azul e branca da ONU, ela própria organiza a subnutrição de seres humanos que leva à agonia e à morte.

Onde está a esperança?

Na construção, por parte dos povos do Sul, de nações soberanas, multiétnicas, democráticas, donas das riquezas de seu subsolo, de suas terras, vivendo sob o império do direito e capazes, daqui por diante, de negociar em pé de igualdade com as potências do Ocidente.

Em 1799, Simón Bolívar, com 16 anos de idade, chegava pela primeira vez a Paris. O espetáculo dos levantes revolucionários alimenta seu ódio pelo despotismo espanhol nas Américas. As ideias de Robespierre e Saint-Just também estimularam outros jovens que logo conduziriam os exércitos de libertação através dos Andes.

Antonio José de Sucre, José de San Martin, Bernardo O'Higgins e vários outros insurgentes tiraram sua inspiração dos escritos e das lutas dos revolucionários franceses.

Mas a luz de hoje não brilha mais da Europa.

Maurice Duverger tinha previsto a degeneração das nações europeias. Dotadas de um modo de produção que tende para o dinamismo e uma força criativa admiráveis, mas subjugadas pelo desejo de conquista de suas classes dominantes, com a sua obsessão pelo ganho financeiro imediato, elas deixaram morrer as Luzes que as fizeram nascer.

Os Estados ocidentais praticam aquilo que Duverger chama de fascismo exterior.[11] Já dentro de seu território, eles edificam autênticas democracias. Mas os valores democráticos que estão na base de suas Constituições se detêm em suas fronteiras.

Diante dos povos do hemisfério sul, eles praticam a lei da selva, a lei do mais forte, o esmagamento daquele que resiste.

A obsessão pelo benefício de suas respectivas oligarquias orienta suas políticas externas.

Insensível ao sofrimento dos povos do Sul, às suas memórias feridas, o Ocidente fica cego e surdo, firme em seu etnocentrismo.

Na Europa, a vontade de justiça e a esperança de uma aventura coletiva que faça sentido são atingidas pela anemia. O veneno do individualismo hedonista, cuidadosamente destilado pelos donos do capital financeiro globalizado, executa o seu trabalho. A própria palavra revolta provoca sarcasmo. O câncer capitalista corrói o Ocidente.

No limiar do novo milênio, a esperança vem até nós das florestas amazônicas do Equador e do Peru, dos planaltos da Bolívia, dos Lhanos da Venezuela e, em menor escala, das megacidades do Brasil.

Assinante de vários jornais revolucionários e, particularmente, desde julho de 1789, do *L'Ami du Peuple*, Immanuel Kant acompanhava em Königsberg os acontecimentos de Paris. Ao contrário de seus compatriotas, Johann Wolfgang von Goethe e Friedrich von Schiller — no entanto, considerados "poetas da liberdade" —, ele compreende intuitivamente essa "ruptura do tempo", sua grandeza

---

11. Maurice Duverger, na ocasião dos bombardeios norte-americanos em Haifong e Hanoi (Natal de 1972). Cf. jornal *Le Monde* (Paris, 26 de dezembro de 1972).

e seu significado universal. Com seus colegas da estalagem *Zum Ewigen Frieden* (*Na paz perpétua*), ele comentava diariamente — e com paixão — as contradições, os levantes e as iluminações da revolução em andamento.

Pouco depois do Terror e do desaparecimento de Saint-Just e Robespierre, Kant escreveu em 1798:

> Um fenômeno assim na história do mundo nunca será esquecido, pois ele descobriu, nas profundezas da natureza humana, uma possibilidade de progresso moral que nenhum homem tinha até então suspeitado. Mesmo que o objetivo perseguido não tenha sido alcançado [...], essas primeiras horas de liberdade não perdem nada de seu valor. Porque esse evento é demasiadamente imenso, demasiadamente envolvido com os interesses da humanidade e demasiadamente influente em todas as partes do mundo, de maneira que os povos, em outras circunstâncias, não se lembrem e não sejam levados a repetir a experiência.[12]

Nas mãos dos ocidentais, atingidos por uma fraqueza trágica, a tocha da revolução se apagou. Hoje a revolta do homem negado em sua dignidade retumba nos Lhanos, no coração dos Andes. Sim, são os povos da América do Sul e do Caribe que reacendem a chama. Esta, talvez em breve, incendiará o mundo.

O grande movimento de emancipação do homem está crescendo rapidamente em todo o hemisfério sul, especialmente entre os povos muçulmanos, indígenas e cholos.

Mas, no próprio centro desse fantástico renascimento identitário, do desejo de viver juntos — em igualdade, liberdade e fraternidade —, que é o alicerce de qualquer construção nacional, encontra-se um perigo mortal, um verdadeiro veneno: a tentação constante do isolamento tribal, do fanatismo identitário, da exclusividade, que se tornam recusa do outro, racismo, em suma: ódio patológico.

---

12. Immanuel Kant, "Le conflit des facultés", in *Œuvres philosophiques*. II, *Les derniers écrits*, sob a direção de Ferdinand Alquié (Paris: Gallimard, 1986, col. "Bibliothèque de la Pléiade" [Esse texto também se encontra em português: Immanuel Kant. *O conflito das faculdades*. Lisboa: Edições 70, 1993]).

Fernando Quispe, Olantta Humala e os profetas da *raza cobriza*[13] personificam esse perigo nos Andes; os salafistas, os talibãs no mundo muçulmano.

Se o Ocidente persiste em sua cegueira, os profetas racistas, os fanáticos tribalistas poderiam muito bem acabar por vencer, destruindo o movimento de emancipação.

Dessa forma, depende de nossa solidariedade ativa de ocidentais com as novas nações soberanas da América Latina e, aliás, do hemisfério sul, que promete ser um mundo mais habitável, mais digno, dedicado à equidade e à razão.

Genebra, janeiro de 2010

---

13. A "raça da tez de cobre" designa, na linguagem de Quispe, os diversos povos indígenas da América.

Introdução

J'habite une blessure sacrée
J'habite des ancêtres imaginaires
J'habite un vouloir obscur
J'habite un long silence
J'habite une soif irrémédiable
J'habite un voyage de mille ans
J'habite une guerre de trois cents ans
[...]

(Habito uma ferida sagrada
Habito ancestrais imaginários
Habito um querer obscuro
Habito um longo silêncio
Habito uma sede irremediável
Habito uma viagem de mil anos
Habito uma guerra de trezentos anos
[...])

Aimé CESAIRE,
"Calendrier lagunaire", *Moi, laminaire.*

As chuvas do final do inverno se abatiam sobre as antigas árvores no caminho do Ermitage Hotel, em Genebra. Uma fina camada de neve úmida cobria o esplendor vermelho dos arbustos de magnólias, o rosa das cerejeiras do Japão e os ramos dourados das forsítias.

A meia-noite se aproximava, fazia um frio polar.

Eu estava andando ao lado de uma mulher elegante, usando um sari branco e ocre, coberto com um casaco de lã. Era Sarala Fernando, embaixadora do Sri Lanka para as Nações Unidas, em Genebra.

Estávamos saindo de um jantar de diplomatas europeus, asiáticos e africanos organizado na residência do embaixador da Irlanda, Paul Kavanagh. Durante toda a noite, tínhamos discutido as medidas a serem tomadas para conter o terrível genocídio que começou em janeiro de 2003 pelo ditador do Sudão, o general Omar Bachir, nas montanhas e savanas de Darfur.

Os homens, mulheres e crianças Masalit, Fur e Zagawa tombam aos milhares sob os bombardeios dos aviões Antonov e os golpes de lanças das milícias árabes a cavalo, os Janjaweeds. Tal como cavaleiros do Apocalipse, esses assassinos se abatem sobre aldeias africanas, estuprando, mutilando, degolando mulheres e meninas, jogando as crianças vivas nas fogueiras das cabanas em chamas, massacrando homens, adolescentes e velhos.

Os Janjaweeds matam sob as ordens dos generais no poder em Cartum, eles próprios comandados pelos "pensadores" da Frente Islâmica da Salvação.

Estávamos numa terça-feira, dia 20 de março de 2007.

Quatro dias antes, na sala XIV do Palácio das Nações em Genebra, a presidente da Comissão de Investigação sobre Darfur e Prêmio Nobel, Jody Williams, apresentara seu relatório ao Conselho de Direitos Humanos da ONU.

Fato irrefutável, documentos de apoio: o genocídio provocara, em quatro anos, mais de duzentos mil mortos, centenas de milhares de mutilados e cerca de dois milhões de refugiados e pessoas removidas.

O jantar, organizado por Paul Kavanagh e sua mulher, tinha por finalidade elaborar o texto de uma resolução de compromisso, que seria apresentada durante a semana aos representantes dos quarenta e sete países membros do Conselho.

No plano internacional, desde 2007, o Conselho de Direitos Humanos tem um papel fundamental. Depois da Assembleia Geral e do Conselho de Segurança, ele é a terceira instância mais importante da ONU. Ao contrário do que acontece no Conselho de Segurança, não existe direito de veto no Conselho de Direitos Humanos. Nele, as grandes potências estão sujeitas à lei da maioria, ela própria governada por uma aliança entre os Estados-membros da Organização da Conferência Islâmica — OCI e os países do *Non-Aligned Movement* — NAM (Movimento dos Países Não Alinhados — MNA). Cada vez mais — e esse é, particularmente, o caso de Darfur —, o Conselho de Direitos Humanos adquire o *status* de um Anticonselho de Segurança.

O projeto de resolução previa a abertura, a partir do Chade, de corredores humanitários para o fornecimento de alimentos, água e medicamentos às vítimas e a interdição do espaço aéreo de Darfur a qualquer aeronave que não fosse autorizada pela ONU.

No vento gelado, Sarala Fernando avançava com dificuldade. É uma mulher madura, com belos olhos negros, uma inteligência aguda, que, entre os diplomatas asiáticos credenciados em Genebra, goza de influência e prestígio extremos.

De repente, no meio do caminho, ela se deteve.

"*Why are they attacking us all the time?... We are civilized... But sometimes it is very difficult to control ourselves, not to speak out...*" ("Por que eles ficam nos atacando o tempo todo?... Somos civilizados... Mas às vezes temos muita dificuldade em nos controlar, em não emitir claramente, abertamente nossa opinião...")

Sarala Fernando dificilmente controlava a sua raiva. A proposta, apresentada pelos representantes da União Europeia, de condenar o regime islâmico do Sudão com uma dura resolução a colocava fora de si. À mesa do embaixador da Irlanda, ela tinha ficado calada. Agora, estava explodindo.

"*And the Germans, what did they do not so long ago?*" ("E os alemães, o que eles fizeram nos últimos tempos?") A alusão se referia ao embaixador alemão Michael Steiner que, em março de 2007, presidiu o grupo de embaixadores da União Europeia.[1]

> E os ingleses? Você se lembra do que fizeram com os tecelões indianos? Para destruir a indústria têxtil da Índia e impor o seu monopólio, eles quebraram os dedos dos tecelões, homens, mulheres e crianças. E no meu país, o Sri Lanka, quando chegaram, os ingleses declararam *waste lands* — terras sem dono — centenas de milhares de hectares de terras cultivadas, onde nossos agricultores viviam e trabalhavam. Os camponeses foram expulsos. A fome dizimou centenas de milhares de aldeões. Os ingleses estabeleceram suas plantações de chá em valas comuns repletas dos cadáveres de nossos camponeses.

Na noite glacial, a surpresa tomou conta de mim. Essa intelectual de origem budista, indiscutivelmente culta e inteiramente informada sobre os horrores em Darfur, tomava, portanto, qualquer condenação feita por parte dos ocidentais da ditadura de Omar Bachir por um ataque insustentável contra os povos do hemisfério sul.

Certamente, Sarala Fernando não é cega aos sofrimentos suportados pelas populações das três províncias do Sudão ocidental. Como qualquer ser humano, ela fica horrorizada com o estupro em larga escala de mulheres africanas, com as mutilações infligidas às crianças, com o assassinato dos pais sob o olhar de suas famílias reunidas, praticados pelos Janjaweeds.

Entretanto, ela rejeita toda forma de colaboração com os países europeus membros do Conselho de Direitos Humanos.

Essa recusa tem consequências. Para evacuar os feridos, enterrar os mortos com dignidade e proteger as populações que ainda vivem, é preciso pôr em prática um mecanismo particular na ONU, que só pode funcionar com o apoio das principais nações — e,

---

1. O ataque contra esse embaixador alemão era particularmente injusto, uma vez que Steiner pertence a uma antiga família social-democrata e antinazista da Baviera.

portanto, também com o dos países do hemisfério sul. Esse mecanismo é denominado *Responsibility to protect* ("a responsabilidade de proteger").

Em Nova York, em 6 de outubro de 2006, o Conselho de Segurança aprovou uma resolução que previa enviar vinte mil capacetes azuis[2] encarregados de pôr fim à destruição das populações africanas de Darfur. Ora, a aplicação dessa resolução só era possível em virtude do *Responsibility to protect,* com o apoio das principais nações. A recusa de cooperar com o Ocidente, nesse caso, significava permitir livre curso aos genocidas.

Sarala Fernando é o arquétipo do grande diplomata formado no hemisfério sul. Levando em conta os crimes passados e presentes cometidos pelo Ocidente, ela considera totalmente indecente um embaixador ocidental apelar para os direitos humanos — qualquer que seja a circunstância.

Em Nova York, em Genebra, a grande maioria de seus colegas, da Argélia, Filipinas, Senegal, Egito, Paquistão, Bangladesh, Congo etc., pensa exatamente como ela. Porque as suas memórias abrigam as mesmas feridas que as de Sarala Fernando. Eles também habitam a "ferida sagrada" da qual fala Aimé Césaire.

O ódio pelo Ocidente, essa paixão irredutível, vive, hoje, na grande maioria dos povos do Sul. Ela age como uma força mobilizadora poderosa.

Esse ódio não é, em hipótese alguma, patológico. Ao contrário, ele inspira um discurso estruturado e racional — e paralisa as Nações Unidas. Ao bloquear negociações internacionais, ele deixa sem solução conflitos e problemas graves que, no entanto, comprometem, então, a própria sobrevivência da espécie.

O Ocidente, por sua vez, permanece surdo, cego e mudo diante dessas manifestações de identidade, baseadas em um profundo

---

2. Os assim chamados soldados da força da paz da ONU. (N.T.)

desejo de emancipação e justiça que emana dos povos do hemisfério sul. Ele nada entende desse ódio.

É que a memória do Ocidente é dominadora, impermeável à dúvida. Já a dos povos do Sul é uma memória ferida. E o Ocidente ignora a profundidade e a gravidade dessas feridas.

Ouçamos Régis Debray:

> Não entenderá nada do século XXI quem só agora sabe que vivem, lado a lado, na raça humana, duas espécies que não se veem: os que humilham e os que são humilhados. [...] A dificuldade é que os que humilham não se veem humilhando. Eles gostam de cruzar espadas, raramente o olhar dos humilhados.[3]

Ainda Debray: "Eles tiraram o capacete. Sob ele, a sua cabeça permanece colonial."

Em seu artigo "Histoire, mémoire et mondialisation" ("História, memória e globalização"), Bertrand Legendre e Gaídz Minassían, por sua vez, observam:

> O Sul não implora mais por ajuda ao Norte. Ele exige reparações, se não um ato de contrição [...]. Todo o continente [africano] clama por justiça [...]. Os europeus minimizam os estragos da escravidão. Eles preferem exaltar a sua abolição [...], como François Mitterrand, ao colocar flores no túmulo de Victor Schoelcher, no Panteão, no dia de sua posse, em 1981 [...]. Os descendentes de escravos pedem reparação, dizendo sofrer ainda hoje as consequências dessas deportações.[4]

Essas demandas por justiça, esses pedidos de arrependimento estão se multiplicando em três continentes.

De acordo com Legendre e Minassian: "As contestações memoriais, por sua diversidade e amplitude, coincidem demais no tempo por serem fruto do acaso."[5]

---

3. Régis Debray, *Aveuglantes Lumières*, op. cit., p. 136.
4. Jornal *Le Monde* (Paris, 27 de dezembro de 2007).
5. *Le Monde*, artigo citado.

Meu livro gostaria de desenterrar as raízes desse ódio. Gostaria também de explorar os meios para superá-lo.

Como entender a súbita irrupção, na sociedade global contemporânea, do ódio ao Ocidente? Vejo duas explicações.

A primeira reside no repentino ressurgimento da memória ferida dos países do hemisfério sul. As lembranças, escondidas por muito tempo, das humilhações sofridas durante os três séculos de tráfico de escravos e de ocupação colonial remontam à luz da consciência. A memória ferida é uma poderosa força histórica.

Dedico a primeira parte do meu livro à sua exploração.

A segunda explicação diz respeito a uma contradição insustentável entre demografia e poder: há mais de 500 anos, os ocidentais dominam o planeta. Ora, os brancos nunca representaram mais de 23,8% da população mundial — atualmente, apenas 13%.

Consequentemente, aos olhos da maioria das mulheres e dos homens que vivem no hemisfério sul, a atual ordem econômica mundial imposta pelas oligarquias do capital financeiro ocidental é o produto de sistemas de opressão anteriores, incluindo o tráfico de escravos e a exploração colonial. Essa ordem do mundo gera sofrimentos indescritíveis, mais humilhações para um grande número de homens, mulheres e crianças do Sul. Ela também alimenta o ódio pelo Ocidente.

A segunda parte do livro examina os fundamentos dessa ordem canibal e seus efeitos na consciência.

Há séculos, o Ocidente está tentando confiscar apenas em proveito próprio a palavra "humanidade". Em sua obra magistral, *O Universalismo Europeu: a retórica do poder*, Immanuel Wallerstein reconstitui as fases históricas da formação dessa "humanidade etnocêntrica".[6]

O Ocidente é um potentado que se ignora — diz ele. O seu passatempo favorito consiste em dar lições de moral ao mundo in-

---

6. Immanuel Wallerstein, *European Universalism: The Rhetoric of Power* (Nova York: The New York Press, 2006). Tradução francesa de Patrick Hutchinson (Paris: Demopolis, 2008). [Edição em português: *O universalismo europeu: a retórica do poder*. São Paulo: Boitempo, 2007.]

teiro. A sua memória é de pedra. Ela se confunde com interesses econômicos.

A sua arrogância o torna cego. Há muito tempo, o Ocidente não se dá mais conta do sentimento de rejeição que provoca.

É que, em matéria de desarmamento, de direitos humanos, de não proliferação das armas nucleares, de justiça social global, ele pratica, permanentemente, a linguagem dupla.

E o Sul responde com uma desconfiança visceral. Ele vê o Ocidente como um esquizofrênico, cujas ações constantemente desmentem os valores que proclama.

A estratégia da linguagem dupla paralisa a negociação internacional. Ela torna impossível a defesa coletiva do Sul e do Ocidente contra os perigos mortais que, no entanto, os ameaçam, tanto um quanto o outro.

Com base em vários exemplos recentes, a terceira parte desta obra analisa esses perigos e o que enfatiza o comportamento esquizofrênico do Ocidente.

A quarta parte explora o destino sintomático da Nigéria. Com efeito, o país mais populoso da África é atualmente explorado de forma sistemática pelos senhores ocidentais da guerra econômica mundial.

Primeiro produtor de petróleo na África e oitavo mais importante do mundo, a Nigéria é governada, desde 1965, por sucessivas juntas militares. O país nunca gozou de verdadeira soberania. Ele é agora a presa indefesa da Shell, BP, Total, Exxon, Texaco e outros predadores. E 70% de sua população sobrevivem em meio a uma miséria abismal. É certamente nessa realidade que o ódio ao Ocidente prospera.

Na Bolívia, desde janeiro de 2006, Evo Morales, um camponês aimará, está instalado no palácio Quemado. É o primeiro presidente indígena em um país da América do Sul desde a devastação espanhola do século XV.

Morales provocou uma ruptura telúrica com a ordem mundial, infligindo uma derrota cruel ao Ocidente. Assim, a ressurreição da identidade dos povos aimarás, quíchuas, moxos, guaranis mobiliza forças de combate, de resistência e de criação incríveis. Vamos analisar, na quinta parte, o esplendor continental do renascimento boliviano, o que significará também ter uma medida exata do que isso significa: a valorização contínua de políticas e culturas indigenistas, resultado do ódio contra o Ocidente, é compatível com os princípios universais do direito?

Encurralada entre, por um lado, a linguagem dupla do Ocidente e, por outro, o ódio dos povos do Sul, a comunidade internacional não chega atualmente a se impor. As Nações Unidas estão em ruínas. E a falta de diálogo coloca o planeta em perigo de morte.

Assim, a Conferência Mundial do Desarmamento está completamente paralisada há 42 anos. A proliferação de armas nucleares ainda mais mortais avança.

Em setembro de 2000, cento e noventa e dois chefes de Estado e de governo se reuniram em Nova York. Eles fixaram as Metas do Milênio (*Millenium Goals*), visando eliminar gradativamente a subnutrição e a fome, as epidemias e a pobreza extrema de 2,2 bilhões de seres humanos. Mas, até o momento, nenhum progresso foi realizado.

No início deste milênio, em um planeta abundante em riquezas, uma criança com menos de dez anos morre a cada cinco segundos. De doença ou de fome.

A guerra econômica se alastra com violência.

A humilhação, a exclusão, o medo do amanhã são o quinhão de centenas de milhões de pessoas. Especialmente no hemisfério sul. Para eles, a Declaração Universal dos Direitos Humanos, a Carta das Nações Unidas são apenas palavras vazias.

Como responsabilizar o Ocidente e obrigá-lo a respeitar os seus próprios valores? Como desarmar o ódio do Sul? Sob que condições específicas o diálogo pode ser iniciado?

Como construir uma sociedade global reconciliada, justa, respeitosa das identidades, das memórias e do direito de cada um à vida?

Meu livro gostaria de mobilizar forças para ajudar a resolver esses problemas e tentar pôr fim à tragédia.

PRIMEIRA PARTE

Nas origens do ódio

I

A razão e a loucura

Jean-Paul Sartre escreveu: "Para amar os homens, é preciso odiar aquilo que os oprime."

Uma palavra é crucial nessa frase: a palavra "aquilo". Retire-a da frase e você estará estimulando o ódio pelas pessoas ou pelas nações. Ora, são as *estruturas* de opressão, tanto as mentais como as materiais, que são odiosas.

A ordem ocidental do mundo provém da violência estrutural. O Ocidente se considera portador de valores universais, de uma moral, de uma civilização e de normas que incentivariam todos os povos do mundo, como consequência deles, a tomar em mãos seu destino.

Porém, essa pretensão secular do Ocidente se encontra, nos dias de hoje, radicalmente contestada pela maioria dos povos do Sul. Eles veem nela uma insuportável manifestação de arrogância, uma violação de sua identidade, uma negação de sua memória.

O que oculta o termo "Ocidente"?

Esse termo vem do latim *occidere*, cair. Na Antiguidade, ele designava a região da terra em que o Sol se põe (o Poente), em relação àquela em que ele se levanta (o Nascente). O alemão retomou esse sentido com as palavras *Morgenland*, a região da manhã, e *Abendland*, a região da noite.

Por conseguinte, o termo Ocidente designa em primeiro lugar um território. Mas as fronteiras do Ocidente mudam ao longo dos séculos. De início puramente europeu, ele se tornou euro-atlântico com a "descoberta" da América.

Além disso, o Ocidente é definido tanto pelos que pretendem ser parte dele como pelos que o rejeitam.

As crônicas árabes que relatam a batalha ganha em 1187 por Saladino perante Jerusalém chamam os cavaleiros da Europa — ingleses, franceses, alemães — de "infiéis", de "cristãos", de "ocidentais". Ocidente e cristandade seguirão misturados durante todo o período das cruzadas, até o século XIV. Mas isso não ocorre mais nos dias de hoje, visto que a Europa se encontra amplamente descristianizada. O único continente onde os cristãos são realmente numerosos, onde o cristianismo está realmente vivo, é a América (e sobretudo a América do Sul).

Do século XVI ao século XIX, durante o período da conquista colonial (europeia) da África, da Ásia e da Oceania, os "ocidentais" eram "os brancos". Nos livros escolares da primeira metade do século XX, "brancos" e "ocidentais" aparecem como sinônimos. Atualmente, a referência à "raça", desacreditada no plano científico, encontra-se oficialmente banida do vocabulário. Além disso, outros brancos que não os vindos do mundo euro-atlântico — persas, turcos, os berberes da Líbia etc. — passaram a desempenhar crucial papel político, econômico e militar.

Na atualidade, que sentido corrente tem a palavra Ocidente?

Fernand Braudel, em suas conferências na Universidade Johns Hopkins, tentava uma resposta a essa questão: o Ocidente se caracteriza essencialmente por seu modo de produção, o capitalismo. Mais do que nunca, o capitalismo segue indissoluvelmente ligado a seu sonho de conquista planetária. Ele se apoia em monopólios de direito ou de fato, apesar de, mesmo com a mundialização, não ocupar todo o espaço social, nem nas terras conquistadas nem nas suas terras de origem.[1]

---

1. As conferências de Fernand Braudel, proferidas em 1976, foram editadas com o título *La Dynamique du capitalisme* (Paris: Arthaud, 1985).

Principal representante da escola braudeliana nos Estados Unidos, Immanuel Wallerstein desenvolveu o pensamento do mestre. Ele identificou várias manifestações concretas dessa vontade de conquista e dessa pretensão universalista do Ocidente.

Motivados pelo desejo de conquista, os dirigentes do mundo euro-atlântico afirmam defender e, se necessário, estar dispostos a impor a toda a superfície do globo os "direitos humanos" e esta forma de governo que chamam de "democracia". A pretensão universalista de sua cultura os leva logicamente a rejeitar e negar todas as outras culturas e todos os outros tipos de civilização. Mesmo se hoje reconhecem o direito à existência dessas culturas e civilizações (consideradas exóticas, folclóricas), não as levam a sério, já que estão associadas a outros modos de produção econômica. Uma terceira manifestação do desejo de conquista e da pretensão universalista do Ocidente leva os dirigentes ocidentais a proclamar a existência de leis econômicas "imutáveis", de leis "científicas" do mercado, leis que seriam semelhantes às leis naturais. Por conseguinte, se pretendem "se desenvolver", os povos não ocidentais não têm outra opção a não ser se submeter a tais leis.[2]

É essa pretensão que suscita o ódio. Mas o ódio de que tratamos aqui é frio, está ancorado em razões. Ele exprime a oposição radical a um sistema mundial de dominação, a rejeição de uma visão totalizadora da História, ambos impostos pelo Ocidente. Esse ódio se manifesta por meio de atos de resistência, pela exigência de uma manifestação de arrependimento pelo colonialismo e por reivindicações no que concerne a memória dos povos colonizados.

Esse ódio alimenta hoje uma revolta ética, radical e definitiva, que é tanto afetiva quanto econômica e política.

Como Aimé Césaire, os povos do Sul dizem: "Não aguentamos mais tanta mentira, tanta abominação."

---

2. Immanuel Wallerstein, *op. cit.*

* * *

Para compreender a peculiaridade disso, é preciso perceber claramente a diferença existente entre o ódio fundado em razões e sua face sombria, o ódio patológico.

De maneira recorrente na História, surge o que Max Horkheimer chama de "eclipse da razão".[3] A razão desmorona; os instintos mais tenebrosos, as perversões mais detestáveis comandam então as ações dos homens.

Francisco Goya presenciou, na Madri ocupada, as torturas e as execuções praticadas pelos soldados de Napoleão, como também as atrocidades perpetradas pelos insurgentes espanhóis nos corpos sem defesa dos prisioneiros franceses. Em suas pinturas tenebrosas (*pinturas negras*), sucessão de quadros que constituem um verdadeiro pesadelo, pintados entre 1819 e 1823 nas paredes de sua casa, na Quinta del Sordo, ele dá vida a essa patologia social. Pensemos na extraordinária representação de Saturno devorando um de seus filhos. Os afrescos da Quinta foram retirados e estão preservados no museu do Prado, em Madri. Um desses quadros é, hoje, apresentado da seguinte forma: "O sono da razão gera monstros."

Uma manifestação exemplar desse ódio monstruoso aconteceu na manhã de 11 de setembro de 2001 em Nova York, em Washington e no céu da Pensilvânia. Como se sabe, nesse dia, dezenove jovens, na maioria originários da Arábia Saudita, usaram dois aviões de linhas comerciais repletos de passageiros para destruir as torres gêmeas do World Trade Centre, situadas na ponta sul da ilha de Manhattan. Um terceiro avião se destroçou sobre a ala leste do prédio central do Ministério da Defesa em Washington. Destinado a incendiar a Casa Branca, um quarto avião caiu em um prado na Pensilvânia, depois que os passageiros — informados pelo celular dos ataques a Nova York e a Washington — tentaram neutralizar os

---

3. *Eclipse of Reason* é a última grande obra de Horkheimer concebida no exílio (Nova York, 1947); uma edição póstuma desse livro foi publicada em 1974, em Paris, por Payot.

terroristas no interior do aparelho: 2.973 pessoas (inclusive os sequestradores), de sessenta e duas nacionalidades, encontraram a morte.

O massacre foi particularmente horrendo em Nova York.

A primeira torre queimou durante cinquenta e seis minutos, a segunda, durante cento e dois minutos. Cercados pelas chamas, centenas de homens e mulheres saltaram no vazio do alto dos andares situados acima dos pontos de impacto dos dois aviões, isto é, o 100º e o 110º andar. Na queda, casais e amigos davam-se as mãos antes de espatifar-se na calçada.

Várias centenas de outras vítimas morreram asfixiadas nos corredores das escadas, onde igualmente pereceram cerca de quatrocentos bombeiros, guardas municipais e policiais que tentavam levar socorro aos cercados pelo fogo.

As duas torres desabaram quase ao mesmo tempo. O desabamento teria ocorrido em doze segundos. No desabamento de um imóvel vizinho (Cantor Fitzgerald), também pereceram 658 pessoas, mulheres e homens.

O *Relatório de investigação da New York Port Authority* (de novembro de 2001), de onde foram extraídos esses dados, registrou minuciosamente três categorias igualmente macabras de vítimas: 1. *"Bodies found intact"* (cadáveres encontrados intactos): 289; 2. *"Body parts found"* (fragmentos de corpos): 19.858; 3. *"Families who got no remains"* (famílias que não receberam nenhum resto mortal das vítimas): 1.714.

Assim, 1.714 famílias esperaram em vão, nem que fosse um fragmento do corpo de seus entes. Seus filhos, filhas, pai ou mãe foram totalmente consumidos pelas chamas ou esmagados pelo desmoronamento das vigas metálicas.

Raramente, na Historia recente, o ódio patológico destruiu com tamanha ferocidade.

A Al-Qaeda, os pequenos grupos salafistas do Magreb, os jihadistas do Oriente Médio provêm do mesmo universo alucinado. Seus atos, perpetrados geralmente contra populações civis, são monstruosos. E pouco importa aqui que eles pretendam responder às agressões cometidas pela soldadesca americana e seus aliados contra as populações do Iraque, do Afeganistão e da Palestina.

Esses grupos, que afirmam inspirar-se no Corão, praticam exatamente o contrário do que ensina o Corão. Essa patologia provém, sem dúvida, de um sofrimento profundo, que fragiliza os indivíduos, sobretudo os jovens. Ele os expõe às tentações, às manipulações e aos recrutamentos, condutas cuja análise ainda não foi feita.[4] O ódio racional que muitos povos do Sul demonstram contra o magistério moral do Ocidente e seu sistema de exploração econômica planetária é o oposto das explosões recorrentes do ódio patológico.

Sim, é preciso insistir logo no seguinte: anos-luz separam Nabil Sahraoui, também chamado Mustapha Abu Ibrahim, Amara Saif, conhecido como Abderrezak el-Para, e Abdelaziz Abi, também chamado Okada el-Para, os chefes falecidos do Grupo Salafista para Pregação e Combate (GSPC) no Magreb, ou ainda Abdelaziz al-Mourkine, chefe da Al-Qaeda na península arábica, de um Evo Morales Ayma ou de um Wole Soyinka — dos quais se falará longamente adiante.

Vivemos o tempo do retorno da memória. Os povos, repentinamente, se recordam das humilhações e das atrocidades suportadas no passado. Eles decidiram pedir satisfação ao Ocidente.

A memória ofendida dos povos outrora colonizados tornou-se, nos dias de hoje, uma força histórica poderosa. Todavia, por que motivo essas reivindicações de justiça reparadora e de uma manifestação de arrependimento pela colonização, que o Sul endereça ao Ocidente, só surgem agora, a saber, mais de um século após a abolição do tráfico negreiro e cinquenta anos após o fim da ocupação colonial?

---

4. É particularmente conhecido o papel desempenhado pelo serviço secreto dos Estados Unidos no apoio à organização de Osama Bin Laden durante a guerra dos mujahedins afegãos contra a ocupação soviética.

II

Os meandros da memória

A memória coletiva obedece a ritmos que nenhuma razão analítica logrou explicar completamente. De todas as estruturas sociais, ela é provavelmente a mais enigmática.

Há um cientista cuja obra se encontra quase inteiramente voltada para a exploração da morfologia e das etapas da evolução da consciência coletiva: trata-se de Maurice Halbwachs. Dois de seus livros são particularmente esclarecedores quando se trata desse assunto: *Les Quadres sociaux de la mémoire* [*Os quadros sociais da memória*][1] e *La Mémoire collective* [*A memória coletiva*], obra póstuma publicada em 1950.[2]

Maurice Halbwachs morreu em Buchenwald, pouco antes da libertação do campo, em 1945.

Halbwachs formulou uma teoria empiricamente demonstrável: da mesma forma que os indivíduos, as sociedades humanas experimentam o estado de choque, a desordem paralisante provocada por uma agressão externa e repentina, agressão que revela uma violência tão espantosa que nenhuma categoria preexistente do pensamento social conseguiu explicar. A partir disso, como reage uma sociedade

---

1. Maurice Halbwachs, *Les Quadres sociaux de la mémoire* (Paris: Alcan, 1925; reeditado por Albin Michel, 1994).

2. Maurice Halbwachs, *La Mémoire collective* (Paris: PUF, 1950; nova edição ampliada e completa, com introdução de Jean Duvignaud, PUF, 1968; reeditado por Albin Michel, 1997).

em estado de choque? Evacuando, das profundezas de sua memória, o acontecimento destruidor que sua consciência não consegue dominar. Portanto, há memórias claras e memórias obscuras. Jean Duvignaud, exegeta e editor de Halbwachs, afirmou: "As sociedades históricas possuem lembranças que provisoriamente escapam à História."[3]

Quanto mais traumatizante for determinado acontecimento para uma sociedade, mais profundamente ela o enterrará em sua memória. A consciência coletiva precisa então, lentamente, vencer o medo do horror vivenciado. Não é senão após um longo período de maturação que a conversação a respeito do acontecimento traumatizante se tornará possível, que o horror vivido se transformará em objeto de análise.

Elie Wiesel analisou esses movimentos misteriosos da memória em *Tous les fleuves vont à la mer* [Todos os rios vão para o mar], primeiro volume de sua autobiografia, e, mais recentemente, também em seu discurso no Festival Internacional de Literatura de Mântua, em 2006.[4] Durante muito tempo, os sobreviventes da Shoah recusaram-se a falar sobre ela: seja porque não se sentissem capazes (de tão horríveis que eram, as lembranças fugiam de suas memórias), seja porque sentissem medo de não serem acreditados (tão monstruosos foram os crimes cometidos).

Em Paris, como se sabe, os sobreviventes franceses (ou de outras nacionalidades) dos campos de concentração nazistas foram acolhidos e tratados pela Cruz Vermelha no Hotel Lutetia, no boulevard Raspail. Mas aí não se procurou saber o que eles tinham passado. Ninguém queria escutá-los, como observa amargamente Marguerite Duras.

Robert Anselme era marido de Marguerite Duras. Importante resistente, pertenceu à mesma rede de François Mitterrand. Foi preso pela Gestapo, torturado e deportado para Buchenwald.

Diante do avanço do exército russo, as SS transferiam para o oeste, em intermináveis marchas da morte, os sobreviventes detidos.

---

3. Halbwachs, *La Mémoire collective*, op. cit.
4. Elie Wiesel é um sobrevivente dos campos de Auschwitz e de Buchenwald.

Sofrendo de disenteria, transformado em um esqueleto quase irreconhecível, Anselme estava na última coluna que deixou Buchenwald.

François Mitterrand, responsável pelo repatriamento dos prisioneiros de guerra e deportados no governo De Gaulle, descobriu Anselme em Dachau.

Ele o trouxe de volta a Paris.

Marguerite Duras descreve essa volta em seu livro *La Douleur* [A dor].

Robert Anselme era um poeta sutil e escritor de grande talento. Em 1947, publicou *L'Espèce humaine* [A espécie humana], um livro consagrado ao que ele mesmo havia vivido no campo de Buchenwald e no estado-maior de Gandersheim, uma "sucursal" de Buchenwald.

François Mitterrand considerava *L'Espèce humaine* "um dos mais notáveis livros sobre os campos de concentração", porém, acreditava que "ele foi pouco lido e logo caiu no esquecimento".[5]

Em *Le Square*, de Marguerite Duras, publicado em 1955, lê-se ainda a seguinte frase: "Eles eram obrigados a encerrar-se no silêncio."

Paris queria libertar-se do pesadelo da Ocupação, queria esquecer as atrocidades nazistas, tanto as que haviam sido cometidas em seu próprio território quanto as infligidas aos deportados nos campos do Leste.

Ora, como Elie Wiesel lembra veementemente, ninguém por ocasião da queda do III Reich podia alegar desconhecer os crimes cometidos pelos assassinos hitleristas.

Desde outubro de 1945, diante do Tribunal Internacional de Nuremberg, o procurador-geral norte-americano Robert Jackson[6] e seu adjunto, o procurador Robert Kempner, defenderam tenazmente

---

5. *Apud* Danielle Mitterrand, *Le Livre de ma mémoire* (Paris: Jean-Claude Gawsevitch Éditeur, 2007).

6. Cf. Robert Jackson, especialmente in *Trial of the Major War Criminals before the International Military Tribunal*, vol. II, Atas dos procedimentos para os trabalhos no período de 14 de novembro de 1945 até o dia 30 do mesmo mês.

a acusação de crime contra a humanidade. Eles fizeram essa acusação com o maior rigor e, acertadamente, a divulgaram ao máximo. Foi assim que mais de quinhentos jornalistas do mundo todo acompanharam os debates.

Os carrascos nazistas eram homens conscienciosos e trabalhadores. Milhares de documentos que atestavam seus crimes haviam caído nas mãos dos Aliados. Jackson contratara dezenas de juristas para triá-los e selecionar os mais aterradores. Além disso, ele tinha à disposição os filmes rodados por cinegrafistas dos exércitos aliados no momento da libertação dos campos.

Jackson fez com que esses filmes fossem projetados.

Por fim, várias testemunhas oculares compareceram diante do tribunal.

Marie-Claude Vaillant-Couturier, deportada por suas atividades na resistência, prestou depoimento a respeito das atrocidades sofridas em Auschwitz.

Vassili Grossman foi o primeiro correspondente soviético a entrar nas ruínas do campo de extermínio de Treblinka. Também ele prestou depoimento.

Em resumo: a partir de novembro de 1945, ninguém na Europa ou no mundo podia ignorar o extermínio de cerca de seis milhões de seres humanos — judeus, ciganos, doentes mentais etc. — e a deportação em massa de comunistas, homossexuais, soviéticos etc., levados a efeito pelos nazistas.

E, no entanto, a Shoah quase caiu no esquecimento durante mais de duas gerações. A consciência universal a recalcou para o mais profundo de si.

A vida de Raul Hilberg deslinda esse fenômeno. Atualmente considerado um dos mais importantes historiadores da Shoah, um erudito de reputação mundial, ele desenvolveu o principal de suas pesquisas cercado por indiferença quase generalizada. Dissecando com precisão extrema um processo que implicava praticamente toda a sociedade alemã — ferroviários, químicos, arquitetos, médicos, burocratas —, foi ele quem realizou o desmonte do mecanismo do genocídio.

Judeu austríaco refugiado nos Estados Unidos, ele concluiu sua tese de doutorado, intitulada *A burocracia da Alemanha nazista*, em 1955. Porém, não conseguiu publicá-la.

Em 1961, sua obra monumental — *A destruição dos judeus da Europa* — foi publicada em uma edição confidencial. A obra não teve praticamente nenhuma repercussão.

Professor vinculado à obscura Universidade Estadual de Vermont, em Burlington, Hilberg continuou a desenvolver suas pesquisas e a publicar artigos... num quase anonimato.

Sua situação mudou e, convenhamos, mudou radicalmente apenas vinte e cinco anos mais tarde,[7] quando a segunda edição de *A destruição dos judeus da Europa* foi publicada, em 1985. Dessa vez, a publicação teve repercussão considerável. A autoridade científica de Hilberg foi mundialmente reconhecida.[8]

Tendo caminhado segundo um ritmo misterioso, a consciência coletiva judia estava finalmente preparada para acolher a assustadora realidade da Shoah.

Presenciamos atualmente a irrupção de outra memória, uma memória escamoteada, a dos povos outrora colonizados do hemisfério sul. "Habito um longo silêncio, habito uma sede irremediável", escreveu Aimé Césaire.[9] Do mesmo modo que a memória judia, a memória dos antigos colonizados viveu um longo silêncio, seguido de um brusco despertar.

No Oeste da ilha indonésia de Java, em Bandung, reuniram-se, do dia 18 ao dia 24 de abril de 1955, dirigentes, homens e mulheres,

---

7. Na França, o livro foi publicado por Fayard.
8. Hilberg faleceu em 2007, aos 81 anos.
9. Aimé Césaire, "Calendrier lagunaire", in *Moi, laminaire* (Paris: Seuil, 1982).

de vinte e sete países do Sul: quinze deles vinham da Ásia, nove do Oriente Médio e três da África. A conferência fora preparada por um comitê restrito, composto por Índia, Birmânia, Sri Lanka,[10] Paquistão e Indonésia. Ela tinha por objetivo definir uma política militar, cultural e econômica comum para confrontar as potências coloniais ocidentais e afirmar uma identidade cultural e política própria aos países do Sul.

A Conferência de Bandung deu início a um movimento estruturado, poderoso, dotado de uma presidência provida por revezamento, de um secretariado permanente e de comitês de coordenação continental. Congressos gerais deveriam ser realizados a cada três anos. Desse encontro, de grande importância, surgiu o Movimento dos Países Não Alinhados.

Bandung marcou um momento decisivo no que concerne à recuperação, pelos povos do Sul, de sua memória e à reconstrução de sua identidade perante o imperialismo ocidental.

Nos três continentes, centenas de milhões de pessoas viviam ainda sob o jugo colonial, ou sob o jugo de ditaduras satélites instaladas pelas metrópoles colonialistas.

Porém, Bandung foi antes de tudo um movimento identitário. Pela voz de alguns de seus líderes mais prestigiosos, os povos do Sul afirmavam, pela firmeza dessa cúpula, sua singularidade cultural, política e histórica.

Escutemos Jawaharlal Nehru, chefe do Partido do Congresso e primeiro-ministro da Índia:

> Muitos indianos de minha geração pensavam que a derrota dos insurretos cipaios representava uma ferida mortal para os nossos povos. Estávamos enganados. A ressurreição veio em 1947 [...]. O domínio dos britânicos foi apenas um parêntese em nossa história [...]. Nosso país abriga muitas culturas diferentes. Algumas dentre elas têm mais de cinco mil anos de idade [...]. O Raj britânico exerceu um domínio

---

10. O Ceilão, em 1955.

cruel, marcado por destruição, morte e humilhações cotidianas. Porém, em última análise, quando se olha o que há de essencial, esse domínio, por mais detestável que tenha sido, não significou mais do que um desvio, uma interrupção passageira de nossa história. A Índia renasce de sua humilhação. Ela retoma, orgulhosamente, o curso ancestral de sua história.[11]

Quando relemos os documentos e os autos da Conferência de Bandung, nos sentimos tocados pelo lugar central que neles ocupam os temas identitários, a reivindicação da singularidade cultural.

Nessa época, um jovem coronel de trinta e sete anos, de olhar negro como o carvão, voz apaixonada, produzia uma impressão particular.

Tendo chegado ao poder por meio de um golpe de Estado,[12] Gamal Abdel Nasser concebia sua missão como a missão de um "reunidor", de um "libertador", de um "redentor" do povo do Egito. A caravana precisava de um líder: ele seria esse líder.

A libertação do povo passa pela redescoberta da comunidade histórica pré-colonial, disse Nasser:

> Sempre afirmei que o melhor modo de resolver um problema é voltando à sua origem, é indo até a raiz do mal. Na minha opinião, não podemos prescindir do Egito faraônico, nem da interação da cultura grega com a nossa. A invasão romana e a conquista islâmica, bem como as vagas de migrações árabes que as sucederam, marcaram profundamente nosso país.

---

11. Os cipaios eram soldados autóctones — hindus e muçulmanos — que serviam sob o poder colonial. Sua revolta foi aniquilada pelo corpo expedicionário inglês em 1858. Até então, a East Indian Company havia exercido a parte mais importante do poder no subcontinente. A partir de 1857, foi instalado o vice-reinado, a rainha Vitória tornou-se imperatriz das Índias e, em 1858, a East Indian Company foi dissolvida.

12. Apenas uma vintena de jovens oficiais subalternos compunha o Dhobbat al-Ahrar ("oficiais livres"), fundado em 1938. Na noite do dia 23 para 24 de julho de 1952, eles derrubaram o rei de origem turco-albanesa instalado no poder pelos ingleses, ocuparam os edifícios mais importantes do Cairo e tomaram o poder. Foi a primeira vez, desde os faraós, que nacionais governavam o Egito.

Mais adiante, ele continua: "Se as cruzadas marcaram os primeiros albores do Renascimento na Europa, elas anunciaram o início de uma era obscura em nosso país. Nosso povo suportou sozinho o impacto dessas batalhas; elas o deixaram totalmente empobrecido e sem nenhuma assistência."

E Nasser concluiu: "Acabaram-se os tempos em que a pirataria colonialista espoliava as riquezas de certos povos, em proveito de outros, sem um limite imposto por uma lei ou por alguma moral. É preciso dar um fim a todas as sequelas dessa situação que ainda possam subsistir."

Chefe do partido nacionalista e, a partir de 1950, presidente da República Unitária da Indonésia, Ahmed Sukarno também fez longas referências ao passado pré-colonial ao recorrer a nomes de importantes reis de Sumatra e de Java, notadamente Vijaya, Hayam Wuruk e Airlangga, presentes na memória coletiva do povo indonésio. Em seus discursos, ele empregava frequentemente a expressão "os brancos", sugerindo por meio dessa expressão que a União Soviética não levava a cabo uma política fundamentalmente diferente da política dos ocidentais...

Insisto: Bandung marca o nascimento de um movimento identitário. O opressor ocidental é contestado em nome da memória ancestral, das identidades e das culturas singulares dos povos do Sul.

Ensinou Régis Debray: "O arcaico é o núcleo duro, o que há de mais antigo e mais ativo."[13]

A declaração emitida ao final da Conferência de Bandung revela a prioridade dada pelos seus participantes à identidade autóctone diante da pretensão universalista do dominador ocidental.

Para os dirigentes do hemisfério sul, tal pretensão ocidental era proveniente do racismo. Em sua declaração final, lê-se o seguinte:

---

13. Régis Debray, *in Critique communiste* (Paris, n. 10).

"A Ásia e a África foram o berço de importantes religiões e de grandes civilizações, que enriqueceram outras culturas e outras civilizações. As culturas asiáticas e africanas estão apoiadas em alicerces espirituais universais [...]. A conferência condena o racismo como meio de opressão cultural."

Daí em diante, as conferências do Movimento dos Países Não Alinhados sucederam-se, uma a cada três anos. Elas foram realizadas no Cairo, em Jacarta, Colombo, Lusaka, Alger, Nova Deli, Harare, Cartagena das Índias, em Kuala Lumpur.

Porém, em breve, ninguém mais prestou realmente atenção às decisões que aí eram tomadas. Esses encontros, extremamente ritualizados, consumindo-se em retórica, não se prestavam mais à obtenção de resultados. O Movimento dos Países Não Alinhados afundou no esquecimento.

Outros movimentos, mais regionais, recolheram durante algum tempo a herança de Bandung. Assim, durante décadas, o Secretariado da Organização de Solidariedade Afro-Asiática ocupou escritórios vetustos em Heliópolis, no Cairo. E, em janeiro de 1966, foi inaugurada, em Havana, a Conferência Tricontinental, cujo nome oficial era Conferência Internacional de Solidariedade com os Povos em Luta. Os movimentos de libertação nacional de sessenta e dois países da África, da América Latina e da Ásia aí estavam representados. Para os iniciadores do movimento, era preciso multiplicar os *fronts* de resistência anti-imperialista e obrigar as forças de opressão ocidental a se dispersar. Ao coordenar, em uma etapa posterior, todos esses *fronts* conforme uma estratégia comum, a Tricontinental nutria a ambição de preparar a vitória decisiva do Sul sobre o Ocidente.

A criação da Tricontinental foi cuidadosamente preparada durante dois anos. Três secretários executivos animavam seu comitê preparatório: Mehdi Ben Barka, Ernesto Che Guevara e Amilcar Cabral.

Fundador e dirigente do Partido Africano da Independência da Guiné e de Cabo Verde (PAIGC), Amilcar Cabral em poucas palavras recapitulou o projeto da Tricontinental: "a história das guerras coloniais — e também nossa própria experiência de dez anos de luta — nos ensina que os agressores colonialistas só compreendem uma linguagem, a da força; não medem senão uma realidade, o número de cadáveres deixados por ela."[14]

Apesar da extraordinária minúcia com a qual o propósito da reunião fora elaborado, apesar do entusiasmo que presidiu os debates, a organização integrada de luta que devia nascer de todos esses projetos não vingou.

O secretariado da Tricontinental vegetou durante décadas num modesto prédio da Quinta Avenida, em Havana.. Ele atraía visitantes estrangeiros apenas porque era dirigido pela brilhante e corajosa Haydée Santamaria, uma sobrevivente do ataque a La Moncada em 26 de julho de 1953...

Eu me lembro de um fim de tarde em novembro de 2005, em Nova York. A luz leitosa da tarde penetrava pelos vãos envidraçados do andar térreo do arranha-céu da ONU, à beira do East River. Sobre as vagas escuras do rio, as últimas embarcações se afantavam preguiçosamente em direção ao Brooklyn.

Eu acabara de defender meu relatório sobre o direito a alimentação diante da terceira comissão da Assembleia Geral. Muitos embaixadores e embaixadoras de Estados ocidentais mostravam-se contrários às minhas recomendações. O debate tinha sido intenso.

Eu me preparava para voltar ao Helmsley Hotel para, em seguida, ir para o aeroporto Kennedy. Nesse momento, um assistente entregou-me uma folha de papel. Lakhtar Brahimi queria falar urgentemente comigo.

Brahimi é um diplomata influente e particularmente inteligente, um dos que mais terão marcado a história das Nações Unidas. Antigo ministro das Relações Exteriores da Argélia, foi quem nego-

---

14. Amilcar Cabral, *Unité et lutte* (Paris: Maspero, 1975, p. 321). Cabral foi assassinado no dia 20 de janeiro de 1973 em Conakry por assassinos enviados pelo general português António Sebastião Ribeiro de Spinola.

ciou os acordos de Taef, que encerraram os quinze anos da guerra civil libanesa. Foi ainda ele quem, em 2004, redigiu e impôs aos patchounes e aos tadjiks a nova constituição do Afeganistão.

Quando jovem estudante na França, ele tinha sido integrado, no Cairo, ao serviço que tratava das relações exteriores da FLN. Em Bandung, havia representado o povo argelino em luta.

Tomei o elevador até o 38º andar, onde se alinham os escritórios ornados com madeira escura do secretário-geral e dos subsecretários.

Caloroso, discreto, amistoso como sempre, Brahimi recebeu-me com esta pergunta que eu não esperava: "O que você sabe sobre Bandung? O que você pensa sobre essa conferência? O que dizem sobre ela seus alunos? Ainda há alguém que saiba o que se passou nessa cidade em 1955?"

Notando minha surpresa, ele acrescentou: "Em algumas horas, devo tomar o avião para Paris. Devo falar no Colóquio Ben Barka. Mansour[15] pediu que eu fale sobre Bandung... Para dizer a verdade, não sei se isso ainda interessa a alguém. Pensei que talvez você possa dar-me algumas ideias."

Ajudar, aconselhar este diplomata excepcional? A ideia me pareceu estapafúrdia. Por outro lado, na percepção que então eu tinha disto, Bandung estava morto, enterrado, esquecido há décadas.

Erro meu!

Falsa percepção da História! Eu estava desprezando o trabalho misterioso, subterrâneo, lento e imprevisível da memória coletiva dos povos agredidos.

A décima quarta cúpula do Movimento dos Países Não Alinhados aconteceu em Havana, de 11 a 16 de setembro de 2006. E lá, grande surpresa! O Movimento considerado morto ressuscitou.

---

15. Como 2005 marcava o quadragésimo aniversário do sequestro e assassinato de Mehdi Ben Barka, seus dois filhos, Mansour e Bechir, haviam organizado em Paris um debate internacional em lembrança de seu pai. Cf. *Actes du Colloque Ben Barka* (Rabat-Paris: Éditions Syllepse, 2007).

Dos cento e dezoito Estados-membros do Movimento, cento e dezesseis estavam presentes. Dois outros (Haiti e Santa Lúcia) juntaram-se a eles no decorrer da cúpula. Cinquenta e cinco chefes de Estado ou de governo discursaram.

Raul Castro Ruz, primeiro vice-presidente do Conselho de Estado de Cuba, que substituía seu irmão adoentado, não escondeu sua profunda surpresa: "Ao longo da História e de diferentes etapas, o Movimento precisou carregar o fardo da indiferença e da inação. Durante os anos 1990, ele esteve ameaçado de extinção..."

Quatro documentos foram acolhidos em Havana: a ata final da cúpula, o plano de ação do Movimento, sua declaração política e o documento sobre a Palestina. Esses quatro textos passaram a compor, daí em diante, o conjunto normativo do Movimento dos Países Não Alinhados.

No seio da Assembleia Geral das Nações Unidas, cento e vinte dos cento e noventa e dois Estados-membros pertencem ao Movimento. Este articula sua ação com a dos Estados-membros de outra organização interestatal poderosa e eficaz, a Organização da Conferência Islâmica (OCI). Esta última agrega cinquenta e três membros. Em 2008, a presidência da OCI passou do Paquistão para o Senegal.

O poder político e diplomático do Movimento dos Não Alinhados é impressionante. Vejamos um exemplo disso: em março de 2006, a Assembleia Geral da ONU criou o Conselho de Direitos Humanos, conselho encarregado de fiscalizar o respeito aos preceitos da Declaração Universal dos Direitos Humanos por parte dos Estados-membros. Esse Conselho compreende quarenta e sete Estados eleitos por um período renovável de três anos. O Movimento dos Não Alinhados encarregou uma *troika*, composta por Egito, Malásia e Cuba, de preparar essas eleições. Resultado: dos quarenta e sete Estados-membros, o Conselho comporta atualmente vinte e sete Estados oriundos do Movimento dos Países Não Alinhados.

III

A CAÇA AO ESCRAVO

Em *Les Cadres sociaux de la mémoire*, Maurice Halbwachs constatou: "A reconstrução do passado memorizado sempre se dá em torno de objetos privilegiados."[1] Que "objetos privilegiados" servem de suporte à reconstrução da memória dos povos do Sul?

Para fundamentar suas reivindicações de justiça reparadora, de compensações financeiras e suas exigências no que se refere a demonstrações de arrependimento por parte dos colonizadores, os povos do Sul invocam obstinadamente dois crimes particulares perpetrados pelo Ocidente: o tráfico negreiro e a conquista colonial.

Voltemo-nos em primeiro lugar para o lado do tráfico negreiro.

Mais de vinte milhões de homens, mulheres e crianças africanos foram arrancados de seus lares e deportados para trabalhar nas plantações e nas minas além-Atlântico, onde passaram fome, padeceram doenças, foram submetidos a torturas. Ao descrever a deportação haitiana, Alfred Métraux escreveu: "Sem Auschwitz, os europeus jamais teriam percebido o que fizeram aos africanos."[2]

Durante a travessia (que durava mais de dois meses em média), entre o golfo de Benin e a baía de Todos os Santos de São Salvador

---

1. Maurice Halbwachs, *Les Cadres sociaux de la mémoire*, op. cit.
2. Alfred Métraux, *Haïti, la terre, les hommes, les dieux* (Neuchâtel: La Baconnière, 1957).

da Bahia, cerca de 20% dos duzentos ou trezentos homens, mulheres e crianças acorrentados que um navio negreiro transportava morriam de escorbuto, de fome ou, simplesmente, em consequência dos maus-tratos.[3]

Ao longo da primeira noite da travessia, os marinheiros, embriagados de rum, desciam ao porão do navio para violentar as mulheres. Uma mulher grávida alcançava um preço mais alto no mercado de Olinda. Um quarto dos sobreviventes da travessia não conseguia deixar o navio sem ajuda, de tão enfraquecidos. Cadáveres ambulantes, pele macilenta e olhar atabalhoado, muitos não conseguiam dar sequer alguns passos na praia antes de desabar. Pouco depois eram enterrados, jogando-se sobre eles algumas pazadas de terra americana. Em todas as cidades portuárias da costa atlântica da América Latina havia uma *cafuna*, uma casa-fortaleza (muitas delas conservadas até hoje) onde os sobreviventes da travessia transatlântica ficavam presos até se restabelecer.

Ao cabo de algumas semanas, quando os sobreviventes, esqueléticos, estavam restabelecidos, os mestres negreiros abriam as portas da *cafuna* e os negros eram levados para a praça do mercado. Lá eram vendidos; o homem era separado de sua mulher, as crianças, de sua mãe.

O tempo médio de vida de um escravo que trabalhasse na lavoura na região açucareira do Recôncavo Baiano, no Brasil, era de sete anos.[4]

Se quisermos conhecer com precisão as condições de vida dos escravos agrícolas no Brasil, é preciso recorrer aos sermões do jesuíta Antônio Vieira, especialmente ao que ele fez em 1663 diante dos escravos de uma plantação do Recôncavo, chamada Torcular:

> Seus sofrimentos são muito semelhantes aos sofrimentos de Nosso Senhor na cruz [...]. A cruz de Nosso Senhor era formada por duas

---

3. Pierre Verger, *Flux et reflux de la traite des nègres entre le golfe du Bénin e Bahia de Todos os Santos du XVIIe siècle au XIXeme siècle* (Paris: Mouton, 1968).

4. *Ibid.*

toras de madeira, enquanto a de vocês tem três toras [alusão aos três raios da roda que fazia girar a moenda de açúcar e na qual se acorrentavam os escravos]. Do mesmo modo que as duas colheitas [as duas colheitas anuais da cana-de-açúcar] são causa de um duplo sofrimento para vocês, também Ele sofreu uma dupla paixão, primeiro quando os homens Lhe cravaram uma coroa de espinhos na cabeça e, depois, uma outra paixão, quando os homens o forçaram a beber vinagre misturado com fel [...]. A paixão de Cristo estendeu-se por toda uma noite sem sono e um dia inteiro sem descanso, e assim segue a paixão de vocês, dia e noite, e noite e dia [...]. O Cristo estava nu. Vocês estão nus. O Cristo tinha fome, e vocês estão famintos. O Cristo foi torturado. E vocês também são torturados. Vocês são humilhados quando lhes dão nomes vergonhosos [...]. Nisso tudo vocês são semelhantes ao Cristo. Vocês são mártires.[5]

Nessa noite da escravatura, o povo deportado continuou milagrosamente a viver, a criar, a resistir. Não vejo nenhum outro exemplo na História de tal força de caráter, de tal coragem, de tal fé como o dos povos que, vítimas de uma opressão tão desumana, não apenas guardaram, como aprofundaram sua cultura em terra estrangeira.

Há outro caso semelhante a esse: o dos *chtetle* judeus da Transilvânia e da Polônia que, entre dois *pogroms*, geraram alguns dos maiores músicos e escritores da História. Na noite da Bahia, de Alagoas, do Peru, nas margens do Orenoco, do Mississípi e do Madalena, as Yalorixás, as grandes sacerdotisas-rainhas dos orixás iorubás e dos jeje-fon ainda hoje estendem seus mistérios. Os búzios caem, o colar de Ifá é consultado. Entre Aye (a terra) e Orun (o céu), a vida circula interminavelmente.

Um fato específico explica o poder da cultura da diáspora africana nas Américas. Os senhores brancos das fazendas, seus feitores, seus curas e seus guardas dispunham, em princípio, do corpo e da vida dos escravos negros. Mas, nas fazendas, os brancos eram apenas

---

5. Antônio Vieira, s.j., *Oeuvres complètes* (Lisboa, 1940, 4 vol.), com estudo biográfico de Hernani Cidade, cf. especialmente vol. III, p. 30.

um punhado. A angústia, por conseguinte, os atormentava. O obscuro temor da revolta lhes dava calafrios. Uma insurreição de seus animais de carga era um pesadelo. Para conjurar o perigo, os proprietários recorriam a um método simples: eles tiravam proveito dos agrupamentos étnicos entre os deportados para melhor lançar uns contra os outros. Assim, cada encarregado de moenda de açúcar comprava contingentes de escravos de uma região e de uma cultura específicas. Em sua fazenda, ele encorajava a celebração dos ritos ligados a essa tradição. Os calendários litúrgicos de cada nação presente em sua *senzala*[6] eram, assim, escrupulosamente respeitados.

Esse paradoxo teve consequências históricas consideráveis: foi na noite da escravidão que se forjaram as identidades africanas mais sólidas. A centelha das criações culturais, artísticas e políticas dos africanos jamais se extinguiu durante os séculos de escravatura.

Hoje, um terço da população negra total vive essa diáspora, principalmente nas Américas. O tráfico de escravos fez surgir coletividades que, como os candomblés da Bahia, a santeria cubana, o vodu haitiano, os cabildos do litoral pacífico da Colômbia ou os xangôs da Jamaica ou da Venezuela, constituem nos dias de hoje verdadeiros reservatórios da cultura africana, ápices radiosos da identidade africana.

Aimé Césaire escreveu: "Habito uma guerra de trezentos anos."[7] Ao longo de três séculos de escravatura, a resistência armada nunca cessou. As insurreições de escravos que acompanharam os séculos XVII, XVIII e XIX ajudam a explicar o lugar tão privilegiado que o tráfico detém na reconstrução memorial desses povos.

Os vice-reinados espanhóis de Nueva Granada e do Peru, Hispaniola,[8] o Estado lusitano do Grão-Pará[9] e o vice-reinado por-

---

6. A grande construção onde os escravos ficavam alojados.
7. Aimé Césaire, *op. cit.*
8. Atualmente, Repúblicas de São Domingos e do Haiti.
9. Reunindo os atuais estados brasileiros do Maranhão, Amazonas, Pará e Ceará.

tuguês do Brasil[10] passaram por revoltas de escravos que ameaçaram o próprio governo metropolitano.

Atualmente, três repúblicas "marronnes" nutrem, de maneira especial, o imaginário dos africanos: a do Palenque, na Colômbia, a de Cockpit, na Jamaica, e a de Palmares, no Brasil.

O negro "marron"[11] é o homem que se levanta contra a opressão ou foge de um castigo. Ele quebra suas correntes, foge da fazenda e leva, no interior do continente ou de suas ilhas, uma vida autônoma de caçador ou de cultivador. Ora, num continente (americano) pouco povoado não faltam os refúgios — florestas fechadas, altas montanhas, desfiladeiros ou vales profundos.

No Brasil, as comunidades quase-Estado formadas pelos "marrons" e suas famílias eram chamadas de "quilombo"; no império espanhol, de "palenque".

Em 1794, uma surpreendente notícia chegou de Paris ao Caribe: a escravatura fora abolida, a igualdade entre os homens fora proclamada e os proprietários de escravos recalcitrantes seriam guilhotinados.

Porém, em 20 de maio de 1802, Bonaparte restabeleceu a escravidão. Outro decreto, de 5 de julho do mesmo ano, proibia a entrada na França de qualquer homem de cor. Bonaparte considerava que já havia "negros" demais nas metrópoles e que o aporte desse sangue ameaçava passar para o sangue europeu "a coloração que se alastrara pela Espanha após a invasão dos mouros...".

Nas ilhas, o estupor e o medo tomaram os negros, cidadãos da República francesa. As autoridades francesas nos territórios ultramarinos convocaram os cidadãos negros para restituir-lhes seus grilhões e entregá-los a seus antigos senhores. Gigantescas caçadas ao homem foram organizadas em todas as ilhas. À luz dos archotes, os fugitivos capturados eram espancados até a morte, ou eram mu-

---

10. Com capital na Bahia e, depois, no Rio de Janeiro.

11. A palavra "marron" vem do espanhol *cimarron*, termo que designa um animal selvagem que vive nas montanhas.

tilados. Grande número deles foi despedaçado pelos cães trazidos expressamente da França. A guilhotina voltou a trabalhar em Fort-de-France e em Pointe-à-Pitre. Mas, desta vez, não foi a cortar a cabeça dos békés,[12] dos "grandes brancos" ou dos proprietários de escravos inconformados que ela dedicou essencialmente sua faina. Desta vez, ela passou a cortar o pescoço dos "marrons" apanhados pelos cães, e a cabeça dos homens, mulheres e adolescentes que haviam ousado resistir à captura.

Muitos dos antigos revolucionários viraram a casaca.

Billaud-Varenne, membro da Convenção e do Comitê de Salvação Pública, desdobramento da primeira, foi um dos promotores mais enérgicos do decreto de abolição de 1794. Representante da metrópole nas colônias, fez guilhotinar plantadores que não a aceitavam. Na Convenção, ele havia declarado: "A morte é um chamado à igualdade que um povo livre deve sancionar por meio de um ato público para que sempre se lembre desse alerta necessário."

Depois do 9 Thermidor, ao passo que Robespierre e Saint-Just eram executados, Billaud-Varenne escapou do cadafalso. Ele foi deportado para a Guiana. Lá foi confinado na masmorra de Sinnamary. O Consulado o libertou. Após o restabelecimento da escravatura, comprou uma fazenda em Orvilliers, no litoral da Guiana. Adquiriu escravos e enriqueceu consideravelmente.

Vejamos outro exemplo de traição de seus próprios ideais, esse dado por Victor Hughes, também representante da Convenção nas Antilhas. Em um romance, *El Siglo de las Luces,* Alejo Carpentier traça o retrato desse último.[13]

Em Porto Príncipe, em Fort-de-France, na ilha Marie-Galante e onde quer que os fazendeiros recusassem submeter-se à Convenção

---

12. Nome dado aos plantadores crioulos partidários da escravatura na Martinica e em Guadalupe.

13. Alejo Carpentier, *Le Siècle des Lumières* (Paris: Gallimard, 1982, col. Folio; tradução de L. F. Durant).

e libertar seus escravos, Hughes fazia com que fossem presos, sumariamente julgados e executados. Uma vez terminada a Revolução na França, a escravatura foi restabelecida nas colônias. Também Hughes virou a casaca. Ele voltou a Guadalupe, mas desta vez para comprar terras e escravos. Morreu em seu leito, escravagista e fazendeiro riquíssimo, mas desprezado por seus antigos amigos e abandonado pela mulher que amava.[14]

---

14. Alejo Carpentier, *op cit*.

IV

Os massacres coloniais

Léon Bloy: "A história de nossas colônias, sobretudo no Extremo Oriente e na África, não é senão dor, ferocidade sem medida e extraordinária torpeza."[1]

O segundo "objeto privilegiado"[2] na reconstrução da memória dos povos do Sul é a conquista armada de suas terras, empreendida pelo Ocidente. Por uma questão de clareza e de economia de espaço, eu me limitarei aqui à evocação das campanhas militares francesas. Porém, não é preciso dizer que a mesma violência, a mesma crueldade presidiram as conquistas inglesa, holandesa, belga, italiana, espanhola, portuguesa.

Em 1830, a França iniciou a conquista da Argélia.

Em 1853, apoderou-se da Nova Caledônia. No ano seguinte, Faidherbe iniciou a conquista do Senegal. Desde o século XVII, a feitoria de Saint-Louis já havia sido estabelecida. Em 1857, aconteceu a fundação de Dacar. A campanha de Faidherbe foi longa e sangrenta: ela só terminaria em 1898.

Em 1858, o exército colonial francês ocupou Tourane, em Annam; no ano seguinte, tomou Saigon.

---

1. Léon Bloy, *La France colonisatrice* (Paris: S. Meissinger, 1981, nova edição).
2. Maurice Halbwachs, *Les Cadres sociaux de la mémoire, op. cit.*

Em 1862, nova investida francesa na África. Desta vez visaram-se as margens do oceano Índico: a França apoderou-se de Obock, na Somália (atualmente Djibuti).

Em 1863, o governo de Paris, na esteira de uma engenhosa chantagem, obteve a submissão do rei do Camboja que, por um tratado, reconheceu "livremente" o protetorado francês. Em 1867, o imperador Tu Duc, para colocar a salvo a população, cedeu à França toda a Cochinchina.

Eis como se desenrolou a conquista francesa de Annam, de Tonquim e da Cochinchina — cedo aqui a palavra a uma testemunha insuspeita de simpatia pelos anamitas. Importante repórter do jornal *Le Figaro*, adido na esquadra do Extremo Oriente, Pierre Loti descreveu a tomada de Hué:

> Os franceses entraram simultaneamente por dois lados do grande forte circular que os obuses já haviam cumulado de cadáveres. Os últimos anamitas que aí se tinham refugiado fugiam, precipitavam-se das muralhas, completamente enlouquecidos; uns tentavam escapar a nado, outros tentavam atravessar o rio, em barcos ou a pé, para se refugiar na margem sul. Os franceses, que haviam escalado as muralhas do forte, os alvejavam de cima para baixo, quase a queima-roupa, e os abatiam em massa. Os fugitivos que estavam na água tentavam, ingenuamente, se cobrir com esteiras, com escudos de vime, com pedaços de chapas de ferro. As balas francesas atravessavam tudo. Os anamitas caíam em grupos, os braços estendidos; trezentos ou quatrocentos deles foram ceifados em menos de cinco minutos pelos *feux rapides* e pelos *feux de salve*. Os marinheiros pararam de atirar, apiedados, e deixaram que os anamitas restantes fugissem. Haverá muitos cadáveres a remover do forte esta noite, antes do crepúsculo.[3]

Quando os exércitos de Napoleão III capitularam em Paris perante a Prússia, os servos se sublevaram na Argélia. Sidi Mokrani chefiava a insurreição. O corpo expedicionário a aniquilou e levou a cabo abomináveis massacres nas regiões rebeldes.

---

3. Pierre Loti, *Le Figaro* (Paris, 28 de setembro de 1883).

Em 1873, Francis Garnier e suas tropas conquistaram o delta de Tonquim.

Em 1878, graças à atuação de Savorgnan de Brazza, o governo francês estabeleceu um protetorado de fato no Gabão. No final dessa mesma década, nova e violenta revolta na Argélia. Desta vez, foram os montanheses de Aurès que repeliram o jugo francês. A repressão foi impiedosa, ela fez milhares e milhares de mortos, sobretudo crianças e mulheres.

Em outubro de 1880, o governo francês instituiu um protetorado na margem direita do rio Congo, e Brazzaville foi fundada diante dos rápidos desse rio.

De 1880 a 1895, Gallieni devastou vastos territórios da África Ocidental. Suas tropas conquistaram o Sudão (atualmente Mali), a despeito da resistência encarniçada de Samory Toure e de inúmeros chefes autóctones.

Em 1881, nova insurreição na Argélia, considerada "parte integrante" da França. Todo o Sul-Oranais se insurgiu. Bou-Hamma comandava os rebeldes argelinos. Ele enfrentou bravamente o general (de nome muito apropriado) Negrier. Bou-Hamma e seus seguidores foram vencidos. Seguiram-se as habituais execuções coletivas e punições de toda sorte. Na mesma época, colonizadores tentaram abrir passagem em direção ao sul, em direção da imensidão desértica do Saara. Os nômades mataram o capitão Flatters e seus seguidores.

Em março desse mesmo ano, outros guerreiros, os kroumirs, vindos da Tunísia, atravessaram a fronteira argelina. O exército francês organizou uma expedição punitiva na Tunísia. Em 12 de maio, o governo francês impôs ao bei de Túnis a assinatura do tratado do Bardo, criando o protetorado francês na Tunísia.

Em setembro de 1881, crise nas terras coloniais do Extremo Oriente. Os anamitas levantaram-se contra o terror colonial, o imposto de captação, a expropriação de suas terras. O novo corpo expedicionário precisou de dois anos para aniquilar os patriotas anamitas e converter o país em terra queimada.

Em 1882, a França anexou as antigas cidades e as terras do Mzab, seiscentos quilômetros ao sul de Alger. No fim de abril do mesmo ano, uma surpreendente notícia chegou a Paris: o comandante Henri Rivière e suas tropas tinham conseguido se apoderar de Hanói. A imprensa entusiasmou-se. Porém, horror: logo os tonquineses, comandados pelos dirigentes de uma sociedade secreta, os "Pavillons noirs", ousaram contra-atacar. Em 19 de maio, o bravo comandante Rivière foi capturado e decapitado. O governo francês reagiu pelo envio maciço de tropas que levaram a cabo uma carnificina entre os civis.

Nomes, há muito tempo esquecidos no Ocidente, rondam a memória dos magrebinos e dos habitantes da África negra: Bugeaud, Gérard, Gallieni, Voulet, Chanoine etc.

O general Thomas Robert Bugeaud havia sido governador-geral da Argélia desde 1840. Foi o criador das "enfumades". Essa nova técnica lhe rendeu grande prestígio em Paris. Na Argélia, seu nome é sinônimo de pesadelo.

A técnica consistia em prender a população de vilarejos inteiros em grutas e atear fogo na sua entrada. Enquanto os soldados recuperavam as forças olhando as chamas, os urros das mulheres e crianças prisioneiros da fumaça subiam do interior das grutas. Quando o derradeiro estertor do último agonizante se calava, os soldados muravam a entrada da gruta.

Gallieni e Gérard, por sua vez, conquistaram o reino de Madagascar, no oceano Índico. Eles comandaram suas campanhas militares com uma crueldade absolutamente exemplar.

Em seu famoso discurso proferido na Unesco em 1971, Claude Lévi-Strauss definiu o racismo da seguinte forma: "Uma doutrina que pretende ver nas características intelectuais e morais atribuídas a um conjunto de indivíduos, não importando a maneira como o definimos, o resultado inescapável de um patrimônio genético comum."[4]

---

4. Claude Lévi-Strauss, *Race et culture* (Paris: Éditions de l'UNESCO, 1971).

O racismo, segundo essa definição, é a essência mesma do colonialismo. Ele nega a humanidade do colonizado. Ele afasta de antemão qualquer relação de reciprocidade e de complementaridade com o colono. Porém, o racismo não destrói apenas o colonizado. Ele devasta também o colono. Immanuel Kant afirma: "A desumanidade infligida a um outro destrói a humanidade em mim."[5]

Ora, sem racismo, não há conquista colonial. Subjugar um ser humano pressupõe a negação de sua humanidade. Com efeito, se o senhor (o conquistador) percebesse como seu semelhante e seu igual aquele ou aquela que ele torna seu cativo, ele não poderia justificar, nem mesmo suportar mentalmente seu crime.

É por esse motivo que colonialismo e doença mental estão associados. O curioso destino do capitão Voulet ilustra minha intenção de demonstrar tal coisa.

Em Paris, em uma manhã de maio de 1898, o ministro das Colônias, André Lebon, chamou a seu gabinete o capitão da marinha Voulet e o tenente dos *spahis* Chanoine.[6] Ele os encarregou da seguinte missão: "Visitar todos os países situados entre o Sudão francês e o lago Chade, ao norte da linha Say-Barroua, e estabelecer relações com os líderes dos países mais importantes do Sudão Central."[7]

Esse era um projeto da maior importância, pois se tratava de alcançar, antes dos colonos ingleses, as margens do lago Chade, para aí estabelecer uma ponte territorial entre as possessões francesas do Magreb e os territórios ocupados pela França no Níger, no Dahomey e no Congo. Era preciso também sufocar a revolta fomentada no Chade pela seita dos senoussis (cujo chefe residia em Trípoli) contra

---

5. Immanuel Kant, *Oeuvres philosophiques*. II, *Derniers écrits, op. cit.*
6. Spahi: soldado pertencente a um corpo de cavalaria que, na África do Norte francesa, era composto em grande parte por autóctones armados e equipados de acordo com os usos do país. (N.T.)
7. Jean-François Rolland, *Le Grand Capitaine* (Paris: Grasset, 1975); Michel Pierre, "L'Affaire Voulet-Chanoine", *in L'Histoire*, n. 69, 1984, p. 67ss.

a presença dos "infiéis" no Sudão (hoje Mali), antes que ela se estendesse pela região. Por fim, era preciso também abortar as pretensões do governo imperial alemão que, a partir de sua colônia em Camarões, enviava colonos em direção a Oubangui-Chari. Imensos territórios no coração da África poderiam ser tomados.

Com apenas trinta e dois anos em 1898, Voulet era um jovem burguês, filho de médico, possuído pelo frenesi de conquista próprio de sua classe e de seu tempo. Era um homem inteligente, porém brutal.

Desde o início, sua expedição esbarrou em dificuldades terríveis em matéria de provisões, para começar. A cada dia, sua coluna (composta de várias centenas de soldados e a mesma quantidade de carregadores), para sobreviver, precisava de duas toneladas de milho, de centenas de litros de água, de uma dezena de bois. Mas os países que atravessava eram pobres, estavam exauridos. Há dois anos, uma seca terrível devastava a região Norte de Sokoto. Não obstante, Voulet, Chanoine e seus soldados exigiam que os povos que encontravam lhes entregassem suas provisões. Os camponeses, os pastores, os nômades quase mortos de fome muitas vezes se recusavam. Daí se segue que eles foram torturados e assassinados, suas casas e tendas queimadas, suas mulheres, violentadas, seus filhos, mutilados.

De vez em quando, com a coragem do desespero, os aldeões tentaram resistir à pilhagem. Em um relatório, Voulet registrou: "As aldeias de Ouélé, Bore e Gassam que, ao longo de nossa marcha na região samo, nos atacaram foram totalmente destruídas e arrasadas."[8]

No início de maio de 1899, os habitantes de Birni N'Konni, à beira da fome, recusaram entregar suas provisões e esconderam suas magras reservas de milho. Um relatório, que chegou a Paris, relata o que se seguiu a esses eventos: "Tivemos de sepultar todos os ca-

---

8. Jean-François Rolland, *Le Grand Capitaine*, op. cit.

dáveres que, dada a temperatura muito elevada, se decompunham imediatamente. [...] Os corpos foram jogados em grandes valas, em seguida a cidade foi sistematicamente destruída, por ordem de Voulet."[9] O segundo homem no comando da expedição, o tenente Chanoine, de mesma idade que Voulet, concordava com os métodos de seu chefe: por ordem sua, nas aldeias consideradas pouco seguras, os soldados invariavelmente arrancavam os pés de milho e queimavam as colheitas. Chanoine escreveu o seguinte a seu pai, general e ministro da Defesa: "Basta de diplomacia e de conciliação com estes bárbaros que só compreendem a força [...] Não é preciso hesitar impor corveias aos habitantes desse lugar. Em suma, é preciso forçá-los a trabalhar."[10]

Voulet e os seus trucidaram com baionetas e lanças, incendiaram, saquearam. O caminho que seguiram ficou demarcado por pilhas de ossos.

O ministro André Lebon ordenou a volta de Voulet a Paris, e nomeou para substituí-lo um coronel alsaciano chamado Klobb. Mas Voulet recusou-se a passar o comando, matou Klobb e ordenou que atirassem em sua escolta.

Com o coronel morto a seus pés, e os integrantes da escolta feridos e gemendo entre as raízes gigantescas de um baobá, Voulet reuniu seus homens. Com os olhos reluzentes, o uniforme impecável, sabre desembainhado, dirigiu-lhes as seguintes palavras: "Agora sou um fora da lei. Renego minha família, minha pátria. Não sou mais francês. Sou um chefe negro [...] Nós vamos criar um império forte, invencível. Eu o cercarei com uma alta mata sem água [...] Para me aprisionar serão necessários 10.000 homens. Se eu estivesse em Paris, hoje seria o senhor da França."[11]

O chefe tão admirado e ao qual haviam obedecido com tanto empenho e sem insurgir-se diante do crime que acabara de ser co-

---

9. *Ibid.*
10. Jean-François Rolland, *Le Grand Capitaine*, op. cit.
11. *Ibid.*

metido, confundiu os oficiais e suboficiais que o observavam. Preocupados com suas carreiras, eles relutavam em envolver-se na construção desse império "cercado por uma mata sem água".

Por sua vez, os atiradores senegaleses se amotinaram e recusaram-se, com exceção de seis deles, a obedecer Voulet. Centenas de carregadores se dispersaram, desaparecendo na savana. Voulet ficou sozinho, com seis companheiros e logo foi obrigado a levantar acampamento e prosseguir, sem provisões e quase sem água, a teimosa marcha para o lago Chade.

Ao raiar da aurora de 17 de julho de 1899, uma sentinela dos atiradores senegaleses, postada perto do vilarejo de May-giri, viu um ser em andrajos sair da bruma, cambaleante. Os farrapos de um uniforme de oficial francês pendiam sobre seu corpo descarnado. O africano reconheceu Voulet e o matou.

Compreende-se facilmente o lugar que Voulet ocupa na memória africana. Ele encarna, com efeito, e de maneira paradigmática, toda a crueldade, o cinismo e a dimensão patológica ligada à conquista colonial.

Post scriptum

Sem entrar em detalhes, mesmo assim notemos que os ingleses desenvolveram métodos originais para exterminar populações autóctones resistentes. Tomemos o exemplo da Tasmânia.

A Tasmânia é uma ilha de cerca de 70.000 km^2 pertencente ao continente australiano. Está situada no estreito de Bass, que separa o oceano Índico do Pacífico. Propriedade da coroa britânica desde o final do século XVIII, essa ilha de terra fértil e clima temperado atraía levas de colonos brancos. No entanto, um obstáculo impedia que esse empreendimento tomasse vulto: os palawah — criadores de animais seminômades, agricultores, pescadores e caçadores. Há dois milênios eles habitavam a ilha. Povo misterioso, aparentemente não oriundo de nenhuma etnia conhecida (melanésia ou outra), seus integrantes eram altos, esbeltos e se moviam com elegância. Possuíam tez cor de cobre e traços finos, e suas mulheres eram de uma beleza radiosa.

Para expulsá-los de suas moradias, os ingleses utilizaram, em primeiro lugar, métodos que frequentemente haviam empregado na Austrália: queimaram vilarejos, envenenaram nascentes de água e poços, organizaram expedições punitivas.

Tal método já havia dado resultados satisfatórios, notadamente em Queensland, outra porção de terra fértil do continente. Em pânico, os sobreviventes kalkadoon haviam fugido para se refugiar nos altos planaltos áridos da cordilheira marítima.

Porém, com os palawah não havia nada a fazer. Os soldados ingleses podiam incendiar seus vilarejos, massacrar as famílias, destruir as colheitas, os campos e envenenar os poços. Apesar disso, os guerreiros palawah repetidamente voltavam a atacar os colonos entrincheirados atrás de suas paliçadas.

Desde o final dos anos 1820, o tenente-governador George Arthur[12] reinava sobre a Tasmânia. Era originário de Sussex e apaixonado por caçar a cavalo e com cães.[13] Como se sabe, na caça a cavalo os caçadores se postam sobre uma longa linha denominada *Black Line*. Precedidos por cães encarregados de levantar a caça, os caçadores avançam juntos, a pé ou a cavalo, e atiram a esmo em tudo o que se mexe nas moitas.

George Arthur decidiu organizar uma *Black Line* para limpar a Tasmânia dos palawah. Seu decreto de convocação mobilizou "todos os homens brancos capazes de empunhar uma arma". Foi assim que milhares de colonos se juntaram aos soldados. Mas a Tasmânia abrigava também grandes colônias penais onde se encontravam detidos

---

12. Vide M. C. A. Levy, *Forever George Arthur* (Melbourne, 1953).

13. A expressão "chasse à courre" (caça a cavalo) vem do termo "courir" (correr), por oposição à caçada comum, em que o caçador espreita, imóvel, sua presa.

condenados de todo o império. Pois bem, os detentos brancos foram soltos e juntaram-se à *Black Line*.

A "linha" foi organizada segundo as regras estabelecidas: vários milhares de caçadores deviam avançar numa cadência regular, cada linha sob o comando de um mestre de caça. Logo, centenas de trombetas anunciaram o início da caçada; na dianteira da "linha", centenas de cães adestrados lançaram-se na planície.

A *Black Line* de Arthur tinha 120 quilômetros. Ela avançou durante seis semanas, de maneira perfeitamente organizada.

George Arthur sentiu grande orgulho de sua *Black Line*. Analisando os relatórios referentes a essa ação endereçados ao Colonial Office e guardados nos arquivos britânicos, o historiador australiano Nick Beams[14] logrou comprovar tal coisa.

Era astuta a argumentação de Arthur. As terras dos colonos recuperadas dos palawah eram *"settled areas"*, explicava ele em seu relatório. Eram locais de residência civilizados. Quanto aos palawah, não passavam de *"black savages"* ("selvagens negros"). Eles invadiam periodicamente as terras que tinham sido civilizadas. Era preciso, então, rechaçá-los. Como fazer tal coisa? Simplesmente levando a cabo uma guerra de extermínio, *"a war of extirpation"*.

A exterminação dos palawah era uma necessidade imperiosa, *"an absolute and inescapable necessity"*.

Após as *"black wars"* empreendidas por George Arthur, apenas um punhado de palawah sobreviveu na Tasmânia.

George Arthur foi nobilitado pela rainha Vitoria por suas *performances* genocidas. Daí em diante, ele ostentou orgulhosamente o título de *sir*.

James Stephen, por sua vez, ocupou a nobre função de subsecretário de Estado no Colonial Office de 1836 a 1847. Ele anotou: *"Tasmânia*

---

14. Nick Beams, *in World Socialist Review* (Londres, 2004). Ver também *Extermination of the Aborigines and the Nazi Holocaust* (Londres, julho de 2004).

has very few aborigines or preserved native culture of note" ("a Tasmânia possui poucos aborígines ou traços significativos de cultura autóctone"). Porém, James Stephen era um funcionário particularmente consciencioso: nenhum traço de qualquer cultura autóctone deveria subsistir na Tasmânia. Ele poderia constituir um obstáculo à implantação e ao desenvolvimento da civilização branca.

Assim sendo, o subsecretário adotou medidas drásticas. Toda criança nascida em uma família autóctone — não importando em que região ou etnia da Austrália — seria apartada de sua família. Logo a polícia recebeu ordem de retirar, se preciso à força, toda criança autóctone que tivesse mais de três anos de idade (o tempo máximo de amamentação concedido à mãe). Arrancada de sua mãe, a criança receberia uma nova identidade, um novo nome. Em seguida, seria confiada a um orfanato ou a uma instituição correcional pública. Qualquer contato com sua mãe, seu pai ou qualquer outro membro da família seria proibido para sempre.

Várias dessas crianças levadas pela polícia foram castradas ou esterilizadas. Nas entidades correcionais e orfanatos, o estupro e os castigos mutilantes eram corriqueiros. Essa política de rapto de crianças autóctones foi abolida apenas em 1969.[15]

O Colonial Office havia decidido erradicar as culturas autóctones de todo o império. Foi assim que James Stephen estendeu ao Canadá a política de rapto das crianças que havia funcionado tão bem na Austrália. Até os anos 1960, as crianças nascidas no Canadá em uma das comunidades indígenas sobreviventes do genocídio foram arrancadas de suas famílias. Essas crianças mártires desapareciam e muitas vezes foram confinadas em conventos e instituições católicas. Em 10 de junho de 2008, Stephen Harper, primeiro-ministro do Canadá, pediu desculpas por seu país aos povos autóctones,

---

15. Em 1994, o governo australiano incumbiu uma comissão de divulgar os crimes cometidos contra os povos autóctones. Em dezembro de 1996, essa comissão publicou seu relatório: *Bringing them home. National Inquiry into the separation of Aboriginal and Torres Strait Islander Children from their families.*

"pelas sevícias sofridas nos pensionatos canadenses durante um século". Escutemos Harper: "Desde o fim do século XIX até 1969, cerca de 150.000 crianças autóctones foram separadas de seus pais e levadas para orfanatos religiosos, onde sofreram agressões sexuais e psicológicas."[16]

Por toda a parte e para sempre, a destruição da cultura, da identidade singular, da memória e dos laços afetivos do dominado rondará os ocidentais.

---

16. Cf. *Le Temps* (Genebra, 11 de junho de 2008).

V

Durban — ou quando o ódio ao Ocidente impede o diálogo

Hoje, as memórias dos povos do Sul estão em guerra aberta contra o Ocidente. As memórias dos descendentes dos povos da América Latina, do Caribe, da África negra, da Arábia e da Ásia são memórias feridas.

O Ocidente exibe, pelo contrário, uma memória triunfante, arrogante, impermeável à dúvida sobre o que se passou.

Dois líderes de excepcional lucidez — Mary Robinson e Kofi Annan — compreenderam o perigo que esta "guerra das memórias" encobria. Ambos tomaram consciência de que o ódio (até mesmo o ódio fundado em razões) que os povos do Sul nutrem pelo Ocidente destruía lentamente a comunidade internacional, eliminava qualquer esperança de ver as Nações Unidas ocuparem enfim seu lugar na cena internacional e impossibilitava a solução de praticamente todos os problemas compartilhados pela humanidade: o armamentismo, a ameaça nuclear, a fome, a aids, a penúria de água, a desertificação progressiva, as guerras regionais endêmicas, a apropriação da maior parte dos recursos por uma diminuta oligarquia que escapa a qualquer controle.

No entanto, é difícil imaginar duas personalidades mais distintas. Caloroso, intuitivo, discreto, Kofi Annan vem de uma família de chefes do povo fante, da grande floresta ashanti de Gana Central. Ilustre burguesa inflexível em seus princípios, extremamente obstinada, Mary Robinson foi presidente da Irlanda de 1990 até 1997.

Em 2001, Kofi Annan era secretário-geral das Nações Unidas e Mary Robinson, alta-comissária dos Direitos Humanos. Juntos, convocaram para os meses de agosto e setembro de 2001, em Durban, África do Sul, a famosa Conferência Mundial contra o Racismo.[1]

A conferência desdobrou-se em duas etapas. De 28 de agosto a 2 de setembro, os representantes de mais de três mil organizações e movimentos não governamentais, vindos de cinco continentes, se reuniram. Os chefes de Estado e de governos se reuniram para discutir do dia 31 de agosto até o dia 7 de setembro.

Durban foi escolhida porque é uma cidade de médio porte, consequentemente, capaz de facilitar os contatos humanos fora das salas de conferência. Além disso, está situada às margens do oceano Índico, ao pé das montanhas de Kwa-Zulu. Seu clima é ameno, sua população cosmopolita — uma mistura de indianos, tamouls, chineses, africânderes, xosa, zulus, makondés (do Moçambique) etc. Um vento leve agita continuamente as esplêndidas palmeiras da avenida que costeia o mar. A algumas centenas de metros das praias, redes de aço estão submersas na água. Considera-se que elas protegem os banhistas contra os tubarões-brancos que vagam ao longe, espreitando-os. Proteção pouco eficaz, já que, durante minha estadia de uma semana, um nadador perdeu um braço e outro, uma perna...

Que objetivo tinha essa conferência? Em seu discurso de abertura, Kofi Annan respondeu a essa pergunta: "Por intermédio de seus descendentes, os mortos pedem que justiça seja feita [...]. A dor e a cólera perduram. A comunidade internacional deve responder

---

1. Conferência Mundial da ONU contra o Racismo, a Discriminação Racial, a Xenofobia e a Intolerância. Cf. *Report of the World Conference against Racism, Racial Discrimination, Xenophobia and Related Intolerance*, doc. ONU A/Conf. 189/2.

aos anseios do mundo inteiro."² Tratava-se, ele explicou ainda, de banir a violência nascida dos "demônios identitários".

Quanto a Mary Robinson, ela indicava com exatidão o horizonte dos trabalhos da conferência: "É a primeira vez que se manifesta uma vontade comum de escrever a história de assuntos difíceis. Em alguns países, o colonialismo é visto como um período glorioso. Em outros, ele é sinônimo de devastação. Durban deve ser um ponto de partida com vistas a unificar essas visões."³

Durante mais de três anos, por toda a parte no mundo milhares de representantes de movimentos sociais, comunidades religiosas, sindicatos, Estados tinham preparado o encontro de Durban, primeiro no seio de conferências nacionais, em seguida no seio de conferências regionais e, por fim, em conferências continentais. Em seu discurso inaugural, Kofi Annan fez referência a isso:⁴

> Ao invés de jogar a pedra em um país ou em uma região em particular, tomemos a decisão de, ao deixar Durban, nos engajarmos, cada um de nós, na elaboração e implantação de seu próprio programa nacional de luta contra o racismo, conforme os princípios gerais que teremos adotado em comum [...]. Durante meses e semanas, nossos representantes trabalharam sem descanso para chegar a um consenso no que toca esses princípios.

Mas, ainda na profundeza da utopia, já despontava o medo do insucesso:

> Esta conferência vai colocar a comunidade internacional à prova; ela dirá se a comunidade internacional está pronta para aderir à defesa de uma causa que toca tão profundamente a condição das pessoas no quotidiano [...]. Se deixarmos Durban sem termos alcançado um con-

---

2. Discurso inaugural da Conferência dos Chefes de Estado e de Governo, 31 de agosto de 2001.

3. Entrevista concedida a Pierre Hazan, *in* Pierre Hazan, *Juger la guerre, juger l'Histoire* (Paris: PUF, 2007).

4. Discurso inaugural da Conferência de Chefes de Estado e de Governo, 31 de agosto de 2001.

senso, isso será um encorajamento endereçado aos elementos mais vis de nossas sociedades [...]. Basta de querelas! Deixemos nossas desavenças para trás e repitamos de novo o grito que irrompeu de todos os lados neste país, quando das eleições de 1994, ao final do longo combate contra o *apartheid*: *Sekunjalo!* O momento chegou.[5]

Tanto a conferência dos movimentos sociais quanto a dos chefes de Estado e governos deveriam malograr.

Durban foi um fracasso total.

Desde o primeiro dia, o ódio ao Ocidente explodiu. Em nome das ONGs africanas, Aloune Tine atacou: "Nós exigimos que a escravatura e o colonialismo sejam reconhecidos como um duplo holocausto e como crime contra a humanidade. Nós exigimos do Ocidente uma reparação pela pilhagem das matérias-primas, pelo deslocamento forçado das populações, pelo tratamento desumano e pela pobreza atual da África, fruto dessa história de crimes e espoliação."[6]

O projeto de resolução, apresentado desde o primeiro dia da conferência não governamental, estipulava:

> Afirmamos que o comércio transatlântico de escravos e a escravidão dos africanos e seus descendentes constituem tanto um crime contra a humanidade como uma tragédia única na história da humanidade e que, por causa de sua dimensão, os agentes desse crime foram motivos econômicos, institucionais, sistêmicos e transnacionais. As compensações financeiras servirão para indenizar os descendentes das vítimas, especialmente das vítimas africanas, ao cobrir o fosso econômico criado por esses crimes.[7]

---

5. Em abril de 1994, as primeiras eleições livres de toda a história do país aconteceram na África do Sul. "*Sekunjalo*" (termo xosa) significa "Agora". Durante a campanha eleitoral do ANC (African National Congress) de 1994, Nelson Mandela havia concluído todos os seus discursos com a palavra "*Sekunjalo!*".

6. Documentação da Conferência Não Governamental UN HCDR. Agradeço a Federica Donati por sua ajuda como documentalista.

7. Artigo citado.

Ao fazer com que o encontro dos chefes de Estado e governos fosse precedido por essa primeira conferência, os dois principais organizadores de Durban, Mary Robinson e Kofi Annan, haviam tido, entretanto, uma boa ideia.

Com efeito, a ONU é uma organização intergovernamental composta por cento e noventa e dois Estados soberanos. É no seio das conferências entre Estados que as coisas importantes acontecem, que as decisões que têm peso são tomadas. A conferência da sociedade civil planetária pensada por Mary Robinson e Kofi Annan, conscientes do ódio suscitado pelo Ocidente, deveria representar o papel de uma válvula de escape que permitisse aos representantes de sindicatos, ligas camponesas, comunidades religiosas etc. desabafar seu rancor para, por assim dizer, abaixar a pressão antes que a conferência intergovernamental fosse aberta.

Erro de cálculo! Em Durban, o estado de espírito de milhares de representantes dos movimentos sociais estava em sintonia com o estado de espírito da grande maioria dos dirigentes dos Estados do Sul.

Foram mesmo os mais importantes presidentes de Repúblicas do Sul que proferiram os mais duros discursos contra o Ocidente.

Assim, Abdelaziz Bouteflika invocou a "consanguinidade abominável" de todos os sistemas de opressão e exploração que, sucessivamente e ao longo dos séculos, o Ocidente impôs aos povos de Sul. Ele citou também Frantz Fanon e *Les Damnés de la terre* [Os condenados da Terra]:

> O dever da memória é essencial, porque o passado nos atormenta, porque ele ainda nos marca cruelmente com seus estigmas, e porque é importante virar, o mais rápido possível, estas páginas que infelizmente não podemos rasgar. A memória também é essencial para tornar mais firme nosso repúdio absoluto e definitivo às práticas abjetas e a todas as ideias que aviltaram a humanidade. A memória, enfim, é essencial para desencorajar, daqui para a frente, todas as tentativas de reanimação da besta imunda que poderia ainda dormitar no in-

consciente dos homens. [...] Para exorcizar o passado e, no presente, fazer justiça, é preciso avaliar os danos imediatos e os efeitos duradouros do que foi sofrido por alguns e infligido por outros, sem ceder à tentação do rancor, nem às simplificações concludentes do confronto.

Bouteflika pedia uma justiça reparadora:

[...] Elas [as vítimas] nos convidam ao recolhimento e à deferência: essas vítimas todas constituem, para a consciência humana, uma lembrança constante dos desvios por meio dos quais os homens tentaram despersonalizar e reificar outros homens, condenando ao opróbrio a inteligência humana [...]. Justiça, portanto, para esses condenados da terra de quem Frantz Fanon, descendente antilhano de escravos africanos, tornou-se testemunha nesta Argélia colonizada em luta por sua libertação, Argélia que se tornou sua pátria definitiva.

E Bouteflika concluiu assim: "O tempo da reparação das injustiças do passado deve chegar e, com ele, o tempo da correção das disfunções e dos desequilíbrios de um sistema que dedica, implacavelmente e para sempre, uma riqueza cada vez maior para os mais fortes e condena os mais fracos à desdita sem fim."

Praticamente todos os demais chefes de Estado do Sul formularam as mesmas exigências de Bouteflika — embora, muitas vezes, com menos talento. Eles exigem justiça reparadora, arrependimento do Ocidente, reconhecimento da memória ferida dos povos do Sul.

À escuta do discurso de Bouteflika, as reações ocidentais foram francamente hipócritas. Nas delegações francesa, belga, britânica etc., o sarcasmo espalhou-se.

A reação exalava o desprezo colonial. Justiça reparadora? Uma exigência absurda, nascida de rancores pessoais!

A exigência de arrependimento? Ruído destinado a desviar a atenção de uma população argelina descontente para inimigos ocidentais demonizados.

Discussão sobre a memória? Um discurso culpabilizador, ou pior, uma chantagem com o objetivo de arrancar concessões financeiras e comerciais do Ocidente.

Abdelaziz Bouteflika, como Nelson Mandela e Fidel Castro, é atualmente um dos homens de Estado mais ouvidos pelos povos do Sul. O sarcasmo e o desdém com que as delegações ocidentais acolheram seu discurso ilustram a cegueira e o desprezo do Ocidente pelos povos do Sul.

Nesse momento, a esperança que Mary Robinson depositava na instauração de um diálogo fraternal entre memórias coletivas opostas dissipou-se. A utopia de Kofi Annan, de uma unificação gradual de visões antagônicas do mundo, ruiu por terra.

Em Durban, insultos e críticas brotaram de ambos os lados, de manhã à noite. Delegados deixavam a sala de conferência batendo a porta, voltavam, vociferavam, retiravam-se de novo.

Os representantes dos Estados Unidos deixaram Durban após quarenta e oito horas. Os representantes dos Estados da União Europeia ficaram até o fim, depois de Nelson Mandela ter chamado pessoalmente vários representantes em Bruxelas. Mas os chefes de governo e os ministros dos Estados da União Europeia rechaçaram qualquer esperança de compensação financeira ou mesmo uma apresentação de desculpas.

O Haiti exigia da França o reembolso de 150 milhões de francos-ouro. Essa demanda tem uma história: a insurreição de 1791 havia libertado os escravos. Em 1802, os haitianos haviam aniquilado o pesadamente armado corpo expedicionário enviado por Napoleão Bonaparte, que pretendia restabelecer a escravidão no Haiti. Em 1814, o rei Luís XVIII enviou um negociador, Franco de Medina. Os haitianos o decapitaram. Então, a França mudou sua estratégia. Ela decretou o bloqueio financeiro, econômico e diplomático do Haiti. A Inglaterra e outras potências europeias juntaram-se a esse bloqueio. Para evitar a decadência completa de seu país, o presidente haitiano Jean-Pierre Boyer aceitou assinar um acordo com a França, por meio do qual seria preciso reembolsar os antigos proprietários de escravos.

Boyer aceitou pagar à França 150 milhões de francos-ouro. Essa quantia astronômica foi integralmente paga, em parcelas anuais, até 1883.

A extorsão praticada pela França explica a abissal miséria atual do povo haitiano.

Em Durban, a delegação francesa rejeitou qualquer reembolso. Em 2004, o presidente haitiano Jean-Bertrand Aristide foi derrubado por um golpe de Estado. Muitos haitianos estão convencidos de que esse golpe foi arquitetado pelos serviços secretos franceses.

Durban demonstrou a profundidade e a gravidade das feridas dos povos do Sul. A conferência revelou a intensidade do ódio que eles nutrem pelo Ocidente.[8]

No Talmude da Babilônia, lê-se esta frase enigmática: "O futuro tem um longo passado." Em um tom próximo do desespero, Abdulaye Wade, presidente do Senegal, implorou a compreensão do Ocidente:

> O que queremos é que a humanidade compreenda que, em dado momento de sua evolução, um dano incalculável nos foi causado, uma grande injustiça foi praticada contra nós. O que nós queremos é que as gerações atuais e as futuras compreendam isso. Para tanto, penso que os países desenvolvidos e, de forma mais genérica, a comunidade internacional deveriam fazer com que a escravatura e o tráfico negreiro constem do programa escolar das crianças, dos cursos universitários, dos programas de pesquisa. Estelas e monumentos deveriam ser erigidos e filmes feitos para apresentar essa história em toda a sua autenticidade. Os arquivos, e digo todos os arquivos, deveriam poder ser consultados por pesquisadores de todos os países do mundo.

Tomara que Wade jamais se detenha em Bordeaux! Nessa cidade, com efeito, abundam avenidas, ruas, praças e monumentos

---

8. Não faltaram deslizes verbais, tanto de um lado como do outro. Durante o debate, foram ouvidas considerações francamente antissemitas e anti-islâmicas.

dedicados aos escravagistas — armadores ou capitães negreiros — dos séculos XVII e XVIII. Aí encontramos a rua Pierre-Baour, a praça Johnson-Guillaume, o beco sem saída Letellier, a rua David-Gradis, a praça John-Lewis-Brown, a rua Pierre-Desse, a rua François-Bonafé etc.

François Bonafé foi sócio da companhia negreira Romberg e Bapst. Ele viveu de 1723 a 1809. Ao longo da segunda metade do século XVIII, foi um dos mais poderosos armadores e traficantes de escravos.

William Johnston (1699-1772) era um jovem irlandês pobre que veio aprender o "ofício" em Bordeaux. Ele se tornou o grão-mestre da loja maçônica L'Amitié. Graças à sua associação com os irmãos Germé, adquiriu uma fortuna colossal organizando notadamente, de 1741 a 1743, duas expedições negreiras particularmente lucrativas.

Jacques Letellier, prefeito de Bordeaux de 1801 a 1805, descendia de uma família que devia sua (considerável) fortuna às expedições de 1788, 1789 e 1791. Foi um dos armadores mais poderosos da Europa. O termo técnico utilizado para descrever sua atividade — e a de seus pares — era "armador do tráfico": navios que levavam a bordo soldados — futuros caçadores de africanos — partiam em direção de Benin, de Christiansborg (em Gana) ou da embocadura do Congo. Em seguida, os capitães faziam a "campanha", embarcavam a carga humana e a vendiam nos mercados de Havana, de Nova Orleans, ou de Salvador da Bahia. Na volta, carregavam açúcar, metais preciosos e, mais tarde, café.[9]

Pierre Baour, descendente de uma poderosa família de traficantes protestantes, controlou durante décadas o tráfico em São Domingos. Em seus entrepostos em Porto Príncipe, foram vendidos milhares de deportados africanos — homens, crianças e mulheres.[10]

---

9. Conforme demonstra o historiador Hans Faessler, os bancos protestantes genebreses obtiveram enormes lucros com o tráfico negreiro. Cf. Hans Faessler, *Une Suisse esclavagiste* (Paris: Éditions Duboires, 2007).

10. Uma associação de Bordeaux, a Divers/Cité, luta contra o esquecimento do que foi o tráfico. Patrocinada por ela, Danielle Petrissans-Cavaillès publicou o inventário das praças,

Como explicar a homenagem prestada pelos habitantes de Bordeaux aos assassinos do tráfico negreiro? Algo é certo hoje, a atitude dos habitantes de Bordeaux ilustra de maneira paradigmática a cegueira do Ocidente diante dos crimes que cometeu em grande escala.

O fracasso da conferência antirracismo de Durban recaiu sobre seus dois promotores de modo particularmente trágico.

Por pressão dos Estados Unidos e da Grã-Bretanha, Mary Robinson perdeu seu posto de alta-comissária em 2002.

Kofi Annan, por seu turno, sofreu ataques virulentos em razão de sua pretensa cumplicidade com as "inadmissíveis" reivindicações de Durban. Ele cumpriu seu mandato até o fim,[11] mas não conseguiu fazer a reforma das estruturas da ONU como tinha em mente.

Uma última tentativa para salvar Durban aconteceu no Palácio das Nações, em Genebra, em 2009. Visando restabelecer o diálogo interrompido entre os povos do Sul e o Ocidente, a ONU aí promoveu, do dia 20, segunda-feira, ao dia 24, sexta-feira, a *Durban Review Conference*. Na tarde do dia 21 de abril, terça-feira, o Bar du Serpent estava repleto. A alguns passos dali, na imensa sala de conferência, se comprimiam mais de quatro mil diplomatas, representantes de organizações não governamentais e jornalistas vindos dos cinco continentes. Era no bar que ocorriam os encontros não oficiais. O quadro era idílico: atrás dos vastos vãos envidraçados, o parque se estende com suas árvores gigantescas, seus pavões com plumagem furta-cor, azul, verde, negra. Adiante estão as margens do lago e da cidade que as neves eternas do Mont Blanc dominam.

Uma jovem de olhos negros, magra, usando várias saias coloridas sobrepostas, aproximou-se de mim. Era Celima Torrico, minis-

---

avenidas e monumentos que celebram os traficantes de escravos. Danielle Petrissans-Cavaillès, *Sur les traces de la traite des Noirs à Bordeaux* (Paris: L'Harmattan, 2004).

11. O mandato de Kofi Annan como secretário-geral da ONU terminou em 31 de dezembro de 2006.

tra da Justiça da Bolívia. Ela pediu: *"Hermano, explique-me..."* ("Meu irmão, explique-me...").

Celima acabara de terminar seu discurso na sala vizinha. Diante da opinião pública mundial, ela explicou a política antirracista do governo boliviano. Pela primeira vez, após quinhentos anos, um presidente indígena governa seu país. Um camponês, um plantador de coca, um aimará. Durante esses cinco séculos, os índios bolivianos — 65% da população — não conheceram senão opressão, racismo, discriminação feroz. Celima é uma sindicalista camponesa de Cochabamba. Pela primeira vez em sua vida, com uma surpresa profunda e um pouco de medo, ela tem acesso à ONU, à cena internacional. Ela quer saber, de mim, se os delegados compreenderam sua mensagem e também, afinal, que utilidade tem uma conferência desse tipo.

Ao lado de Celima, um deputado do Movimiento al Socialismo (MAS) de Chucisaca, também ele camponês e sobrevivente do massacre de Pando de 2008.[12] Também ele pediu-me: *"Hermano, explique-me..."* Respondi sem cerimônia: a Durban Review Conference, chamada de Durban II, não tem utilidade alguma.

Os trabalhos preparatórios dessa conferência começaram em junho de 2008. As conferências regionais de Brasília e de Abuja elaboraram um projeto de resolução com mais de sessenta páginas. Desde o início, dez Estados ocidentais revelaram a intenção de boicotar integralmente os trabalhos. Entre eles os Estados Unidos, a Itália, Israel, a França, a Alemanha, a Inglaterra, a Austrália, os Países Baixos, a Polônia, o Canadá... Os Estados Unidos não mudaram sua posição após a eleição de Obama.

No primeiro dia da Durban II, a República Tcheca, na presidência da União Europeia em abril de 2009, juntou-se ao bloqueio. O diálogo entre os representantes dos povos do Sul e os do Ocidente não aconteceu.

---

12. Vide p. 14, Prefácio.

Durante a noite de 22 para 23 de abril, o pânico tomou os diplomatas da ONU. Mesmo alguns embaixadores de Estados europeus compreenderam que uma dissolução pura e simples da conferência, sem qualquer resolução final, significaria o fim da diplomacia multilateral.

Graças à firmeza e à habilidade de Navanethem Pillay, uma advogada sul-africana de origem tamoule e atualmente alta-comissária da ONU para os direitos humanos, uma resolução de compromisso foi adotada. Esse texto tem 143 parágrafos, porém não contempla nem as demandas de reparação, nem a condenação da escravatura, nem o martírio do povo palestino, nem ainda qualquer outro dos atuais conflitos de origem racista (Darfour, Sri Lanka, Tibete...). Em suma, a resolução final da Durban II é um monumento da vacuidade diplomática.

No Bar du Serpent, cruzei com um homem de estatura média, calvo, de óculos redondos e olhar irônico que, graças a sua capacidade como diplomata e erudição de letrado árabe, goza de influência considerável no seio do grupo dos Estados africanos e árabes. Mohamed Siad Doualeh é o embaixador da República do Djibuti. Seus olhos brilhavam de cólera: "Eles nos enganaram."

Na Durban II, mais uma vez, tudo foi feito para atiçar o ódio contra o Ocidente.

VI
SARKOZY NA ÁFRICA

Em julho de 2007, o presidente Nicolas Sarkozy fez sua primeira viagem oficial a Dacar, na África negra. Do vasto anfiteatro da Universidade Cheikh-Anta-Diop, ele se dirigiu à juventude do continente.

O tempo estava borrascoso na península de Cabo Verde. Fazia calor, ventava. O anfiteatro estava excessivamente quente. Centenas de estudantes vindos de todos os países do Oeste da África aí se instalaram, obstruindo as escadas, atravancando os corredores. As túnicas — amarelas, vermelhas, brancas — das jovens resplandeciam como flores na multidão. Nas primeiras filas dos bancos de madeira, os ministros, os diplomatas e os notáveis de sempre suavam em bicas. O ar estava irrespirável. As luzes fortes instaladas pelos técnicos em iluminação das redes de televisão contribuíam para a alta temperatura.

Perdidos na multidão, os seguranças da comitiva francesa se desesperavam.

Sarkozy iniciou seu discurso sem rodeios: "Jovens da África, não vim lhes falar de arrependimento."[1] Em seguida, lançou-se em uma longa evocação destinada a reabilitar os colonos:

---

1. Discurso feito por Nicolas Sarkozy em 26 de julho de 2007, texto oficial, Serviço de Imprensa da Presidência da República Francesa.

Havia no meio deles [os colonos] homens cruéis, mas havia também homens de boa vontade, homens que acreditavam desempenhar uma missão civilizadora, homens que acreditavam estar fazendo o bem. Eles se enganavam, mas muitos eram sinceros. Eles pensavam estar quebrando os grilhões do obscurantismo, da superstição, da servidão. [...] Eles acreditavam dar amor sem perceber que semeavam revolta e ódio. [...] A colonização foi um erro que foi saldado pela tristeza e pelo sofrimento dos que tinham acreditado estar dando tudo e não compreendiam por que lhes queriam tanto mal.

E o sofrimento dos africanos? Sarkozy desconhecia esse sofrimento? Não. Ele o reconhecia, mas se recusava a atribuí-lo aos colonos: "Este sofrimento do homem negro, não falo do homem no sentido do sexo masculino, falo do homem no sentido de ser humano, isto é, falo da mulher e do homem na acepção geral do termo. Esse sofrimento do homem negro é o sofrimento de todos os homens."

O pasmo se propaga pela sala. Os ouvintes — inclusive os brancos — não acreditam no que ouvem.

O cativeiro dos escravos? O martírio da fome? E as mulheres e crianças massacradas pela Legião Estrangeira nos vilarejos conquistados? Tudo isso faz parte, na realidade, da condição humana. Não é preciso dar importância exagerada a isso!

E as carnificinas, as espoliações, as destruições ligadas à colonização? E o trabalho forçado e as mãos cortadas dos coletores de borracha ou de algodão que não conseguiam cumprir as quotas fixadas pelo feitor? Segundo Sarkozy, um simples "erro".

A escravatura? Os massacres coloniais? Fazem parte de um "destino comum", sem dúvida doloroso, tanto dos africanos como dos europeus. O sofrimento de carrascos e vítimas é exatamente igual! E justamente porque esse destino doloroso é "comum", os carrascos não têm motivo algum para fazer uma confissão pública e obrigatória.

Desconhecimento do que estava em jogo? Cálculo político?

Nicolas Sarkozy tem uma visão singular do homem africano. Dessa perspectiva, o africano é um ser sujeito exclusivamente às leis da natureza, encontra-se acorrentado a um recomeço eterno, um Sísifo esgotado, privado de futuro.

O africano vive quase fora da História. Desconhece a noção de progresso. Um destino singular? Ele carece de destino.

Escutemos Sarkozy:

> O drama da África deve-se ao fato de que o homem africano não adentrou suficientemente na História. O camponês africano que, há milênios, vive segundo as estações, cujo ideal de vida é estar em harmonia com a natureza, conhece apenas o eterno recomeço do tempo cujo ritmo é determinado pela repetição sem fim dos mesmos gestos e das mesmas palavras. [...]. Nesse imaginário onde tudo recomeça continuamente, não há lugar nem para a aventura humana nem para a ideia de progresso. [...] Jamais o homem [africano] se lança em direção ao futuro. Jamais lhe vem à cabeça deixar a repetição para inventar um destino para si mesmo. [...] É aí que está o problema da África; permitam que um amigo da África diga isso. O desafio da África é participar mais profundamente da História.

Mas o que fazer para participar "mais profundamente da História"? É simples. Basta se submeter ao Ocidente.

O Ocidente é o mestre. Sua civilização está votada a se estender por todo o planeta. Os africanos, particularmente, devem tomar nota disso. Desse ponto de vista, eles tiveram a sorte de ter sido colonizados. A colonização foi um "erro", ele concorda. Mas um erro benéfico. "Ninguém pode fazer como se esse erro [a colonização] não tivesse acontecido. Ninguém pode fazer como se essa história não tivesse acontecido. Para o melhor como para o pior, a colonização transformou o homem africano e o homem europeu. Jovens da África, vocês são os herdeiros de tudo o que o Ocidente depositou no coração e na alma da África."

Esta civilização ocidental "depositada" — como o termo é delicado! — pelo colono, pelo legionário, pelo missionário, pelo comitre, pelo feitor das plantações na alma africana é hoje a civilização do planeta: "Abram os olhos, jovens da África, e não olhem mais, como muitas vezes fizeram seus antepassados, a civilização mundial como uma ameaça a sua identidade. Olhem a civilização mundial como alguma coisa que também lhes pertence."

Um momento particularmente ridículo deu-se quando Sarkozy investiu contra os "mitos" da identidade negro-africana já que, conforme as palavras do presidente da República francesa, são eles que devem ser responsabilizados pelas agruras atuais do continente negro.

Sarkozy falava na Universidade Cheikh-Anta-Diop. Ora, foi Cheikh Anta que, com Senghor, defendeu a ideia de uma identidade negro-africana singular e irredutível, e a necessidade de um desenvolvimento econômico autocentrado.

Cheikh Anta havia notadamente descoberto a origem africana das primeiras dinastias faraônicas do Egito. Sua obra exerceu uma influência profunda nas gerações seguintes de estudantes africanos, especialmente nos senegaleses, e segue pertinente nos dias de hoje.[2]

Diante de um público atônito, Sarkozy atacava sem cerimônia o ensinamento de Cheikh Anta: "Jovens da África, não cedam à tentação da pureza, porque ela é uma doença, uma doença da inteligência, o que há de mais perigoso no mundo. E esse mito impede que se olhe sem receio a realidade da África. A realidade da África é a realidade de um grande continente que tem tudo para dar certo e não consegue, porque não consegue se libertar de seus mitos."

Perto do fim de sua diatribe, Sarkozy caiu na mais grosseira demagogia:

> Vocês querem que não haja mais fome na terra africana? Vocês querem que, na terra africana, nunca mais uma única criança morra de fome?

---

2. Cf. notadamente Cheikh Anta Diop, *Nations nègres et culture. De l'antiquité nègre égyptienne aux problèmes culturels de l'Afrique noire d'aujourd'hui* (Dacar, 1954); *Antériorité des civilisations nègres, mythes ou vérité historique?* (Dacar, 1967).

Então procurem a autossuficiência alimentar. Então desenvolvam culturas alimentícias. A África precisa, antes de tudo, produzir para se alimentar. Se é isso o que vocês querem, jovens da África, vocês têm nas mãos o futuro da África, e a França trabalhará com vocês para construir esse futuro.

Eis como a França "trabalha" com a África para construir esse futuro radioso: entre 1972 e 2002, o número de homens, de mulheres e de crianças gravemente ou permanentemente subalimentados na África cresceu de oitenta para mais de duzentos milhões de pessoas. Ora, uma das principais causas desse desastre é a política de *dumping* agrícola praticada pelos Estados ocidentais. Com efeito, a cada ano eles pagam bilhões de dólares para seus próprios agricultores a título de ajuda para a produção e a exportação de alimentos.[3] Consequência disso: em qualquer mercado africano — na *Sandaga* de Dacar, por exemplo — o consumidor pode comprar frango, frutas e legumes franceses, espanhóis, italianos, portugueses etc. pela metade ou por um terço do preço dos produtos locais correspondentes.[4] E alguns quilômetros adiante o camponês wolof, toucouleur ou bambara trabalha doze horas por dia debaixo de um sol escaldante sem ter a menor chance de chegar a um nível de vida decente.

Sim, o *dumping* ocidental destrói a agricultura de subsistência na África. Não se estará esquecendo que trinta e sete dos cinquenta e três países do continente africano vivem principalmente dela?

A última conferência da Organização Mundial do Comércio (OMC) ocorreu em dezembro de 2005, em Hong Kong. Sob pressão de países do Sul, principalmente africanos e latino-americanos, a maioria dos Estados ocidentais aceitou suprimir a ajuda à exportação. Ficou previsto que, nos três meses seguintes, negociações multilaterais deveriam pôr termo ao *dumping* agrícola.

---

3. Em 2007, os Estados-membros da Organização para a Cooperação e o Desenvolvimento Econômico (OCDE) pagaram, no total, mais de 370 bilhões de dólares de subsídios para seus agricultores.

4. Os preços variam conforme as estações.

Em nome da França, o presidente Jacques Chirac se opôs a essa decisão. Na sequência, seus diplomatas, em minoria em Hong Kong, tentaram sabotar as negociações multilaterais que tinham por objetivo levar a uma redução gradual dos subsídios e, posteriormente, à sua extinção.

A sabotagem teve sucesso, já que, em 2010, se continua a praticar o *dumping*. E no seio do Conselho dos Ministros da União Europeia, em Bruxelas, e no Conselho Geral da OMC, em Genebra, Nicolas Sarkozy pratica a mesma política de seu predecessor: uma política que devasta a agricultura africana.

O discurso de Dacar pretendia-se programático. Para além do Senegal, Nicolas Sarkozy se dirigia à juventude de todo o continente. Esse discurso foi recebido como uma bofetada.[5]

Relator especial do Conselho de Direitos Humanos da ONU para as formas contemporâneas de racismo, de discriminação racial e de xenofobia, um intelectual senegalês, Doudou Diène, tomou a palavra na Assembleia Geral de 9 de novembro de 2007, em Nova York.

Diène é um dos homens mais comedidos, mais afáveis que conheço. No entanto, nesse dia ele estava realmente enfurecido. "É preciso que o presidente francês, Nicolas Sarkozy, saiba que o discurso de Dacar causou uma ferida profunda [...]. Dizer aos intelectuais africanos que eles não começaram a participar da História é algo que se inspira nos escritos racistas dos séculos XVIII e XIX."[6]

Ao lado da África do Sul e do Egito, a Argélia é um dos três Estados mais influentes da África. Isso se dá porque esse país, apesar de se confrontar com tantos problemas, ateve-se ao equilíbrio de suas finanças públicas e sua reserva em divisas é grande. Ele acaba de elaborar um programa de investimentos, em cinco anos, num montante total de 180 bilhões de dólares.

---

5. Cf. sobretudo Aminata Traoré, *L'Afrique humiliée* (Paris: Fayard, 2008).
6. Cf. também Philippe Bolopion, *Le Monde* (10 de novembro de 2007).

Grande potência petrolífera, a Argélia é cortejada pelo mundo inteiro e não precisa nem de Bouygues, nem de Dassault, nem de nenhum dos amigos de Nicolas Sarkozy para resolver seus problemas.

A visita de menos de quarenta e oito horas do presidente francês à Argélia — mais especificamente a Alger, Tipaza e Constantine — nos dias 3 e 4 de dezembro de 2007, passou, no ato, a se desenrolar num clima gélido.

Cabelos grisalhos cortados curtos, elegante, esbelto, de uma prudência matreira, habituado a dar sua opinião sobre tudo, de uma erudição superficial, mas manejando brilhantemente a retórica, Hervé Guaino é o protótipo destes tecnocratas substituíveis que povoam os corredores do poder na França.

Ele foi o autor da maior parte das fulgurações discursivas de Sarkozy.

Na Argélia, Guaino não correu riscos. Lá, nenhum apelo ardente à juventude, nem divagações histórico-filosóficas. Nenhuma volta ruidosa aos séculos passados. Apenas dois discursos, ambos igualmente frios. O primeiro, diante de empresários em Alger, o segundo, diante de estudantes, em Constantine.

Escaldado pelo desastre de Dacar, na Argélia Sarkozy queria falar exclusivamente de negócios. Mas isso seria deixar de levar em conta Abdelaziz Bouteflika, seu governo e a quase totalidade da opinião pública argelina.

Bouteflika: "A memória vem antes dos negócios." O presidente argelino exigiu o reconhecimento dos delitos cometidos em cento e trinta e dois anos de ocupação e dos crimes perpetrados pelo exército colonial.

Desajeitadamente, Sarkozy tentou fazer uma concessão: "O passado existiu realmente, falta construir o futuro. Quanto a mim, vim para construir. Não vim para a nostalgia."[7]

---

7. Discurso para os empresários, 3 de dezembro de 2007.

Bouteflika exigia um pedido de desculpas. Sarkozy se furtou a pretexto de "rejeitar a nostalgia".

Mesmo assim, aconselhado por Henri Guaino, Sarkozy propôs a criação de uma comissão constituída por historiadores argelinos e franceses para estudar o passado. Sarkozy: "Nossa história é feita de sombra e luz, sangue e paixão. Chegou o momento de confiar a historiadores argelinos e franceses a tarefa de escrever, juntos, esta página de história violenta, para que as gerações futuras possam, de cada lado do Mediterrâneo, olhar da mesma forma nosso passado de entendimento e de cooperação."

A guerra de libertação da Argélia durou sete anos. Mais de dois milhões de homens, crianças e mulheres árabes, cabilas, mozabitas, chauais foram queimados, metralhados, despedaçados pelas bombas, mortos, mutilados, feridos.

Diante dessa horrenda tragédia, Sarkozy adotou a posição confortável do agnóstico: Quem são os carrascos? Quem são as vítimas? De quem é a responsabilidade histórica? Ninguém sabe.

Os historiadores nos dirão.

Há uma pendência no que toca à memória? Vamos resolvê-la. Há várias verdades conflitantes? Que os historiadores resolvam!

Construamos um relato comum dessa história, um relato "aceitável" por todos. Mas, até que isso seja feito, nada de polêmica, por favor!

Sarkozy fez essa proposta na Universidade Mentouri, em Constantine.

Nos altos planaltos fazia frio naquele mês de dezembro. Havia nevado. No entanto, centenas de pessoas, estudantes e curiosos, tinham vindo escutar o presidente francês.

O público lhe era hostil, ouviam-se assobios e vaias.

A proposta de Nicolas Sarkozy escandalizou os estudantes argelinos. Um deles disse a Hassan Zeytouni, enviado especial da revista *Afrique-Asie*: "É possível imaginar o governo da República Federal Alemã propondo a criação de uma comissão de historiadores alemães e poloneses, ou alemães e israelenses, para descobrir a verdade sobre a Segunda Guerra Mundial?"[8]

Era a questão do tratado de amizade Argélia-França que, fundamentalmente, envenenava a atmosfera. Portanto, nesta altura, convém voltar de forma resumida à história desse tratado.

Em 2003, Jacques Chirac visitou a Argélia, onde lançou a ideia de um tratado de amizade que selaria a reconciliação dos dois países.

Um ano e meio mais tarde, vários deputados da UMP,[9] instrumentalizados por saudosistas da Argélia francesa e por diversos *lobbies* de repatriados e de ex-militares nativos da África do Norte que haviam servido ao lado dos franceses (os harkis), conseguiram que a Assembleia Nacional adotasse um artigo de lei que afirmava o "papel positivo da colonização".[10]

O artigo deveria ser colocado em um texto intitulado: "Reconhecimento da nação e contribuição nacional em favor dos repatriados."

Atônitos, os argelinos esperavam uma reação vigorosa do governo e dos partidos políticos franceses.

Nada aconteceu.

Nem o presidente Chirac nem Nicolas Sarkozy, então chefe da UMP, reagiram.

Os argelinos reagiram com indignação. No dia 5 de maio de 2005, eles lembraram com uma cerimônia o sexagésimo aniversário da carnificina de Sétif, onde quarenta e cinco mil argelinos desarmados foram executados a sangue frio pela aviação, pela gendarmaria e pelo exército franceses. No discurso que proferiu nessa ocasião, Bouteflika encontrou palavras particularmente virulentas para tratar da "amnésia" e do "desprezo" da França.

---

8. *Afrique-Asie* (Paris, janeiro de 2008).

9. União por um Movimento Popular — UMP (*Union pour un mouvement populaire*), partido de centro-esquerda ao qual pertencia o presidente Chirac. É também um partido de apoio a Sarkozy. (N.R.)

10. O artigo 4º da lei de 2005 exige que os "aspectos positivos" da colonização sejam ensinados na escola.

ÓDIO AO OCIDENTE

O artigo litigioso foi finalmente retirado. Mas o estrago estava feito.

Eu acrescento, a título de lembrança, que o governo francês levou mais de vinte e cinco anos para chegar a falar de "guerra da Argélia". Até o final dos anos 1980, a terminologia oficial usava a expressão "os acontecimentos na Argélia".

Em 17 de outubro de 1961, sob o comando do chefe de polícia Maurice Papon, durante uma noite inteira e um dia inteiro os policiais e membros da CRS[11] parisienses entregaram-se a ações punitivas. Dezenas de trabalhadores argelinos foram jogados no Sena. Dezenas de outros tiveram a cabeça quebrada a golpes de matraca. Outros, ainda, pereceram sob tortura em locais onde se encontravam detidos. Vinte, trinta anos mais tarde, alguns editores parisienses, François Maspero, e depois Olivier Bétourné notadamente, precisaram de toda a força de sua convicção a respeito desses acontecimentos para revelar à opinião pública a amplitude desse drama.[12]

Porém, do lado dos poderes públicos, o silêncio continua.

Em 2007, em Alger, Sarkozy pediu a assinatura do acordo de amizade.

Bouteflika pediu que desculpas fossem apresentadas.

Sarkozy reafirmou sua aversão pelo "arrependimento".

Bouteflika negou-se a assinar o acordo de amizade.

É preciso fazer justiça a Nicolas Sarkozy. Prefeito, ministro, candidato à presidência, presidente da República, ele sempre permaneceu fiel a si mesmo. Em nenhum momento mudou de opinião

---

11. Companhia Republicana de Segurança — CRS (*Compagnie républicaine de sécurité*), órgão ligado à polícia nacional francesa. (N.R.)

12. Pouco tempo após esses acontecimentos, François Maspero publicou *Ratonnades à Paris*, assinado por Paulette Péju. O livro foi imediatamente retirado. Em 1991, Olivier Bétourné publicou pela editora Seuil a pesquisa definitiva de Jean-Luc Einaudi sobre o assunto, *La Bataille de Paris. 17 octobre 1961*.

a respeito da questão dos crimes da escravatura e dos massacres ligados à colonização.

Candidato à presidência, ele afirmou em 17 de fevereiro de 2007, em Toulon:

> O sonho europeu, que foi o sonho de Bonaparte no Egito, que foi o sonho de Napoleão III na Argélia, de Lyautey no Marrocos [...] não foi tanto um sonho de conquista, mas um sonho de civilização. Paremos de macular o passado da França [...]. Quero perguntar a todos os adeptos do arrependimento [...]: que direito têm vocês de pedir aos filhos que se arrependam dos erros cometidos por seus pais, erros que muitas vezes os pais só cometeram na imaginação de vocês?

Gilles d'Elia ensinou: "O último momento da colonização consiste em colonizar a história do colonialismo!"[13]

D'Elia discute a argumentação de "contador" de Sarkozy. Despesas e receitas. Como o capitalismo é, afirma ele, o produto puro do modo de produção capitalista, essa visão contábil da História se torna, afinal de contas, natural.

Não obstante, ela é odiosa. Quantas escolas, quantas estradas e poços foram construídos no Sahel em cem anos de colonização? Quantos homens, crianças e mulheres foram massacrados pela Legião Estrangeira em 1947? Tantos quilômetros de pistas asfaltadas contra oitenta e cinco mil mortos em Madagascar.

Para Nicolas Sarkozy, a conta está equilibrada. Para qualquer homem de bom senso, essa comparação é em si mesma indecente.

Quando ministro do Interior, Sarkozy pediu para ser recebido por Aimé Césaire. Este, inicialmente, recusou. Mais tarde, diante da insistência do ministro, ele cedeu.

Então Sarkozy encontrou-se com Aimé Césaire em Fort-de-France, na Martinica.

---

13. Gilles d'Elia, in *Libération* (Paris, 21 de fevereiro de 2008).

Ninguém sabe o que foi dito entre o candidato ao governo da França e o poeta. Há uma única certeza: como presente de despedida, Aimé Césaire entregou a seu visitante seu *Discours sur le colonialisme* (*Discurso sobre o colonialismo*), obra-prima de setenta e quatro páginas que ainda hoje nutre o espírito de resistência de milhões de homens e mulheres por toda parte do hemisfério sul.

Nessa obra se lê:

> O fundamental é enxergar claramente, pensar claramente, entender com seriedade e responder de maneira clara a inocente pergunta inicial: qual é a razão primeira da colonização? É fundamental convir que a colonização não é nem evangelização, nem empreitada filantrópica, nem vontade de fazer retrocederem as fronteiras da ignorância, da doença, da tirania, nem é uma extensão de Deus e do Direito. É fundamental admitir de uma vez por todas [...] que o fato decisivo da colonização é a ação do aventureiro e do pirata, do atacadista e do armador, do garimpeiro e do comerciante, da cobiça e da força, e que por trás dessas ações se projeta a sombra maléfica de uma forma de civilização que, em dado momento de sua história, se vê obrigada, em virtude de sua dinâmica interna, a estender em escala mundial a concorrência de suas economias antagônicas [...]. A Europa é moralmente e espiritualmente indefensável.[14]

---

14. Aimé Césaire, *Discours sur le colonialisme* (Paris: Présence africaine, 1950).

SEGUNDA PARTE

A filiação abominável

I
Do escravagista ao predador onívoro

Uma segunda fonte de sofrimento alimenta o ódio dos povos do Sul pelo Ocidente: a imposição, atualmente em curso, da ordem ocidental em escala mundial. Aos olhos da maioria dos homens de Estado e dos combatentes dos movimentos sociais do Sul, essa ordem — que atinge tão duramente as camadas sociais mais pobres do Sul — se inscreve numa filiação direta dos modos de produção escravista e colonial.

No dia 2 de setembro de 2001, em Durban, o ministro da Justiça da Costa do Marfim, Oulai Siene, subiu à tribuna. Ele afirmou em seu discurso:

> Se vocês pensam que a escravidão foi extinta, pensem nisso uma segunda vez. Como compreender de outra forma que o preço de um produto fabricado por milhões de camponeses durante longos meses e mediante um duro labor, sob sol e sob chuva, seja determinado por alguém que está sentado em uma cadeira diante de um computador em um escritório climatizado, sem que essa pessoa leve em consideração o sofrimento desses camponeses? Desde a abolição da escravatura, apenas os métodos mudaram. Eles se tornaram mais "humanos". Os negros não são mais embarcados e levados para as Antilhas e para as Américas. Eles continuam em sua terra. Eles trabalham duro para ver o preço de seu trabalho negociado em Londres, em Paris ou Nova

York. Os escravagistas não morreram. Eles se transformaram em especuladores da bolsa.

Edgar Morin constata: "A dominação do Ocidente é a pior da história humana, em virtude de sua duração e de sua extensão planetária."[1]

Há mais de quinhentos anos, os ocidentais dominam o planeta. Ora, os brancos, hoje, não representam mais que 12,8% da população mundial. No passado, eles jamais ultrapassaram 24%.

Dominação minoritária, portanto, mas dominação feroz — e altamente organizada.

Quatro sistemas de dominação sucederam-se na História. Em primeiro lugar, o sistema de dominação dito "das conquistas". Desde 1492, os Ocidentais descobriram as Américas e tomaram posse das terras. Eles destruíram ou reduziram à escravidão populações até então "desconhecidas".

Vem em seguida o tempo do comércio triangular, de deportação maciça de africanos negros para o continente americano, despovoado pelo massacre dos indígenas.

Um terceiro sistema de opressão ocidental veio a seguir: durante todo o século XIX, foi implantado o sistema colonial, sobretudo na África, mas também na Ásia. A ocupação militar garantiu acesso direto aos recursos minerais e agrícolas. A destruição das civilizações autóctones, empreendida pelos missionários cristãos e pelos apóstolos do universalismo republicano, quebrou a resistência das populações nativas. Ela facilitou extraordinariamente a introdução do trabalho forçado.

Na percepção dos povos do Sul, a atual ordem do capital ocidental globalizado, com seus mercenários da Organização Mundial do Comércio (OMC), do Fundo Monetário Internacional (FMI) e do Banco Mundial, com suas empresas privadas transcontinentais e sua ideologia neoliberal, representa a forma mais acabada, e de longe a

---

1. Edgar Morin, *Vers l'abîme?* (Paris: Éditions de l'Herne, 2007, p. 117).

mais mortífera, dos sistemas de opressão surgidos ao longo desses cinco séculos passados.

A violência exercida pela famosa "mão invisível" do mercado e a monopolização das riquezas pelas oligarquias transcontinentais perpetuam, e aprofundam, os três sistemas de opressão anteriores.

A noite da miséria e da injustiça recobre as terras do Sul. Ela é hoje mais densa do que nunca, porque jamais o Ocidente foi tão poderoso como nos dias de hoje.

Tomemos dois exemplos para ilustrar a violência que o Ocidente exerce contra os povos do Sul: a destruição do mercado africano de algodão e o novo acordo de parceria que, mediante chantagem, a União Europeia impôs aos povos da ACP.[2]

A primeira dessas duas batalhas (ilustrativas da violência praticada contra o Sul) se reduz, praticamente, ao duelo entre duas personalidades totalmente diferentes, porém igualmente fascinantes.

Sidiki Lamine Sow é um peul alto, esguio, olhar triste, de uma inteligência brilhante, que fala fluentemente o chinês. Ele porta toda a sutileza, a perspicácia, a complexidade da cultura peúle. Lamine é embaixador do Mali na ONU e na OMC, em Genebra.[3]

Pascal Lamy é diretor-geral da OMC. Tecnocrata francês de envergadura, extremamente competente e cheio de energia, com uma leve inclinação pela esquerda, ele é seguro e pouco afeito à bajulação. É um maratonista comprovado.[4]

Os dois homens se enfrentaram no caso do algodão africano.

---

[2]. A ACP (África, Caribe, Pacífico) congrega os Estados provindos das antigas colônias europeias.

[3]. Sidiki é um dos dez filhos de Lamine Sow, um dos pais da independência do Mali, companheiro de Modibo Keita, banido (e morto) nas minas de sal do Norte após o golpe militar de Moussa Traoré. Durante a guerra de libertação da Argélia, um tio de Sidiki planejou, em Gao, a logística da linha de frente da FLN, e uma grande amizade surgiu entre ele e o dirigente dessa linha, Abdelaziz Bouteflika.

[4]. Como, diga-se de passagem, seu amigo e cúmplice de longa data, Robert Zoellnick, presidente do Banco Mundial.

Todos os anos, o presidente americano George W. Bush paga cinco bilhões de dólares de subsídios a seis mil plantadores de algodão americanos. No mercado mundial, o algodão americano é negociado a um preço cerca de 30% a 40% mais baixo do que o preço do algodão africano. Ora, na África Ocidental e Central, cinco países vivem quase exclusivamente do algodão, entre eles o Mali (que produz cerca de 400.000 toneladas por ano); 85% da receita dele vem dessa matéria-prima.

Nas praças centrais de aldeias do Mali (como também de Burkina Fasso, do Benin, do Chade, do Níger), as montanhas de fibras brancas se erguem para o céu. Nenhum caminhão, nenhum negociante vem arrematar o menor fardo. A economia desses países — que figuram, todos eles, entre os quarenta e nove países mais pobres do mundo — está arruinada.

Os estatutos da OMC proíbem expressamente o *dumping* agrícola. Teoricamente, o Mali (como os demais países produtores de algodão) teria o direito de exigir o fim dos subsídios norte-americanos. Em Genebra, não faltam escritórios de advocacia internacional especializados nos procedimentos a serem adotados nas instâncias judiciais da OMC. Porém, nem o Mali nem nenhum dos outros países têm meios para remunerar esses advogados.

A OMC, de sua parte, tem a obrigação evidente de aplicar seus estatutos, ou seja, exigir que os Estados Unidos — sob pena de sanções comerciais severas — deixem de subvencionar seus plantadores de algodão.

Lamy, atacar os Estados Unidos?

Nem pensar nisso!

A Sidiki Lamine Sow, que chamava sua atenção para o sofrimento infligido às famílias de plantadores africanos, Lamy retorquiu: "A OMC não é uma agência de desenvolvimento."[5]

A partir daí, Lamy tentou impor a todo custo um acordo ao Mali (e aos demais países), fundado em uma "aceitação voluntária".

---

5. Cf. Oxfam France-Agir ici, no *site* <www.oxfam-france.org>, dezembro de 2007.

O Mali recusou tal acordo. O país dispunha de um trunfo: os estatutos da OMC exigem a unanimidade de seus cento e quarenta e nove Estados-membros em toda decisão importante.

Lamy então lançou mão de ardis dissimulados para convencer os ministros do Comércio Exterior da África Ocidental e Central.

Sedução e pressão foram alternadamente utilizadas.

Porém, Sidiki estava atento: até esse momento, nenhum ministro havia aceitado o *dumping* americano.

Então, o Ocidente mudou de tática.

Todos os países africanos produtores de algodão encontravam-se metidos em uma pesada dívida externa. O FMI dominava suas economias. Então, ele não concedeu o refinanciamento da dívida e exigiu a privatização da cadeia do algodão.

Com isso, os Estados concernidos perderam o direito de subsidiar pesticidas, adubos, o transporte de seus camponeses. Eles não têm mais condição de garantir a comercialização externa de seu produto: por toda parte, as repartições nacionais encarregadas do algodão estão enfraquecidas.

Os produtores africanos foram, assim, remetidos à selva do livre mercado e da livre concorrência, sob controle ocidental. São poucos os plantadores africanos capazes de pagar as sementes, o adubo, os pesticidas ao preço imposto pelas sociedades privadas transcontinentais. Eles quebram, uns depois dos outros. Todos, com seus filhos e suas mulheres, estão condenados a procurar refúgio nas favelas do litoral. A desintegração das famílias, a fome, a prostituição infantil, o desemprego permanente e o desespero são consequência direta disso.

O Benin foi o primeiro dos países produtores de algodão a experimentar a "cura" imposta pelo FMI: assim, se em 2005 o Benin produziu mais de 250.000 toneladas de algodão de excelente qualidade, por estação, em 2008 produziu menos de 20.000 toneladas.

A tática do Ocidente foi eficaz. Os africanos recusam-se a aceitar o *dumping* americano? Eles querem usar seu direito de oposição, direito que os estatutos da OMC lhes conferem? Isso não pode vingar.

Por meio da privatização forçada, suas plantações de algodão são destruídas.

Vejamos um segundo exemplo de dominação: a imposição pela União Europeia do novo acordo de parceria econômica.

Todos os setenta e seis países da África, Caribe, Pacífico (ACP) são antigas colônias de uma ou outra potência europeia. No decorrer do processo de unificação econômica da Europa, os Estados-membros da União Europeia decidiram instaurar um regime de relações econômicas especiais com suas antigas colônias.

Se, com esse regime, algumas populações do Sul saíram da miséria, outras nela se afundaram um pouco mais.

Professor de economia na Universidade de Oxford, Paul Collier acaba de publicar os resultados de uma pesquisa realizada ao longo de trinta anos (1975-2005).[6]

A partir de 1975, cinquenta e oito países do Sul afundaram na miséria. Eles abrigam *The Bottom Billion,* o bilhão de seres humanos que chegaram ao fundo do poço.

Ora, a maioria desses países faz parte da ACP.

Desde a época da colonização, a Comunidade Europeia, depois União Europeia, sempre manteve com os países da ACP convenções que concedem alguns privilégios aos mais pobres desses países. O último desses acordos, de Cotonou, foi assinado em 2000. Ele se baseava em um sistema complicado de trocas comerciais, ditas assimétricas: os países da ACP poderiam exportar para a Europa produtos que se beneficiariam de direitos de alfândega altamente preferenciais, e manteriam o direito de recolher taxas que incidem nas importações provenientes da União Europeia.

Estava previsto que o acordo de Cotonou deveria durar vinte anos. Ele deveria então, em tese, chegar ao fim em 2020. Ora, em

---

6. Paul Collier, *The Bottom Billion. Why the Poorest Countries are Failing and What can be done about it* (Londres: Oxford University Press, 2008).

2006, repentinamente, os representantes de Bruxelas retiraram sua assinatura. Unilateralmente.

De imediato, o delegatário para o Comércio, Peter Mandelson, exigiu da ACP a abertura de negociações visando um novo Acordo de Parceria Econômica (APE). Para enfraquecer a resistência dos países do Sul, e para começar, ele abandonou o procedimento antes utilizado no acordo de Cotonou (e, anteriormente, em Lomé), de negociação multilateral.[7]

As negociações seriam bilaterais.

Para finalizar, foi implantado um sistema em virtude do qual seis equipes de Bruxelas tratariam com seis grupos de Estados da ACP.

O APE revogou a assimetria.

Os países da ACP foram convidados a deixar de recolher taxas aduaneiras no caso das importações de bens provenientes da Europa.

O grão-ducado de Luxemburgo é representado na ONU, em Genebra, por Jean Feyder, um embaixador de uma independência de espírito estimulante. Ele constatou o que é evidente: "A supressão das barreiras aduaneiras à importação de produtos europeus colocará em concorrência direta os produtos de uma das regiões mais avançadas economicamente com os produtos de alguns dos países mais pobres do mundo."[8]

Os vinte e sete países membros da União Europeia dispõem de um Produto Nacional Bruto (PNB) total de cerca de 10.000 bilhões de euros. Em 2007, esses países se preparavam para enfrentar, como uma linha de ataque, cada um dos seis grupos da ACP.

O menor dos grupos da ACP é formado pelas ilhas do Pacífico. Em conjunto, seu PNB não chega a 7 bilhões de euros, ou seja, é 1.400 vezes menor do que o PNB da União Europeia. O maior grupo, por

---

7. Os acordos ditos de Lomé I e II precederam o acordo de Cotonou. Lomé I e II também previam a assimetria das trocas.

8. Em conversa com o autor, em 15 de fevereiro de 2008.

seu lado, é formado pelos países do Oeste da África. Seu PNB é 80 vezes menor do que a soma do PNB dos países da União Europeia.

Peter Mandelson é um elegante orador saído da esquerda liberal londrina. Foi mentor, confidente e por muito tempo ministro de Tony Blair. Sua arrogância é lendária. Diz ele: "As alfândegas remetem à Idade Média. Elas são totalmente arcaicas [...]. Elas não têm nenhum papel a desempenhar na economia moderna."[9]

É verdade. Nas receitas orçamentárias da França, Inglaterra, Alemanha etc., a renda aduaneira não tem mais, praticamente, nenhuma função.

Mas nos países pobres, pelo contrário, na medida em que não há um sistema de impostos capaz de gerar resultados, onde o setor público é deficitário, onde a acumulação interna de capital é reduzida, as aduanas constituem a parte mais importante das rendas do Estado.[10]

Assim, privar um Estado da ACP de sua renda aduaneira significa condená-lo à vassalagem, à servidão, ao desamparo.

Mas as atuais negociações de Bruxelas, impostas aos países da ACP, não concernem apenas às relações comerciais. Em pouco tempo, o APE deveria ser seguido por um acordo de investimento.

Grande embuste! O Ocidente joga um jogo duplo.

De fato, ele pretende impor por toda parte tais acordos de investimento para abrir os países do Sul às sociedades privadas ocidentais transcontinentais. Porém, o Ocidente esconde habilmente sua estratégia, afirmando para isso que o acordo de investimento fará com que capitais ocidentais afluam para as indústrias locais do Sul.

---

9. *BBC World Service*, março de 2007.

10. A situação tornou-se mais complexa já que, pelas regras da OMC, os países do Sul estão autorizados a proteger, no máximo, 20% do valor total de seu comércio por meio de taxas aduaneiras. Isso os obriga a escolher entre proteger suas mercadorias de base (milho, cereais, arroz, oleaginosos) ou suas frágeis indústrias locais.

Mentira! A África assinou, entre 1996 e 2007, mais de mil acordos de investimento. Ora, os investimentos estrangeiros diretos, aqueles de que se beneficiaram as indústrias locais, as empresas de serviço etc., representam hoje apenas 2% dos investimentos diretos estrangeiros mundiais...

Atualmente, uma cláusula de não discriminação está no centro de todo acordo de investimento internacional. Por ela, o Estado hospedeiro deve conceder à empresa multinacional estrangeira o mesmo tratamento fiscal, administrativo e legal que concede às suas próprias sociedades industriais, comerciais ou de serviço. Ora, sabe-se que todos os países do mundo que se industrializaram o fizeram com discriminação. Durante muito tempo eles protegeram suas próprias empresas contra a concorrência de empresas estrangeiras, e o fizeram erguendo muros de proteção aduaneira.

E, evidentemente, a não discriminação imposta por Bruxelas aos países da ACP significa que eles não terão possibilidade de desenvolver qualquer política que seja de industrialização nacional.[11]

Decididamente, negociação não é o termo que convém empregar aqui: chantagem seria o termo mais adequado.

Imaginemos a seguinte cena: uma longa mesa enfeitada com flores e repleta de microfones no centro de uma vasta sala climatizada. No fundo, as cabines dos intérpretes; no teto, lustres de cristal.

De um lado da mesa, os principais representantes da União Europeia. Atrás deles, sentados em assentos dispostos em fila, seus colaboradores e colaboradoras, *notebook* aberto sobre os joelhos. Do outro lado, os homens e as mulheres de tez escura, trigueira ou cor de cobre representando a ACP.

A negociação começa, os pontos são tratados um a um. E acima da cabeça dos senegaleses, dos haitianos, dos malgaxes etc., sus-

---

11. O acordo de investimento não apenas priva os países do Sul de qualquer proteção alfandegária, como também impossibilita a aplicação de medidas de proteção complementares, como a criação de *joint venture* entre firmas estrangeiras e empresas locais, a fixação de um patamar para o emprego local etc.

pensa como uma espada prestes a cair sobre sua nuca, a ameaça de interrupção dos depósitos do Fundo Europeu para o Desenvolvimento (FED).

Pois ninguém, em torno da mesa, ignora que um grande número de países da ACP só sobrevive às custas da ajuda financeira concedida pela União Europeia.

A cada ano, a partir de setembro ou outubro (dependendo do país e das colheitas), os caixas estão vazios. Se a tesouraria de Bruxelas não depositar fundos para fechar o ano, ninguém — nem funcionários, nem militares, nem enfermeiras — continuará recebendo seu pagamento.

E sem salário, como sustentar suas famílias? As manifestações, as greves, os tumultos ameaçariam a ordem.

Sem os depósitos orçamentários de Bruxelas, muitos ministros da ACP sentados à mesa seriam varridos dali.

Com seu cinismo costumeiro, Peter Mandelson resumiu com perfeição a situação. Em março de 2007, saindo de uma maratona de negociações com o grupo de países da região ACP-Caribe, ele declarou à BBC: "A região caribenha avança mais rapidamente que as demais no processo [do acordo de investimentos]. Assim, ela certamente ganhará muito mais e será a primeira a ser contemplada quando se tratar de ajuda para o desenvolvimento, pois essa região negocia e procura usar os acordos."

O Haiti é um dos principais países da região ACP-Caribe. É a região mais pobre da América Latina, e o terceiro país mais miserável do planeta.

Compreende-se perfeitamente bem por que com o Haiti "as negociações avançam".

Para o presidente René Préval, refutar Mandelson seria simplesmente cometer suicídio.

Não obstante, quando o Ocidente finge negociar com os povos do Sul, sempre há um momento em que a máscara cai. Essa hora chegou, num belo dia da primavera de 2007.

Na imensa sala asséptica e sem janelas do monstruoso complexo de Varlimont, sede da Comissão em Bruxelas, os representantes do Oeste da África resistiam, desde a manhã, aos representantes europeus.

Era o dia 1º de março.

De repente, o jovial Louis Michel, comissário para o desenvolvimento, perdeu toda a compostura. Ele ameaçou os africanos com represálias econômicas, lembrando-os de que os fundos para o desenvolvimento também poderiam ser cortados a qualquer momento.

Mas, para grande surpresa dos representantes europeus, os africanos não se intimidaram: eles impuseram uma interrupção da sessão.

Logo depois, em nome deles, o embaixador da Nigéria convocou uma entrevista com a imprensa. E essa foi a oportunidade que ele teve de exprimir sua imensa raiva de ver os africanos tratados "como moleques" e como "pedintes". Ele também exigiu "esclarecimentos" a respeito dos futuros depósitos ligados à ajuda para o desenvolvimento.[12]

Ele ousou inclusive denunciar o "tom desrespeitoso" utilizado por "certos comissários".[13]

Na noite desse mesmo dia, Louis Michel pediu desculpas publicamente aos representantes africanos, "lamentando sua irritação".[14]

O resultado final das batalhas do algodão e do APE segue incerto.

Mas não resta dúvida de que o cinismo e a arrogância com os quais Peter Mandelson, Louis Michel e Pascal Lamy tentam quebrar a resistência dos povos do Sul contribuem imensamente para a escalada do ódio ao Ocidente.

---

12. Transcrição, cf. Oxfam France-Agir ici (Paris, 2007).
13. *Ibid.*
14. *Ibid.*

II
Na Índia, na China

No que toca à Índia e à China, surge uma dificuldade.

Índia e China, oligarquias financeiras poderosas, impuseram-se ao Sul. Elas praticam um capitalismo imitador impiedoso, acumulando riquezas astronômicas. Seus fundos de investimento possuem partes importantes na Société Générale, na França, na UBS, na Suíça, e em muitos outros grandes bancos de negócios ocidentais.

O surgimento dessas oligarquias do Sul não contestaria a tese da exploração mundial predominantemente ocidental? Como falar do poder onipotente do Ocidente quando a Índia e a China experimentam, por exemplo, um crescimento anual de seu Produto Interno Bruto de 9,8 e 12%, respectivamente?[1]

A contestação da tese do predomínio ocidental não pode ser aceita.

A multipolaridade do capitalismo mundializado é um engodo. Por toda parte onde as oligarquias capitalistas atuam, elas agem conforme os mesmos métodos. Elas atuam através da maximização e da monopolização dos lucros, da destruição da norma pública, da exploração máxima dos recursos naturais e do trabalho humano, mesmo se, entre elas, prepondere uma concorrência vigorosa e conflitos as atravessem.

---

1. Dados do Banco Mundial para 2007.

Não é por outro motivo, aliás, que os povos do Sul odeiam suas oligarquias locais tanto quanto odeiam o Ocidente. Poderosas, as oligarquias do Sul reproduzem, de fato, o sistema mundial de dominação e exploração implantado pelos ocidentais.

Os oligarcas mais poderosos do Sul moram em Londres, Paris, Nova York ou Genebra. Em abril de 2008, a imprensa financeira britânica publicou a lista dos cem residentes mais ricos do Reino Unido. O primeiro inglês de raiz aparece apenas no nono lugar. Um magnata indiano do setor do aço ocupa o primeiro lugar dessa relação.

A influência das oligarquias do Sul no sistema capitalista aumenta continuamente. No espaço de sete anos (2001-2008), a participação de empresas originárias do Sul no seio das mil maiores capitalizações nas bolsas mundiais passou de 5% para 19%.[2]

Examinemos o caso da Índia e, particularmente, o de Hyderabad, no Sudeste do país. Nos arredores dessa cidade soberba, barulhenta, de uma vitalidade espantosa, o governo de Andhra Pradesh fez com que fossem construídas cinco "zonas de expansão econômica". Avenidas intermináveis, tão largas que comportam seis pistas, palácios de vidro e cimento, parques esplêndidos, hotéis de um luxo inaudito... O primeiro imóvel de "Cyberabad" foi construído em 2000.

A Microsoft tem em "Cyberabad" seu segundo centro mundial de desenvolvimento. Ao lado de seu palácio se erguem os prédios da Dell, IBM, Google, Oracle, Capgemini. Poderosas empresas indianas também se instalaram em uma ou outra das quatro zonas: Satyam, Infoys, Wipro e Tata.

Na esteira dos gigantes em Tecnologia da Informação e da Comunicação (TIC), vieram os grandes bancos internacionais. O UBS emprega ali 2.400 pessoas e o HSBC, mais ainda. No início de 2008, mais de mil e quinhentas empresas de importância mundial tinham se instalado em Hyderabad. E seu número continua a crescer.

---

2. Vide estudo publicado por Ernst & Young (Londres, 19 de maio de 2008).

São consideráveis os privilégios concedidos pelo governo de Andhra Pradesh aos proprietários mundiais da eletrônica e dos bancos: cessão gratuita de terrenos, isenção tributária por um período de seis anos, supressão das taxas sobre material importado, isenção de qualquer imposto ou taxa nos salários dos funcionários estrangeiros, fornecimento de eletricidade a uma tarifa próxima de zero, pouca fiscalização no que concerne ao trabalho.

Um aeroporto intercontinental recebe os voos vindos de Londres.

Em 2008, mais de cem mil pessoas trabalhavam em Hyderabad, a maioria delas por um salário inacreditavelmente baixo, enquanto a Indian School of Business, fundada em 2002, já se posiciona em vigésimo lugar no rol das melhores escolas de negócios do mundo.

Nos pátios em mau estado da cidade antiga ou nos terrenos baldios que cercam as "zonas de expansão econômica", erguem-se as tendas frágeis, os abrigos de plástico dos pobres. Dezenas de milhares de famílias aí vegetam em uma pobreza abjeta. O ar fica impregnado de uma fumaça acre que emana das fogueiras feitas com esterco de vaca, onde ferve uma sopa magra enriquecida com restos de alimentos garimpados nas latas de lixo das "zonas".

Quase metade das pessoas mais seriamente (ou permanentemente) subalimentadas do planeta vive nas favelas de Mumbai (Bombaim), Calcutá, Nova Deli, nas *Tribal Areas*, ou nas planícies longínquas de Orissa, de Uttar Pradesh ou de Bengala. Nessa região, 382 milhões de pessoas, de um total mundial de 854 milhões,[3] carecem de alimentação regular e suficiente.

O solo, em vias de esgotamento, exige cada vez mais adubação. O clima é desagradável, os insetos ameaçam continuamente as magras colheitas. É preciso usar pesticidas.

A União indiana não se ocupa desses camponeses em situação de mera sobrevivência.

Não há praticamente nenhum sistema de subsídios que facilite a compra dze adubo e de pesticidas. Por conseguinte, o camponês

---

3. FAO, *Report on Food Insecurity in the World* (Roma, 2008).

tem de pagar o preço (geralmente exorbitante) imposto pelas empresas transcontinentais de agroquímica.

Para obtenção de crédito, ele precisará recorrer ao agiota do vilarejo.

Danilo Ramos, secretário-geral filipino da Asian Peasant Coalition — APC (Coalizão Asiática dos Camponeses), em um comunicado oficial para a OMC, relatou: "Entre 2001 e 2007, 125.000 camponeses indianos se suicidaram, tanto a liberalização da agricultura os empobreceu."[4]

Um estranho ritual preside o suicídio.

O camponês se afasta de sua família durante vários dias. Ele não sai mais de sua choça. Não fala mais. Não come mais.

Sua mulher e seus filhos assistem, angustiados porém impotentes, à aproximação de seu fim.

Depois, uma manhã, ao nascer do Sol ele sai da choça e bebe um galão de pesticida. É como se ele quisesse morrer por causa da substância que o arruinou.

Ele morre lentamente, num sofrimento atroz.

Os camponeses passam por esses sofrimentos em silêncio, como para se punir de não terem sido capazes de alimentar seus filhos, sua mulher, seus pais. É a vergonha que os mata.

Muitos camponeses também se suicidam na esperança de livrar a família da escravidão da dívida. Ora, na maioria dos casos, essa é uma esperança vã. Sem tardar, o agiota vem apoderar-se do quinhão de terra, do poço e da palhoça. A viúva e as crianças serão expulsas. Elas se juntarão ao exército de famintos dos *slums* (favelas) de Calcutá, de Mumbai ou de Deli.

Em 2007, a Índia ocupava a 128ª posição no índice de desenvolvimento da PNUD.[5]

---

4. Cf. *Le Courrier* (Genebra, 21 de novembro de 2007).

5. Programa das Nações Unidas para o Desenvolvimento (PNUD). Esse índice demonstra a situação de cento e setenta e nove países. Ele leva em conta a subalimentação, o acesso à escola, os cuidados médicos, a liberdade pública.

* * *

Vejamos agora o que se passa do lado da China.

Em 1983, o primeiro-ministro Deng Xiaoping decretou a integração da China ao sistema capitalista ocidental. Ele abriu o país aos investimentos estrangeiros, liberou os preços, privatizou milhares de fábricas e empresas de serviços, aboliu gradualmente a proteção social dos trabalhadores.[6]

A população resistiu. Em maio de 1989, milhares de operários e estudantes erigiram barricadas na praça Tiananmen, no coração de Pequim, exigindo que os direitos democráticos fossem respeitados. Na aurora do dia 4 de junho, blindados esmagaram as barricadas e atiraram na multidão. Foram contados cerca de sete mil mortos e milhares de feridos. Deng Xiaoping decretou estado de guerra. Uma caçada ao homem foi organizada por todo o país, a ela seguiram-se milhares de execuções.

Atualmente, a oligarquia financeira chinesa é recrutada, quase exclusivamente, nas famílias influentes do Partido Comunista.[7] Não há sindicatos independentes. A greve é considerada "crime econômico".[8]

Assim sendo, não causa espanto que mais de cem milhões de chineses não tenham trabalho fixo, nem uma renda decente. A maior parte desse contingente é constituída de migrantes do interior, sem qualquer acesso aos serviços de saúde e à escolarização. Eles constituem o que o governo chama de "população flutuante".

As revoltas sociais são duramente reprimidas na China. Os *Chengguan*, a polícia especial, causam estragos na região rural. Seus agentes são particularmente brutais.

Camponeses da província de Hubei haviam reclamado da nocividade de um aterro de lixo a céu aberto. Os *Chengguan* massacra-

---

6. Wang Hui, *China's New Order, Society, Politics and Economy in Transition* (Cambridge: Harvard University Press, 2003).

7. Mo Ming, "90% of China Billionaires are children of senior officials", in *China Digital Times*, 2 de novembro de 2006.

8. Wang Hui, *op. cit.*

ram mulheres, homens e crianças. Um corajoso cidadão chamado Wei Wenhua havia filmado o massacre e divulgou clandestinamente imagens dele. Em 7 de janeiro de 2008, Wei Wenhua foi espancado até a morte pelos *Chengguan*.[9]

Nas fábricas chinesas, especialmente as situadas nas "zonas especiais de exportação", as condições de trabalho são, frequentemente, desumanas e praticamente não há proteção aos trabalhadores, homens e mulheres.[10] Para seguir competitivo diante das outras "zonas especiais de exportação" (na Coreia do Sul, em Taiwan, na Tailândia, em Bangladesh etc.), o governo chinês mantém os salários num nível que apenas permite a sobrevivência dos trabalhadores (*subsistence level*, segundo o *New York Times*).[11]

A idade mínima para o trabalho em fábrica é dezesseis anos. Uma jornada comum de trabalho varia entre quatorze e dezesseis horas.

No delta do rio Perles, província de Guangzhou, perto de Hong Kong, há grande concentração de fábricas que trabalham para sociedades multinacionais estrangeiras. David Barboza, do *New York Times*, que fez pesquisas na região, relatou: "*Factory workers break or lose about 40.000 fingers on the job every year*" ("Todos os anos, os trabalhadores das fábricas perdem cerca de 40.000 dedos, quebrados ou cortados por suas máquinas.").[12]

A China também detém o recorde mundial das execuções capitais. O governo considera segredo de Estado as estatísticas sobre a pena de morte; porém, a Anistia Internacional calcula que, em 2006, ocorreram mais de oito mil execuções capitais.[13]

Nas minas de carvão, por falta de aeração suficiente e de instalações de segurança, o grisu mata todos os anos centenas de mineradores. Também outras sociedades mineradoras dão provas do

---

9. *Le Monde*, 23 de janeiro de 2008.
10. É nas "zonas especiais de exportação" que as multinacionais ocidentais produzem (ou montam) seus produtos.
11. *New York Times*, 19 de janeiro de 2008.
12. *Ibid.*
13. *Amnesty en action*, revista da Anistia Internacional Suíça (Berna, janeiro de 2008).

completo desprezo com que os problemas de saúde pública são encarados. Pascale Nivelle fez pesquisas em Xinzhuang, na província de Hunan, ao sul de Pequim, onde se encontram depositadas (a céu aberto) 33,5 milhões de toneladas de resíduos de urânio provenientes de minas abandonadas em 2003.

Um camponês e pai de família que mora perto da antiga mina 712 explicou a Pascale Nivelle: "A radioatividade mata muito lentamente... Ainda será preciso que se passe muito tempo para se constatar na população o tamanho do desastre que nós constatamos entre os mineradores."[14]

O filho desse camponês tem vinte e quatro anos. Ele trabalha em uma usina de Cantão. Também ele tem um tumor no pescoço.

Em 2003, data do fechamento da mina, trezentos e cinquenta dos quatro mil mineradores ainda vivos tinham algum tipo de câncer.

Enquanto na China não há liberdade, um regime de ferro foi imposto aos mongóis, aos uigures e aos tibetanos. Tal despotismo é discretamente apoiado pelo Ocidente, que, antes de mais nada, está preocupado com a estabilidade e a rentabilidade nas "zonas especiais de exportação".

As oligarquias financeiras chinesa, indiana e ocidental são concorrentes e solidárias, no seio do mesmo sistema de opressão e exploração dos povos.

O sofrimento das populações alimenta o ódio que elas têm do Ocidente.

Tradução de Maria Helena C. V. Trylinski

---

14. *Libération*, 17 de janeiro de 2008.

TERCEIRA PARTE

A esquizofrenia do Ocidente

I

Os direitos humanos

Os direitos humanos deveriam ser a espinha dorsal da comunidade internacional. Eles estabelecem os padrões mínimos pelos quais os homens vindos de vários horizontes podem se encontrar, se reconhecer, se falar.

Esses direitos são civis e políticos, econômicos, sociais e culturais. A maior parte deles é individual, mas alguns são coletivos, como o direito à autodeterminação dos povos ou o direito ao desenvolvimento.

Todos são consubstanciais aos seres humanos. "Os homens nascem livres e iguais em direito" — proclama de forma magnífica o artigo 1º da Declaração dos Direitos do Homem e do Cidadão, aprovada em 26 de agosto de 1789, em Paris, França, e mãe de muitas declarações posteriores.

Todos os direitos humanos também são universais, indivisíveis e interdependentes.

Atualmente, para quem eles estabelecem limites? Primeiro aos Estados, mas também a todos os agentes não estatais e, particularmente, às empresas privadas transnacionais.

Boutros Boutros-Ghali, secretário-geral das Nações Unidas até 1995, escreveu:

Como instrumentos de referência, os direitos humanos constituem a linguagem comum da humanidade graças à qual todos os povos podem, ao mesmo tempo, compreender os demais e escrever a própria história. Os direitos humanos são, por definição, a norma derradeira de toda política [...]. Eles são, por sua própria essência, direitos em movimento. Com isso, quero dizer que têm por finalidade, a um só tempo, expressar mandamentos imutáveis e enunciar um momento de consciência histórica. Portanto, conjuntamente, eles são absolutos e localizados.[1]

Continua Boutros-Ghali: "Os direitos humanos não são o mínimo denominador comum de todas as nações, mas são, em vez disso, o que eu chamaria de o irredutível humano, a quinta-essência dos valores por meio dos quais, juntos, afirmamos que somos uma só comunidade humana."[2]

Infelizmente, os direitos humanos não dependem, na ordem internacional, do direito positivo. Isso significa que ainda não existe nenhum tribunal internacional que faça justiça às vítimas e condene o infrator à reparação do dano.

Parafraseando Hegel, poderíamos dizer que os direitos humanos — tanto os direitos civis e políticos, como os direitos econômicos, sociais e culturais — constituem o Absoluto em relação, o Universal concreto. Com efeito, eles são precisamente o horizonte de nossa História. Mas um direito cuja validade não está em condições de ser sancionada concretamente por nenhuma força fica reduzido a uma existência fantasmagórica.[3]

Assim, a única realidade dos direitos humanos no cenário internacional é a força da convicção que lhes diz respeito, o que em si depende da credibilidade de quem os define.

A boa-fé e a sinceridade de quem fala são aqui decisivas.

---

1. Citado por Hervé Cassan, "La vie quotidienne à l'ONU du temps de Boutros Boutros-Ghali", in *Mélanges offerts à M. Thierry* (Paris: Pédone, 1998, p. 8).

2. *Ibid*.

3. No epílogo, vamos retomar o papel social e a função histórica da normatividade internacional.

Ora, todo o discurso dos direitos humanos mantido pelo Ocidente é marcado pela linguagem dupla, ou pior: por uma verdadeira esquizofrenia.

Observemos a História.

A Declaração Universal dos Direitos Humanos, tal como foi adotada pela Assembleia Geral das Nações Unidas em 10 de dezembro de 1948, é, notadamente, a herdeira da Declaração de Independência dos Estados Unidos, tal como foi proclamada na Filadélfia, em 4 de julho de 1776.[4]

Com Benjamin Franklin, Thomas Jefferson fora o principal redator da Declaração da Filadélfia. Porém, com a sua morte, em 1826, ele deixou para os seus herdeiros, além de vastas terras na Virgínia, a plena propriedade de mais de duzentos escravos.

O artigo 1º da Declaração Universal de 1948 diz o seguinte: "Todos os seres humanos nascem livres e iguais em dignidade e em direitos. São dotados de razão e consciência e devem agir em relação uns aos outros com espírito de fraternidade."

O artigo 3º: "Todo indivíduo tem direito à vida, à liberdade e à segurança pessoal."

Ora, em 1948, três quartos da humanidade viviam sob o domínio colonial. Nos campos de trabalhos forçados de plantações de seringueiras no Camboja, as crianças morriam de desnutrição, malária, ou em decorrência da poluição da água.

No Gabão, nos Camarões e no Congo-Brazzaville, os capatazes das empresas florestais francesas batiam até sangrar, com chicotes feitos com pregos, nos madeireiros, fracos demais, doentes demais para abater o número exigido de árvores.

No Kivu, em Maniema e no Kasai, os administradores belgas suspendiam em galhos de árvores, pelos pulsos algemados, os mineiros suspeitos de furto. Quando a gangrena já tinha feito o seu trabalho, o torturado era solto e as suas mãos amputadas.

---

4. A comissão da ONU, instaurada em 1946, encarregada da redação da Declaração, foi presidida por Eleanore Roosevelt.

Durante todo esse tempo, os países ocidentais, os principais Estados-membros das Nações Unidas na época, comemoravam todo 10 de dezembro os nobres princípios dos direitos humanos. Isso em nada prejudica, aliás, a validade desses princípios. Devemos ainda atentar para a capacidade que têm os ocidentais de fazer cumprir a lei aos outros, sem aplicá-la a si próprios. Pois essa aptidão, que se aproxima da esquizofrenia, é impressionante.

Tomemos alguns exemplos recentes.

E, em primeiro lugar, a resolução do Conselho de Segurança, de 6 de outubro de 2006, de enviar vinte mil soldados das forças da paz da ONU para tentar acabar com o genocídio em Darfur. Essa resolução, chamada de "responsabilidade de proteger", foi aprovada pela França.

Diante da impossibilidade de executá-la, o secretário-geral da ONU propôs que os soldados internacionais fossem enviados à República Centroafricana e ao Chade para proteger centenas de milhares de refugiados das etnias massalit, zaghawa e fur, concentrados na zona fronteiriça.

No Chade, os seis campos de sobreviventes (Bahai, Erebus, Guerida, Forshana, Goz-Beida, Nigran), criados pelo Alto Comissariado para os refugiados e abastecidos com comida, água e medicamentos pelo Programa Alimentar Mundial (PAM), abrigam 217.000 pessoas.[5]

Os *janjaweeds* quase que diariamente fazem incursões em território chadiano, queimando vilas e envenenando os poços.

Mulheres que se afastam do acampamento para buscar água e lenha para cozinhar são frequentemente sequestradas, violentadas e depois assassinadas. As crianças encarregadas de cuidar dos parcos rebanhos na savana, à margem dos campos, são geralmente raptadas. Para proteger os refugiados, a presença das forças de paz era, portanto, urgente.

---

5. Dados de abril de 2008.

No entanto, em abril de 2007, para espanto geral, o presidente do Chade, Idriss Déby, ainda que inimigo mortal dos generais no poder em Cartum, recusou-se a permitir a concentração das forças de paz na porção inferior do seu território.

Essa recusa tinha sido ditada pelo seu tutor: o presidente da República Francesa. Com efeito, o exército francês mantém duas bases em N'Djamena e em Abeche. O Chade é doravante o domínio exclusivo de Nicolas Sarkozy. E ele decidiu que não é desejável receber uma tropa da ONU no Chade. E que morram os refugiados![6]

Outro exemplo.

A Convenção das Nações Unidas contra a tortura e outros tratamentos cruéis, desumanos ou degradantes foi adotada pela Assembleia Geral de 10 de dezembro de 1984.[7] Assinada e ratificada por cento e quarenta e cinco Estados-membros da ONU, ela está em vigor desde 1987.

Os Estados Unidos assinaram a Convenção em 1988 e a aprovaram em 1994.

Contudo, em 18 de setembro de 2004, o presidente George W. Bush assinou uma *Executive Order* ("decreto presidencial"), que autoriza a formação de comandos operando fora de qualquer lei nacional ou internacional. A sua tarefa? Deter, interrogar e, se necessário, executar *terroristas* em qualquer parte do mundo. Os comandos operam com base em listas de nomes elaboradas pelos serviços secretos.

A tortura é restabelecida. Ela é praticada tanto por funcionários americanos quanto por agentes de Estados estrangeiros a quem os prisioneiros são entregues. Os detidos são então transferidos para prisões clandestinas localizadas em outros países.

---

6. Em janeiro de 2008, foi implantada no país uma força europeia, predominantemente francesa, conhecida como EUFOR. O número de seus efetivos é completamente insuficiente para proteger os refugiados..

7. Resolução AG 39/46, de 10 de dezembro de 1984.

A Convenção da ONU contra a tortura é, obviamente, contestada pelo decreto presidencial de 18 de setembro de 2004.[8]

Em janeiro de 2008, quatrocentos e cinquenta e cinco "combatentes hostis" estavam detidos no campo de Guantânamo. Seus guardiões americanos praticavam aí, diariamente, a tortura, castigos e tratamentos cruéis, desumanos e degradantes.

De acordo com os textos americanos em vigor, um "combatente hostil" não é um prisioneiro de guerra nem um preso comum. Nem as Convenções de Genebra nem o código de processo penal americano se aplicam a ele. Ele é entregue aos caprichos dos seus carcereiros.

Seymour Hersh calcula que, nos calabouços oficiais ou clandestinos dos Estados Unidos e nos centros de detenção de outros países, utilizados pela CIA, várias dezenas de pessoas morreram sob tortura entre 2002 e 2004.[9]

O Conselho de Direitos Humanos tem a missão de acompanhar a aplicação das disposições da Declaração pelos Estados-membros da ONU. Eleita pela Assembleia Geral em Nova York, sua sede fica em Genebra, na Suíça. Ele é composto por quarenta e sete países, cuja maioria é do hemisfério sul.

O sofrimento interminável do povo palestino é uma preocupação constante do Conselho.

Consideremos um exemplo.

Beit Hanoun é uma cidade palestina localizada no extremo norte da Faixa de Gaza. Às 5h30min, na manhã de 8 de novembro de 2006, artilheiros israelenses bombardeiam dois edifícios residenciais na parte meridional da cidade. Os artilheiros matam dezenove pessoas que estão dormindo, incluindo cinco mulheres e oito crianças. Vinte feridos graves terão seus membros amputados.

---

8. Ver Seymour Hersh, *Chain of Command: From September 11 to Abu Ghraib* (Nova York: Harper Collins, 2004). [Edição brasileira: *Cadeia de comando*. Rio de Janeiro: Ediouro, 2004.]
9. *Ibid*.

O exército israelense forneceu a seguinte explicação para o massacre: os tiros não foram intencionais. Eles são explicados por "uma grave e rara falha técnica do sistema de radar da artilharia".[10] O alvo era na verdade um terreno baldio, localizado a 450 metros dos primeiros edifícios, de onde foguetes Qassam foram lançados por resistentes palestinos.

A organização não governamental americana *Human Rights Watch* contesta essa explicação. Quinze foguetes foram disparados em vinte minutos. Se tivesse ocorrido uma falha em um sistema de mira, os tiros cessariam após o primeiro foguete.

Tal como os habitantes de Beit Hanoun, a *Human Rights Watch* concluiu que esse foi um massacre deliberado.

O Conselho de Direitos Humanos convoca então uma sessão especial para discutir o massacre de Beit Hanoun.

Sob a presidência do bispo sul-africano e Prêmio Nobel da Paz Desmond Tutu, uma comissão internacional de investigação é estabelecida. Ela deveria ir a Gaza em dezembro e preparar um relatório para o Conselho, dois meses depois.

Mas as forças de ocupação israelenses se recusam a emitir vistos.

Assim, a comissão não irá a Gaza. Não haverá investigação. O Conselho não poderá examinar os crimes de guerra de Israel. Nenhuma reparação indenizará os poucos sobreviventes das famílias palestinas assassinadas.

Os embaixadores da União Europeia que são membros do Conselho não levantarão um dedo. Nenhum protesto. Beit Hanoun entra, silenciosamente, para a série interminável de crimes impunes.

Em dezembro de 2006, o Conselho de Direitos Humanos convoca outra reunião extraordinária, dedicada, dessa vez, aos crimes

---

10. Cf. jornal *Le Monde*, de 28 de fevereiro de 2008, que aborda o massacre na ocasião da publicação de um novo relatório de investigação.

cometidos em Darfur. É constituída uma comissão de investigação sob a presidência de outro Prêmio Nobel, Jody Williams.

Desmond Tutu também faz parte dessa comissão.

Quando uma missão de investigação é decidida pelo Conselho, compete ao Departamento do Alto Comissariado das Nações Unidas para os Direitos Humanos, nesse caso, chefiado por Louise Arbour, garantir a logística.

Louise Arbour solicita então a Cartum os vistos necessários. Nenhuma resposta. Louise Arbour aumenta a pressão, tenta conseguir o apoio do grupo dos países africanos, procura a ajuda do secretário-geral das Nações Unidas.

Perda de tempo. Recusa de Cartum.

Finalmente, a Comissão Williams partirá de qualquer maneira. Ela chegará a Addis Abeba na manhã de 10 de fevereiro de 2007, esperando que, durante sua permanência na capital etíope (graças à intervenção do presidente Alpha Umar Konaré, da União Africana, da qual é membro), os generais sudaneses mudem de opinião.

Erro de cálculo.

Enfim, o chefe da junta sudanesa concede a Louise Arbour a honra de uma resposta: está fora de questão uma comissão internacional de investigação no Darfur, uma vez que o governo israelense também não concordou que uma comissão de inquérito como tal faça o seu trabalho em Beit Hanoun.

Os embaixadores dos países da União Europeia, membros do Conselho, então protestam veementemente.

Outro exemplo da esquizofrenia do Ocidente. Em meados de janeiro de 2008, o exército israelense fecha todos os acessos ao território de Gaza, onde vivem, em menos de 360 km², um milhão e meio de pessoas. Nenhum caminhão de alimentos ou medicamentos pode mais passar. A eletricidade vinda de Israel é cortada. Em Karni, o único ponto de passagem de mercadorias, os soldados israelenses interceptam os caminhões-tanques. No entanto, sem óleo, sem combustível, os geradores não podem funcionar. Nos hospitais, os refrigeradores estão desligados. Os medicamentos estão apodrecendo. O tratamento de pacientes portadores de câncer é interrompido.

Por "razões de segurança", Israel se recusa a transferir, para o Egito, Israel ou mesmo outros países, pacientes gravemente doentes que não podem ser tratados nos hospitais de Gaza. Consequência: vários pacientes que poderiam ter sido salvos morrerão.

Consideremos o caso de Karima Abu Dalal, trinta e quatro anos, mãe de cinco filhos, atingida por um câncer (linfoma de Hodgkin) diagnosticado em 2006.[11] Ela havia passado por um transplante de medula óssea e um tratamento de quimioterapia e radioterapia no Egito, antes do fechamento da fronteira em junho de 2007. A sua saúde tinha melhorado após dois ciclos intensivos de quimioterapia, em agosto, em Naplus, na Cisjordânia. Enquanto ela deveria continuar com o seu difícil tratamento em novembro, seus múltiplos pedidos de autorização para deixar Gaza foram rejeitados pelas autoridades militares israelenses. Em seu caso, a Suprema Corte de Israel recusou uma petição apresentada pela parte israelense da ONG Médicos pelos Direitos Humanos. (*Physicians for Human Rights*). Os juízes da Suprema Corte consideraram que não tinham "nenhuma razão para intervir".[12]

Além de Karima Abu Dalal, esse tipo de julgamento coloca em perigo de morte ou invalidez um grande número de outros pacientes que não podem ser tratados na Gaza sitiada.

O governo de Tel Aviv argumenta, como justificativa definitiva do bloqueio, que o lançamento de foguetes Qassam no Sul de Israel foi realizado pela resistência palestina.

Mas quem não sabe que a punição coletiva de uma população civil é proibida pelo direito internacional? E quem não sabe que o ódio ao Ocidente se alimenta dessas práticas?

---

11. Anistia Internacional, Londres, Relatório de 29 de fevereiro de 2008.
12. *La Tribune de Genève*, 10 de março de 2008.

O Conselho de Direitos Humanos convocou então uma sessão extraordinária para 23 e 24 de janeiro de 2008. A sua presidência é rotativa. Entre junho de 2007 e junho de 2008, cabia ao embaixador da Romênia, Doru Romulus Costea, garantir isso.

Costea foi o intérprete oficial de Nicolas Ceauçescu. Na queda do ditador, ele foi miraculosamente convertido à democracia. Como muitos de seus colegas diplomatas vindos do Leste, Costea também é um fiel servidor do Departamento de Estado em Washington.

De 23 a 27 de janeiro de 2008, aconteceu, em Davos, na Suíça, o Fórum Econômico Mundial. O próprio secretário-geral da ONU, Ban Ki-moon, chegaria lá no dia 24.

Mas em 23 de janeiro ele ainda estava em Genebra. Para dar maior visibilidade e peso diplomático à sessão extraordinária do Conselho de Direitos Humanos, os membros do Movimento dos Países Não Alinhados pediram para Costea convidar o secretário-geral.

Resposta de Costea: *"The answer is no. The Secretary-General should not dignify this meeting"* ("A resposta é não. O secretário-geral não precisa dar [com a sua presença] qualquer credibilidade a esse encontro").

Isso equivalia a dizer que o Ocidente não tinha nenhuma objeção à punição coletiva infligida aos palestinos.

E, com efeito, os embaixadores da União Europeia recusaram-se a condenar o bloqueio.

Quanto à Sua Excelência, o elegante Warren W. Tichenor, embaixador dos Estados Unidos e proprietário de uma emissora de televisão no Sul do Texas, simplesmente boicotou a sessão.

Na segunda-feira de manhã, 3 de março de 2008, o Conselho de Direitos Humanos da ONU abre a sua sétima sessão ordinária na grande sala da Assembleia do Palácio das Nações, em Genebra.

Nas telas de televisão, imagens insuportáveis chegam até nós, nesse dia, de Gaza bombardeada pela aviação e pela artilharia israelenses. Crianças dilaceradas, mulheres assassinadas, o número de mortos e feridos graves só aumenta a cada hora. O ministro israelense da Defesa decidiu, para os dias que se seguiriam, uma operação militar de grande envergadura em Gaza, anunciando a sua intenção de desmembrar o território em três partes.

Dada a densidade da população nessa área, dadas as condições do cerco, tal operação constitui uma violação flagrante do direito humanitário nos termos da Quarta Convenção de Genebra. O pretexto para organizar a operação tinha sido um disparo de foguetes Qassam por resistentes palestinos.

O Crescente Vermelho palestino e a *United Nations Relief and Works Agency for Palestine Refugees* — UNRWA (Agência das Nações Unidas de Assistência aos Refugiados da Palestina no Próximo Oriente) somarão cento e sessenta e dois palestinos mortos, incluindo cinquenta e oito crianças com menos de 12 anos, várias mulheres e três bebês. Mais de quatrocentas pessoas terão braços ou pernas amputados por causa das bombas e dos foguetes.

Elegante e eloquente em seu *tailleur* preto, a secretária de Estado francesa para os Direitos Humanos, Rama Yade, sobe à tribuna por volta das 16 horas. Ela apresenta um longo discurso sobre a Declaração Universal dos Direitos Humanos e sobre a vocação da França. Segundo Rama Yade, a França inventou os direitos humanos e, portanto, cabe ao país ser seu garantidor em todo o mundo. Mas, sobre os bombardeios aterrorizantes em Gaza, sobre as crianças queimadas, nenhuma palavra.

Aqui temos de prestar homenagem ao ministro das Relações Exteriores e Europeias Bernard Kouchner. Ele goza justamente de um prestígio pessoal e de uma credibilidade internacional consideráveis. No governo de François Fillon, ele ocupa, como se sabe, uma posição à parte. Sabiamente, ele se recusou a participar da comédia ocidental de 3 de março em Genebra. Tendo chegado pela manhã, limitou-se a almoçar discretamente com Ban Ki-moon no hotel Intercontinental antes de voltar a Paris.

Durante o seu discurso, Rama Yade também discutiu os eventos que ocorreram durante a Conferência Internacional contra o Racismo, em Durban, em 2001, denunciando "os abusos e exageros" que marcaram essa conferência.

Uma coletiva de imprensa acompanhou a apresentação da secretária de Estado. Aos repórteres que lhe perguntavam de que "abusos" ela falava, respondeu-lhes, com uma candura de deixar qualquer um boquiaberto: "Eu não posso lhes responder, eu não estava em Durban."[13]

Poucos minutos depois, Jamil Jade, correspondente do *Estado de São Paulo*, perguntou se ela iria se encontrar com Micheline Calmy-Rey. Resposta da Sra. Yade: "Quem é?" Pacientemente, um repórter lhe explicou: "Micheline Calmy-Rey é a ministra das Relações Exteriores da Suíça, país anfitrião do Conselho de Direitos Humanos."

A França mantém, na Organização das Nações Unidas em Genebra, uma missão numerosa e altamente qualificada. Seus diplomatas tentaram corrigir a impressão desastrosa deixada por Rama Yade perante as outras delegações e a imprensa. Seu argumento: se ela não mencionar os massacres israelenses, é sinal de que a França está, de alguma forma, impotente diante das ações do governo de Tel Aviv.

Errado! O acordo de livre-comércio entre a União Europeia e Israel, assinado em junho de 2000, prevê, em seu artigo 2º, que o respeito pelos direitos humanos é condição indispensável para a sua entrada em vigor. Ora, mais de 65% das exportações israelenses entram em um dos vinte e sete países da União Europeia. Em outras palavras, diante da flagrante violação dos direitos humanos por parte de Tel Aviv, a França não teria nenhum problema em solicitar a suspensão de tais importações.

Quatorze dias de suspensão... E os generais israelenses, com certeza, voltariam à razão.

---

13. Anistia Internacional, relatório citado.

* * *

De 27 de dezembro de 2008 a 20 de janeiro de 2009, a aviação, a marinha, os tanques e a artilharia de Israel bombardearam o gueto superpovoado de Gaza. Resultado: mais de 1.400 mortos, mais de 6.000 mutilados, queimados, amputados. A maioria eram mulheres, crianças e idosos. A Anistia Internacional, o Comitê Internacional da Cruz Vermelha e a ONU constataram um grande número de execuções de civis, disparos em ambulâncias e outros crimes de guerra cometidos pelas forças israelenses.

Em Israel mesmo, intelectuais corajosos, como Michel Warschawski, Ilan Pape, Gideon Levy, Lea Tsemel, denunciaram o bombardeio de escolas e hospitais.

Israel é o quarto maior exportador de armas de guerra do mundo. Como na guerra contra o Líbano, no verão de 2006, Israel testou suas armas mais recentes sobre a população palestina de Gaza. Para muitos observadores, o teste dessas armas sobre a população civil é um dos principais motivos da agressão contra Gaza.

Uma arma em particular, que traz o nome de *Dense Insert Metal Explosive* (DIME), foi utilizada contra os campos de refugiados densamente povoados. Trata-se de um obus cheio de pequenas bolas de metal, constituídas por uma mistura de cobalto, tungstênio, níquel e ferro. A DIME tem extrema força explosiva. Lançada pela artilharia ou de aeronaves, o obus se desintegra cerca de dez metros acima do solo.

Um médico norueguês do hospital Al-Shifa disse ao jornal *Le Monde* de 13 de janeiro de 2009: "Se as bolas explodem dois metros acima do solo, as partículas liberadas cortam o corpo em dois; se liberam suas partículas a oito metros de altura, as pernas e os braços é que são cortados. A vítima sente os ferimentos como milhares de disparos de agulhas quentes."

Em Gaza, a aviação e a artilharia israelenses experimentaram, além disso, novos obuses e bombas que liberam fósforo branco.

Esses obus e bombas causaram queimaduras internas terríveis em mulheres, crianças e homens palestinos.

Todas essas novas armas "milagrosas" em breve serão — tenho certeza disso — colocadas à venda pelos catálogos de Tel Aviv.

O Conselho de Direitos Humanos da ONU convocou, para 12 de janeiro de 2009, uma sessão extraordinária. Respeitado em todo o mundo, Richard Falk, relator especial para os territórios ocupados e professor de Direito Internacional na Universidade de Princeton, apresentou um relatório detalhado sobre os crimes de guerra e contra a humanidade cometidos pelos israelenses. A resolução do Conselho pediu a cessação imediata dos massacres. Ela também condenou os ataques com foguetes do Hamas sobre o Sul de Israel. Os embaixadores ocidentais se recusaram a votar essa resolução.

Numa tarde de março de 2007, eu estava no oitavo andar do edifício de vidro fumê e concreto que abriga, em Genebra, o Alto-Comissariado das Nações Unidas para os Refugiados. Eu estava conversando com o alto-comissário Antônio Gutierrez.

Lá fora nevava. Na avenida de França, o gelo paralisava o tráfego.

Conversamos sobre os obstáculos ao Conselho de Direitos Humanos que, naquele momento, realizava a sua terceira sessão ordinária no Palácio das Nações, a pouca distância do Alto-Comissariado.

Perguntei ao alto-comissário: "Por que tantos representantes esclarecidos, inteligentes dos países do Sul se recusam a cooperar com os ocidentais em termos de direitos humanos?"

Antigo primeiro-ministro de Portugal, ex-presidente da Internacional Socialista, católico praticante, Antônio Gutierrez é um homem de espírito independente, caloroso e sutil. Seus olhos se detiveram no Palácio das Nações, depois disse: "Esta é a receita para o Iraque e a Palestina."

II

Cinismo, arrogância e linguagem dupla

Em setembro de 2000, os chefes de Estado e de governo dos cento e noventa e dois países membros da ONU se reuniram em Nova York para um inventário dos conflitos e problemas não resolvidos, que afligem o planeta no limiar do novo milênio. A partir desse inventário, eles elaboraram a lista de *Millenium Goals* ("Objetivos do Milênio"), que devem ser cumpridos até 2015.

Aqui está a lista:

I. Erradicar a pobreza extrema e a fome.

II. Garantir educação básica de qualidade a todas as crianças em idade escolar.

III. Promover a igualdade entre os sexos e a autonomia da mulher.

IV. Reduzir a mortalidade infantil.

V. Melhorar a saúde das gestantes.

VI. Combater a aids, a malária e outras epidemias.

VII. Garantir a proteção ao meio ambiente.

VIII. Estabelecer uma parceria mundial para o desenvolvimento.

Em 2008, a médio prazo, observa-se que nenhum dos problemas listados está em vias de ser resolvido. Muito pelo contrário. Vários deles — autonomia das mulheres, doenças, educação, pobreza extrema e subnutrição — não deixam de piorar.

Em 2000, a FAO contava 785 milhões de pessoas grave e permanentemente subnutridas. São 854 milhões em 2008 e mais de um bilhão em 2010. A cada cinco segundos, uma criança com menos de dez anos de idade morre de fome.

É no Extremo Oriente e na África negra que a miséria aumenta mais rapidamente. No Camboja, menos da metade da população tem acesso regular à água potável. Apenas dois em cada dez cambojanos têm serviços de saneamento adequados.[1]

Em metade dos países da África Subsaariana, a renda *per capita* é reduzida anualmente à média de 0,5% a partir de 2000.

Apenas trinta e dois dos cento e quarenta e sete países com estatísticas fiáveis sobre a mortalidade infantil estão em vias de reduzir o flagelo.

Quanto ao objetivo nº V (melhorar a saúde das gestantes), a Unicef escreveu simplesmente: "Na Ásia, vinte e oito países não conseguirão" (*"countries off track"*). Na África Subsaariana, cerca de quinhentas mil mulheres morreram no parto em 2007.

As perspectivas não são nem um pouco agradáveis, no que diz respeito ao cumprimento da meta nº VI (acesso a cuidados médicos e combate às epidemias). Em 2008, 1,7 bilhão de pessoas carecem de acesso a cuidados primários de saúde (medicamentos básicos, vacinação infantil, cuidados hospitalares etc.).

Além disso, a OMS calcula que cerca de 70% dos medicamentos vendidos na África Ocidental são falsificações sem garantia alguma de segurança ou de qualidade.

Ainda em 2008, 39,5 milhões de pessoas estão infectadas pelo vírus da aids. Eram 36,9 milhões em 2004. Só no ano de 2006, foram registrados 4,3 milhões de novas infecções. Por causa do preço de venda demasiado elevado, praticado pelas gigantes da indústria

---

1. Dados do PNUD, 2008.

farmacêutica, a maioria dos pacientes no hemisfério sul não tem acesso a terapias triplas.

São principalmente os adultos jovens que são atingidos pela aids. A força de trabalho nos países do hemisfério sul é seriamente afetada. Em Botsuana, metade dos trabalhadores rurais foi morta pelo vírus.

Os adultos infectados muitas vezes deixam para trás os pais idosos e as crianças pequenas, agora privados dos meios de subsistência. A OMS afirma: "Em 2003, doze milhões de crianças ficaram órfãs na África Meridional [por causa da aids] [...]. Esse número vai subir para dezoito milhões em 2010."[2]

Porque a maioria das pessoas com AIDS são jovens adultos que normalmente deveriam trabalhar, a produção agrícola diminui drasticamente em países com elevada porcentagem de infectados.

A FAO escreveu: "A extensão da epidemia do HIV/aids tornou-se rapidamente um grande obstáculo na luta contra a fome e a miséria."[3]

Em resumo, a partir da perspectiva da pretensa luta contra as epidemias, a fome, a pobreza extrema, a discriminação das mulheres ou a falta de escolaridade, nenhum progresso substancial foi feito desde 2000.

É que as políticas desastrosas que conduzem ao subdesenvolvimento crescente dos países mais pobres, como as praticadas pelas potências ocidentais e retransmitidas pelos seus mercenários da OMC e do FMI, ainda persistem.

Com efeito, todos devem estar bem cientes de que nenhum dos "objetivos do milênio" poderia ser alcançado, especialmente, sem incorrer em qualquer negociação multilateral sobre os preços internacionais de medicamentos, os termos de troca, as transferências de tecnologia, as patentes etc.

---

2. OMS, Genebra, 2008.
3. FAO, *Report on Food Insecurity in the World*, op. cit.

Ora, em oito anos, nada foi sequer iniciado sob esse ponto de vista entre o Ocidente e o hemisfério sul.[4]

De repente, aos olhos dos povos do Sul, a Cúpula do Milênio aparece como um mero exercício de retórica, uma nova manifestação da linguagem dupla, do cinismo e da má-fé do Ocidente.

Por que essa cegueira? Por que essa tranquila arrogância quando centenas de milhões de pessoas rejeitam essa linguagem dupla e contestam a hegemonia moral do Ocidente?

Formulo uma hipótese. O fim da União Soviética e o descrédito da ideia comunista cavaram um buraco negro.

A queda (obviamente necessária) do muro de Berlim enterrou todas as perspectivas de emancipação, que se deveu à própria ideia de contestação.

Aimé Césaire escreveu: "Habito um desejo obscuro, habito uma sede irremediável."[5] O Ocidente não entende essa aspiração dos povos do Sul a uma ordem do mundo imparcial e justa, nem a sua determinação para alcançar seus objetivos. A própria ideia de que outra ordem mundial, outra memória e outro querer são possíveis nessa parte do mundo está agora desacreditada.

Consequentemente, nunca a distância entre as declarações e as práticas reais alimentou tanto o ódio.

---

4. Não estou dizendo nada sobre o problema da representatividade, da legitimidade popular dos muitos governos do Sul. Seria preciso dedicar um volume inteiro a esse tema.

5. Aimé Césaire, *op. cit.*

QUARTA PARTE

Nigéria: A fábrica do ódio

I

A MÁFIA DE ABUJA

O avião procedente da Europa aterrissou em Abuja à meia-noite. A capital da Nigéria se situa em um vasto planalto rochoso a 600 metros de altitude, no centro geográfico do país. Na época do harmatão,[1] em pleno mês de janeiro, a temperatura nesse horário é de 30 graus. O ar é seco. Um vento quente sopra sobre as pirâmides de granito preto do planalto.

O aeroporto intercontinental, construído com concreto e vidro alaranjado, está praticamente deserto. Pierre Helg, o muito ativo e astuto embaixador da Suíça, me espera na saída.

Cinquenta quilômetros separam o aeroporto e os primeiros subúrbios da capital.

A noite está escura, quente, animada por milhares de sombras que se deslocam dos dois lados da rodovia.

A viagem desde Amsterdã já dura nove horas. Cochilo no carro.

Quando chegamos a Mabushi, o primeiro subúrbio no Norte da cidade, Pierre Helg me acorda: "Veja!" Centenas de caminhões, carros de turistas, tratores, ônibus escolares, máquinas de construtoras e todos os tipos possíveis de veículos motorizados estão estacionados ao longo da estrada. A fila parece interminável.

---

1. Vento quente e seco, de nordeste a leste, proveniente do Saara. (N.T.)

Na noite escura, os veículos avançam na velocidade de uma lesma, centímetro por centímetro. Começo a distinguir, ao longe, uma única bomba de gasolina, iluminada pelos neons brancos. Mais de uma centena de motoristas vindos de todas as partes do país, mortos de cansaço, fatalistas, esperam sua vez. "É o mesmo espetáculo do Norte ao Sul, de Lagos a Kano, de Ibadan a Malduguri e a Enugu, diz o embaixador. Por todos os lados, os motoristas passam boa parte da noite esperando, na hipotética esperança de poder encher o tanque..."

Eu mal posso acreditar: a Nigéria é o oitavo produtor mundial de petróleo e o primeiro produtor africano, mas sofre com uma grave e crônica penúria de gasolina, que faz com que a economia do país perca diariamente milhares de horas de trabalho.

A Nigéria exportou em média, em 2010, 2,6 milhões de barris de petróleo bruto por dia. Mas, ao mesmo tempo, teve de importar a maior parte dos produtos petrolíferos refinados necessários a sua economia.

Três refinarias do país, situadas em Port-Harcourt, Warri e Koduna, estão fora de serviço. Mais de um bilhão de dólares foram gastos em 2006 para consertar essas refinarias. Mas nada foi feito.

O país possui 5.000 quilômetros de oleodutos. Os principais, particularmente os de Suleja até Warri, de Port-Harcourt até Enegu e de Port-Harcourt até Atlas-Cove, são frequentemente sabotados.[2]

A rodovia acaba no primeiro subúrbio, em Mabushi. Nós nos enfiamos em uma rua obscura em direção ao centro da cidade. De repente, pedras espalhadas no asfalto fazem com que o motorista reduza a velocidade do carro e, em seguida, o carro derrapa. Diante da luz dos faróis, aparece um grupo de policiais vestidos com uniformes gastos azuis-escuros, com kalashnikovs em punho, da National Police Force da Nigéria.

---

2. Declaração de Funsho Kupolokun, o diretor-geral da Nigerian National Petroleum Company (NNPC) feita no Parlamento Federal no dia 23 de janeiro de 2007. Ver *This Day*, jornal nacional, do dia 24 de janeiro de 2007.

O carro diplomático passa sem problemas. Mas, à nossa esquerda, parados na beirada da valeta que serve de esgoto para os moradores dos barracos dessa região, três caminhonetes lotadas de pepino, tomate, inhame, batata-doce, mandioca e feijão esperam para ser revistadas.

Um carro japonês branco, dirigido por um europeu, nos ultrapassa. O motorista diminui a velocidade, abaixa o vidro e joga no chão um punhado de *nairas* (a moeda local). Os policiais se engalfinham para pegá-las.

Já os motoristas (africanos) das caminhonetes deverão passar um bom tempo, talvez horas, negociando o "resgate".

Pierre Helg diz:

> Ao redor de Abuja, existem dezenas de barreiras desse tipo. Dezenas de milhares provavelmente em todo o país. Aqui, no planalto, as pessoas plantam legumes, abacaxis e laranjas. Elas começam a vender suas mercadorias de madrugada, na feira de Wuze ou de Garki. Mas, por causa das barreiras, o preço das mercadorias dobra e, às vezes, até quadruplica ou quintuplica antes de chegar às feiras [...]. Os policiais recebem seus salários de maneira irregular. Deve-se compreendê-los. Eles também têm uma família para sustentar.

Abuja é uma cidade praticamente tão cara quanto Tóquio, Genebra ou Nova York. Os 8.000 km² do Distrito Federal abrigam centenas de zonas agrícolas, vilarejos, criações de gado bovino e zebus, granjas, plantações de legumes e frutas. Por causa das "taxas" pagas aos policiais, o preço de qualquer mercadoria aumenta exponencialmente antes de chegar às feiras de Garki ou de Wuze I e II.

A consequência disso é que a renda do trabalhador rural, do agricultor e do criador de animais do Distrito Federal nunca muda e permanece extremamente miserável, e o consumidor de Abuja acaba pagando preços exorbitantes.

A National Police Force of Nigeria conta com cento e quarenta mil mulheres e homens. Seu lema é: *"Serve and protect"* (servir e proteger).

A realidade é ligeiramente diferente. A imprensa reclama: "Os postos de controle servem para extorquir dinheiro dos motoristas [...]. Os assaltos policiais, as extorsões nas estradas e nas cidades chegaram a um ponto intolerável. O número de outros crimes [cometidos por policiais] também não para de crescer: sequestros, roubos, assassinatos."[3]

A corrupção devassa as hierarquias. A patente mais alta da polícia nacional é a de inspetor geral. O penúltimo inspetor no cargo foi preso e processado. Sua fortuna foi confiscada (pelo menos a parte depositada na Nigéria). Ele teve de restituir 132 milhões de dólares ao Estado... Seu sucessor se chama Ehindero Sunday. Ele se propôs a efetuar uma tarefa hercúlea: a de transformar um bando de saqueadores em uma força de proteção dos cidadãos.

Depois de mais meia hora de estrada no calor do harmatão, nosso carro bifurca na direção de uma majestosa alameda de palmeiras reais. Uma revista minuciosa na entrada do parque é feita por vigias particulares, jovens vestidos com uniformes impecáveis. Em seguida, o carro para uma segunda vez diante do suntuoso portão do Hotel Transcorp Hilton.

Esse palácio pertence à Transcorporation of Nigeria. Esta pertence à família do presidente da República, o general Olusegun Obasanjo.[4]

Debaixo do céu cinzento e abafado pelo harmatão, Abuja é um emaranhado total de rodovias urbanas, anéis periféricos, arranha-céus administrativos, escritórios, mansões suntuosas (com piscina, garagem, grama recém-aparada, câmeras de segurança e muralhas), bancos (cujos prédios são verdadeiros palácios), casernas, hipódromos, esplanadas de desfiles, gigantescas mesquitas com suas cúpulas douradas... Podem-se ver também igrejas, uma catedral, hotéis de luxo, restaurantes. E, sobretudo, uma vastidão infindável de subúrbios miseráveis. No centro da cidade, o concreto cinzento

---

3. Revista *Newsmatch* (Abuja, 29 de janeiro de 2007, a partir da página 16).
4. No cargo até maio de 2007.

domina. Nos subúrbios, as chapas metálicas onduladas, as tábuas de madeira, os tijolos abrigam a multidão anônima de simples funcionários públicos, desempregados famélicos, famílias pobres e empregados domésticos.

A capital se estende por 250 km². Quantas pessoas moram nela? A estimativa mais plausível indica três milhões de habitantes. Mas novos imigrantes chegam todas as semanas.

A paisagem em torno de Abuja é magnífica com esses picos rochosos que surgem do deserto negro do planalto. Poucas árvores, muitos arbustos, dois rios, o Usama e o Guara, interrompem a monotonia das pedras. Na estação das chuvas, um tapete verde e flores esplendorosas cobrem as colinas.

Foi em 1976 que o governo do general Murtala Mohammed decidiu transferir a capital federal de Lagos exatamente para o centro geográfico do país, o planalto de Jos.

A ideia era erigir uma "capital nova", testemunho da "unidade e [da] grandeza da nação". Mas não se deve se deixar enganar: nada a ver com Brasília ou Chandigarh; nessa capital, não há nenhum traço de um Niemeyer ou de um Le Corbusier.

Abuja foi amaldiçoada com o horror urbanístico. A arrogância de suas gigantescas construções de concreto cinza é desoladora. Podem-se ver nela toda a violência e o desprezo que o cidadão comum sofreu desde 1966 pelos diferentes regimes militares na capital nigeriana. A discriminação agressiva se encontra encarnada nas torres presunçosas, nas mansões de um luxo inacreditável, nas sórdidas e intermináveis favelas da periferia. Em Abuja, a arrogância tornou-se pedra.

Entre as "zonas centrais" — o nome oficial dos bairros administrativos e dos bairros residenciais para diretores e executivos — e o oceano de barracos que compõem a longínqua periferia, o trânsito é difícil e os meios de transporte precários.

Até outubro de 2006, as mobiletes e as mototáxis eram praticamente o único meio de transporte dos trabalhadores e dos bandos de desempregados em busca de um emprego diário. Mas, em 2006, o ministro encarregado do Distrito Federal criou um decreto proibindo as mototáxis. Qual foi a razão dada? As mototáxis poluem demais e são muito barulhentas. O ministro então decidiu substituí-las por um serviço de ônibus.

Detalhe: a empresa de ônibus que, hoje, tem a exclusividade do transporte cotidiano de centenas de milhares de pessoas entre as zonas centrais e a periferia pertence a uma pessoa do círculo do ministro.

Foi o medo obsessivo de ver o país explodir que inspirou o projeto de instalar a capital da Nigéria em Abuja. Para compreender a situação, uma volta ao passado é indispensável.

A história da Nigéria mudou da noite do dia 31 de setembro ao dia 1º de outubro de 1960. A independência foi proclamada à meia-noite. Uma maré humana invadiu as ruas de Lagos. Ao longe, no porto, o último soldado da guarnição britânica subia a bordo dos navios. Centenas de milhares de vozes cantavam:

Nigeria, Nigeria
Nigeria is free today.

Um intelectual pertencente à etnia igbo, dotado de um carisma excepcional e de uma visão estratégica do futuro, Nnamdi Azikiwe, tornou-se o primeiro presidente do Estado independente. Ele teve de enfrentar imediatamente um problema: o esfacelamento do território, a divisão Norte-Sul, o confronto entre muçulmanos e cristãos. Entre os povos principais, pairava a guerra fratricida.

Azikiwe impôs a República Federal.[5]

Povos poderosos (fulani, hauçá, igbo e ioruba), portadores de culturas magníficas, heranças simbólicas, artísticas e religiosas mul-

---
5. Ela é composta, em 2010, por trinta e seis Estados-membros.

tisseculares, espalham sua memória coletiva e reivindicam sua identidade sobre o território de praticamente um milhão de metros quadrados da Nigéria. Mais de duzentas etnias menos numerosas, mas de identidade tão afirmada como as outras, também estão instaladas nessa área. A fim de limitar os conflitos interétnicos, de combater a pretensão de hegemonia das grandes etnias e de assegurar a proteção dos povos minoritários, a escolha em prol do federalismo era perfeitamente razoável.

Em 1966, um primeiro golpe de Estado acabou com o regime constitucional e iniciou uma série ininterrupta de ditaduras militares. Estas esvaziaram, progressivamente, as instituições federais de sua substância.

O homem que marcou mais profundamente a Nigéria nesses últimos vinte anos, o general Olusegun Obasanjo, é um cristão convertido (*reborn Christian* ou *born again Christian*) de confissão anglicana, de origem ioruba. Sua carreira: comandante das tropas federais durante a guerra do Biafra; oponente preso e torturado durante a ditadura de Sani Abacha, que era da região Norte do país; e, finalmente, chefe do Estado de 1999 até maio de 2007. Hoje ele ainda é a pessoa mais poderosa no país.

Com mais de setenta anos, esse homem de corpulência massiva ainda tem uma fome de vida e uma sede incontrolável de poder. Ele é volúvel e colérico. Por trás de seus óculos finos, seus olhos refletem inteligência, vitalidade e também humor. Ele usa um gorro de algodão colorido cuja forma lembra o barrete frígio, um amplo *boubou*[6] ocre e marrom, e as sandálias decoradas com motivos tradicionais dos chefes iorubas. Eu me encontrei com ele: ele realmente é uma pessoa cativante.

Em 1999, o general Obasanjo obteve a legalização da sua tomada de poder pela instauração de uma nova República.[7]

---

6. , Túnica africana típica da África Ocidental. (N.T.)

7. A Constituição de 1999, da qual ele foi um dos artesãos, deu ao morador de Aso Rock, o palácio presidencial, competências exorbitantes: ele se torna dessa maneira, ao mesmo tempo, chefe do Estado, primeiro-ministro e comandante das Forças Armadas.

O chefe do Estado controla, sobretudo, três instâncias, próprias à Nigéria, cujo poder é bem maior do que o de todos os ministérios, de todas as instituições reunidas: a Comissão Eleitoral Nacional, a Anticorruption Agency (a Agência Anticorrupção) e a Economic and Financial Crimes Commission (Comissão de Combate aos Crimes Econômicos e Financeiros).

A Comissão Eleitoral decide quem pode se candidatar às eleições (nacionais, regionais ou locais) e quem — sob um pretexto constitucional qualquer — terá sua candidatura recusada. A Agência Anticorrupção e a Comissão de Combate aos Crimes Econômicos e Financeiros podem arruinar a carreira de qualquer oponente ao acusá-lo de corrupção ou de crimes econômicos, colocando-o na prisão e confiscando sua fortuna. O PDP[8] domina as três instâncias.

A junta da máfia militar, que exerce o poder nos bastidores, parece um pântano de crocodilos. Isso porque, até 2005, Obasanjo exerceu, além de suas funções de chefe do Estado, as de ministro do Petróleo...

Os outros crocodilos obrigaram-no então à transparência em relação aos rendimentos do ouro negro. Não se deve esquecer que esses rendimentos são consideráveis. Segundo um cálculo feito pelo jornal francês *Le Monde*, a máfia nigeriana teria embolsado dessa maneira, durante os últimos quarenta anos, 352 bilhões de petrodólares. Essa quantia é quatro vezes superior à soma acumulada da ajuda pública para o desenvolvimento enviada pelos países ocidentais aos países da África Subsaariana durante esse mesmo período.[9] Durante o decênio 1997-2007, os rendimentos provenientes dos hidrocarbonetos geraram lucros à Nigéria, e, consequentemente, à máfia nigeriana, entre 10 e 12 bilhões de dólares anuais.

---

8. O People's Democratic Party (Partido Democrático do Povo) é controlado por Obasanjo.

9. *Le Monde*, 21 de abril de 2007.

* * *

Abro aqui um parêntese sobre o petróleo nigeriano.

A Nigéria, como acabamos de dizer, é hoje o oitavo produtor mundial (2,6 milhões de barris diários exportados em 2007). Estima-se que sua reserva petrolífera seja de 36 bilhões de barris (3% das reservas mundiais). Em relação ao gás, a estimativa é de 5.200 bilhões de metros cúbicos (2,9% das reservas mundiais). A exploração do petróleo é feita mediante um sistema contratual particularmente favorável às companhias estrangeiras, os *production sharing agreements*. As companhias adiantam ao Estado os gastos do *drilling* (exploração de novos campos), da exploração, do transporte e da comercialização. Elas dividirão depois os rendimentos da venda com o Estado. Mas essa divisão só acontece depois do reembolso e da amortização de todos os investimentos feitos pelas companhias.[10] Estima-se que, no final das contas, o Estado receba de 30% a 50% do preço de venda. Mas nem o governo de Abuja nem as sociedades estrangeiras aceitam divulgar os termos exatos dos *production sharing agreements*.[11]

Com o lema "Publiquem o que vocês pagam", a ONG internacional Global Witness tenta há anos obter o fim da opacidade financeira das companhias petrolíferas e gasíferas. Sem sucesso. Já o Banco Mundial conseguiu fazer em 2007 diferentes auditorias nos setores petrolífero e gasífero, mas simplesmente não publica os resultados.

A qualidade do petróleo nigeriano é visivelmente superior à do Oriente Médio, por exemplo. Ele se encontra em lençóis particularmente próximos à superfície, logo, o custo de extração é menor. Sua taxa de enxofre é baixa, uma vantagem inestimável para as refinarias — situadas fora do continente —, na medida em que elas estão sujeitas a normas ambientais cada vez mais restritivas.

---

10. Esse método é próprio da África e não é aplicado nem no Oriente Médio, nem na Europa, nem na América do Norte.

11. Ver Xavier Harel, *Afrique, pillage à huis clos* (Paris: Fayard, 2006).

* * *

As forças armadas nigerianas são uma formação social complexa e opaca. Militarmente demonstram uma grande eficácia, no que diz respeito à repressão interna, bem como à manutenção da ordem fora das fronteiras do país, sob a bandeira da ONU, da União Africana ou da Comunidade Econômica dos Estados da África Ocidental (CEDEAO). São profundamente corruptas e alimentadas por um orgulho patriótico desmedido.

Apesar de sofrer constantemente com os ódios pessoais ferozes, com os conflitos interétnicos e religiosos ancestrais, o alto-comando das forças armadas se dividiu apenas uma vez: em 1967, no momento da secessão proclamada pelos ricos Estados petrolíferos do Sudeste.

II

No tempo da guerra de Biafra

A guerra do Biafra ilustra de modo paradigmático o desprezo que o Ocidente tem pelas populações da Nigéria.

Durante a independência, em 1960, os campos de petróleo e de gás e as jazidas *offshores* estavam sob o controle férreo das sociedades petrolíferas e gasíferas anglo-saxãs e holandesa. Nnamdi Azikiwe tentou afrouxar a pressão: cedeu concessões a outras empresas europeias, em particular à sociedade francesa Elf.

O golpe de Estado militar do coronel Yacubu Gowon tornou inválida a concessão da Elf no dia 29 de julho de 1966.

Em Paris, o general De Gaulle, furioso, recusou-se a aceitar a evicção da companhia petrolífera francesa. Ele ordenou então ao serviço secreto francês, que dispunha de uma base importante no vizinho Gabão, que organizasse a defesa dos "interesses estratégicos da França."[1] Foi por isso que, no dia 30 de maio de 1967, o governador militar da região do Leste, o general igbo Odumegwu Ojukwu, proclamou a secessão. A região oriental (delimitada ao norte pelo Benue, a leste pela República dos Camarões, a oeste pelo rio Níger e ao sul pelo golfo da Guiné) abriga a maior parte dos mais ricos

---

1. Para conhecer os bastidores econômicos da guerra do Biafra, ver François-Xavier Verschave, *La France-Afrique, le plus long scandale de la République* (Paris: Stock, 1999, p. 137-154).

campos petrolíferos. Ojukwu deu o nome de Biafra ao território secessionista. Capital: Enugu.

Quatorze milhões de homens, mulheres e crianças, majoritariamente provenientes dos povos igbo ou afiliados, moram nessa região. Entretanto, a independência do novo Estado tinha sido essencialmente obra do serviço secreto francês e a maioria da população do Biafra era hostil à secessão.

Em Genebra, a Elf tinha dado uma procuração para que uma empresa de relações públicas, a Markpress, desenvolvesse uma campanha "explicativa" direcionada à opinião pública mundial. A tese da Markpress: na Nigéria, militares muçulmanos perseguiam populações civis cristãs; elas tiveram de buscar refúgio e proteção em um novo Estado, o Biafra. Seu presidente, o general Ojukwu, herói admirável, defendia a democracia contra a ditadura do coronel Gowon.

Mentira!

Ojukwu teria sido (regiamente) pago e armado pela França e pela Elf; Gowon, por Londres e pela Shell.

Oficiais mercenários franceses, sob o comando do capitão René Faulques, enquadravam os soldados de Ojukwu.

Em 1956, Faulques tinha sido um dos responsáveis pelo centro de tortura da Villa Susini, em Argel. Como ele participou do *putsch* dos generais contra De Gaulle, acabou desaparecendo em abril de 1961.[2]

Em setembro de 1961, Faulques reapareceu em Catanga. A rica província mineira do Congo tinha feito a secessão em julho de 1960 e proclamado a independência do "Estado de Catanga". Tratava-se de subtrair as riquezas minerais do governo nacionalista de Patrice Lumumba e de proteger os monopólios das sociedades ocidentais.

Faulques não foi sozinho ao Biafra. Um grupo de trinta e cinco oficiais franceses o acompanhavam. Todos eram antigos membros

---

2. Dois livros, escritos pelas vítimas, testemunham a crueldade indescritível de Faulques e seus cúmplices: Henri Alleg, *La Question* (Paris: Éditions de Minuit, 1958); Mohamed Sahnoun, *Mémoire blessée* (Paris: Presses de la Renaissance, 2007).

da Organização Armada Secreta (OAS);[3] todos declaravam lutar a favor da civilização ocidental, da cristandade e da "democracia". Todos esses oficiais putschistas tinham perdido sua patente e eram oficialmente procurados pela polícia francesa.

A Elf criou duas pontes aéreas, uma a partir de Libreville e outra de Abidjan, para o encaminhamento de munições e armas, para a evacuação dos feridos de alta patente e de suas famílias, e para o transporte dos mercenários.[4]

A guerra durou trinta meses. Carnificinas medonhas aconteceram.

Resultado: dois milhões de mortos, milhões de pessoas mutiladas, centenas de cidades e vilarejos incendiados.

Em seguida, os chefões da Elf e os das companhias concorrentes (anglo-saxãs e holandesa) se reconciliaram. Foi dessa maneira que um novo acordo sobre a divisão do butim do petróleo e do gás nigeriano foi assinado em um hotel parisiense no dia 12 de janeiro de 1970.[5]

A guerra, finalmente, acabou.

Depois de um curto exílio no Gabão, Ojukwu e seus principais generais voltaram para suas mansões de Lagos. O alto-comando tinha perdoado os desatinos passageiros.

Já a população mártir do Biafra não teve outra escolha a não ser enterrar e a lamentar suas vítimas.

---

3. A OAS era uma organização paramilitar clandestina francesa que se opunha à independência da Argélia. (N.T.)

4. As duas pontes aéreas chegavam a Enugu.

5. No Hotel Crillon, praça da Concórdia, Paris.

III

A FARSA ELEITORAL

O Ocidente, como se sabe, fundamenta sua superioridade moral e sua pretensão à universalidade na "democracia" e nos "direitos humanos". Vejamos isso detalhadamente.

Na Nigéria, o procônsul do Ocidente é o alto-comissário (embaixador) britânico.[1] Richard Gozney era quem estava nesse cargo na primavera de 2007. Ele é um intelectual seco e brilhante, além de ter um sorriso simpático. Sua influência na Nigéria era considerável. Ele era considerado o homem mais bem informado da capital.

Eu lhe perguntei: "Quantos generais fazem parte dessa junta aparentemente todo-poderosa?"

Gozney: "Uns vinte."

Mais tarde, Pierre Helg me diria: "Gozney é o único entre nós [diplomatas ocidentais] a ter o número do celular particular de cada um deles."

Os chefões da Shell, da British Petroleum, da Chevron, da Elf, da Agip, que, no delta do Níger, exploram as fabulosas riquezas petrolíferas e gasíferas do país, são obrigados a negociar exclusivamente com essa junta que se esconde nos bastidores.

---

1. A Nigéria faz parte do Commonwealth.

Mas, naquela primavera de 2007, o procônsul teve de resolver um problema grave: Olesegun Obasanjo queria de qualquer maneira permanecer no poder durante um terceiro mandato presidencial. O procônsul era absolutamente contra, pois estava preocupado em preservar a fachada "democrática" da Nigéria. Ele lhe pediu então que se submetesse à Constituição, que limitava o mandato presidencial a quatro anos, podendo o presidente ser reeleito apenas uma vez.

Durante um almoço privado, o procônsul me disse novamente o que repetia o tempo todo publicamente: *"We want free, transparent elections* [Queremos eleições livres, transparentes]."

Mas atrás dessas belas palavras se escondia um sistema de pré-seleção bem rodado que já existia há quarenta anos.

Ao mesmo tempo, o procônsul prestava particular atenção ao avanço das negociações entre as diferentes facções da junta, atrás das portas fechadas de Aso Rock.[2] Pois, naquele ano, a passagem do poder das mãos dos generais iorubas e cristãos para as dos generais muçulmanos do Norte já tinha sido prevista. Pacificamente. Sem golpe de Estado, sem assassinatos, sem derramamento de sangue.

Quando as diferentes facções da junta conseguissem encontrar um compromisso sobre a divisão dos lucros petrolíferos e gasíferos, sobre a distribuição dos cargos do alto-comando das forças armadas e do governo (e dos diversos cargos de governadores dos Estados-membros da Federação), o procônsul, depois de consultar os principais diretores das sociedades petrolíferas estrangeiras, ratificaria o acordo.

As "eleições" poderiam então acontecer.

E, de fato, em abril de 2007, sessenta e cinco milhões de nigerianas e nigerianos "elegeram" seus representantes no Senado e na Câmara de deputados, no governo dos trinta e seis Estados-membros da Federação, nas assembleias regionais e na presidência da República.

---

2. O palácio presidencial; na realidade, um amplo conjunto de mansões brancas perdidas entre maravilhosos jardins.

Apesar de controlar todas as instâncias federais e vinte e oito dos trinta e seis Estados-membros da Federação, o PDP de Obasanjo não é o único partido. Existem partidos de oposição. Eles também são presididos pelos generais. Por exemplo: o All Nigerian People Party (ANPP) — o mais poderoso partido de oposição — é dirigido pelo sutil general do Norte Muhammadu Buhari. O PDP não é um partido monolítico: ele sofre com rivalidades; conflitos de interesses, religiosos e étnicos, o corroem. É dessa maneira que Obasanjo e seu mais obstinado inimigo, o general Atiku Abubakar, acabam coabitando no PDP.

O jornalista britânico Kaye Whiteman descreve desta maneira o espírito no qual se encontravam os sessenta e cinco milhões de eleitoras e eleitores na véspera do escrutínio de abril de 2007:

> Para a maioria dos nigerianos, a ideia de eleições livres e leais é uma utopia. Desde os anos 1960, os escrutínios adquiriram uma sólida reputação de fraudes, de intimidação e de violência. A única eleição reconhecida como realmente transparente foi a do chefe M. K. Abiola, em 1993, mas ela foi anulada pelo golpe de Estado militar de Ibrahim Babangida. Mesmo com uma nova administração civil da nova República, inaugurada em 1999, os velhos hábitos custam a ser abandonados. Os barões das forças armadas, que se unem a cada vez que seu sistema está em perigo, lembram os Bourbons, mas Bourbons que nada aprenderam e nada esqueceram.[3]

Já o *The Observer* diz: "A esperança de milhões de nigerianos, de que essas eleições — que teoricamente deveriam acabar com uma série de golpes de Estado militares — marcariam uma ruptura definitiva com as práticas de corrupção e políticas tribalistas que empobrecem o país, foi nocauteada [*a blow*]."[4]

Em centenas de cidades e vilarejos, nenhuma urna foi instalada e nenhum local de votação abriu as portas. Os eleitores que

---

3. Kaye Whiteman, *in Afrique-Asie* (Paris, abril de 2007, pp. 32-33).
4. *The Observer*, jornal inglês, 22 de abril de 2007.

protestavam foram sistematicamente dispersos, espancados pela polícia.

Evocando essas eleições, Wole Soyinka, Prêmio Nobel de Literatura, nigeriano, constatou secamente: "Na Nigéria, quem foi desonrada foi a democracia [...]. Nossa nação não vai a lugar nenhum enquanto a máfia puder escolher quais leis poderão ser aplicadas [...]. Na Nigéria, a política é repugnante."[5]

Serge Michel acompanhou as eleições de 2007 pelo jornal *Le Monde* em Ibadan, no estado de Oyo. O potentado local, o rei Lamidi Adedibu, é um chefe tradicional ioruba de setenta e cinco anos, aliado de Obasanjo. O jornalista constatou que, em certos bairros da cidade de orientação eleitoral não "favorável", dezenas de capangas teriam atacado os locais de votação, roubado e destruído as urnas, ao passo que, em outros locais de votação, policiais controlavam os votos que os eleitores colocavam nas urnas.

Alguns candidatos de oposição foram atacados e feridos, às vezes assassinados.

Vejamos o que diz Serge Michel:

> Mais tarde, durante o dia, um destacamento da segunda divisão do exército nigeriano, baseado em Ibadan, faria um incursão discreta nas dependências do rei para buscar algumas urnas cheias de votos que estavam lá. Não era a primeira vez que um destacamento vinha buscar objetos incongruentes: em meados de janeiro, ele foi buscar seis máquinas de impressão de títulos de eleitor.[6]

Às vezes acontecem reviravoltas espetaculares. Mas o potentado sempre consegue manter o controle. Serge Michel:

> O governador [do estado de Oyo], eleito três anos antes seguindo os mesmos métodos, um tal Rashidi Ladoja, estava farto de ter de pagar ao potentado uma taxa mensal de dois milhões de dólares e de ter de

---

5. Wole Soyinka, in *Neue Zürcher Zeitung am Sonntag* (Zurique, 22 de fevereiro de 2007); *Le Monde*, 21 de abril de 2007; *The Financial Times*, 21 de abril de 2007.

6. *Le Monde*, 21 de abril de 2007.

nomear amigos deste aos postos-chave do estado de Oyo. Rashidi Ladoja se desligou dele. Lamidi Adedibu, furioso, conseguiu fazer com que ele fosse destituído.

No final dessa farsa, no sábado, 21 de abril de 2007, Umaru Musa Yar'Adua, cinquenta e seis anos, um simplório governador do estado de Katsina, foi eleito presidente da República com vinte e cinco milhões de votos. Seu rival, o general Muhammad Buhari, obteve sete milhões de sufrágios. Yar'Adua era o candidato de Obasanjo e do PDP. Seu irmão, o general Shehu Musa Yar'Adua, tinha sido durante longos anos o conselheiro militar do chefão de Aso Rock.

Max Van Berg, o chefe da missão de observação enviada pela União Europeia, disse:

> Eu estava lá em 2003 e as eleições não tinham sido boas. Desde então nós tínhamos trabalhado e realmente esperado com os nigerianos que haveria uma transição democrática. Apesar de tudo isso, mais uma vez, vimos eleições marcadas pela fraude e por inúmeras irregularidades. É desanimador.[7]

O relatório Van Berg é terrível. Apresentado oficialmente em Bruxelas no final de maio de 2007, ele constata que, em oito dos trinta e seis estados, o escrutínio simplesmente não pôde ser realizado, pois policiais, soldados e milícias particulares tinham impedido que dezenas de milhares de eleitoras e eleitores se aproximassem dos locais de votação. Dezenas de pessoas foram mortas nas barreiras policiais, dentro dos locais de votação ou durante os incidentes que aconteceram enquanto as urnas eram transportadas para os centros eleitorais regionais.

Na manhã do dia 29 de maio de 2007, uma coluna interminável de policiais montados em motos reluzentes, de políticos conhecidos, generais e chefes tribais dentro de Mercedes blindadas se dirigia à Eagle Square, no centro de Abuja. Atiradores de elite postados nos

---

7. Citação no jornal francês *Libération*, 24 de abril de 2007.

telhados vigiavam. Um triplo cordão de soldados pesadamente armados encarava uma esquálida multidão. Os militantes dos partidos de oposição e dos movimentos sociais tinham anunciado que tentariam impedir a prestação de juramento durante a cerimônia de posse. Mas esse cortejo tinha sido disperso com cassetetes antes mesmo de chegar ao centro da cidade.

Nesse mesmo dia, os sindicatos tinham efetivamente declarado uma greve geral. No meio da tribuna, perdido entre os famosos, Umaru Musa Yar'Adua mantinha um sorriso amarelo. Ele tinha cinquenta e tantos anos, uma estatura média, magricela, o rosto coberto de cicatrizes, o olhar perspicaz. Estava vestido naquele dia com um *boubou* e com um *tarbush*[8] de um branco imaculado, e a faixa presidencial verde e branca sobre o peito. Prestou juramento sobre a Constituição.

A brisa da manhã agitava as centenas de bandeiras verde e branca que enfeitavam a Eagle Square como um jardim protetor. Com a ironia corrosiva dos iorubas, Wole Soyinka comenta o acontecimento dessta maneira: "Eu suponho que todos concordam com o fato de que aquilo que se fez passar como eleições na Nigéria, em abril de 2007, pode ser considerado como um abuso da palavra "democracia".[9] Sobre Yar'Adua, ele acrescenta: "Ele é uma marionete."[10]

---

8. Pequeno chapéu de feltro ou de palha usado geralmente por muçulmanos. (N.T.)

9. Wole Soyinka, "Nigeria at breaking point", in *The Africa Report*, Paris, n. 7, 2007. Tradução feita por Ziegler.

10. Wole Soyinka, no jornal francês *Libération*, 24 de abril de 2007.

IV

A CORRUPÇÃO COMO MEIO DE CONTROLE

O Ocidente reina graças à corrupção sobre o hemisfério sul. O método custa caro, mas oferece vantagens consideráveis. Sobretudo a vantagem de assegurar uma dominação eficaz. A corrupção destrói, efetivamente, o elo de confiança entre os cidadãos e seu governo. Ela gangrena e enfraquece o Estado. Entretanto, um Estado fraco, desacreditado e ineficaz é o parceiro ideal para as sociedades transcontinentais ocidentais, sobretudo porque 90% dos recursos orçamentais do país mais populoso da África provêm do gás e do petróleo.

Os generais, que estão no poder — sob as mais diversas máscaras constitucionais — desde 1966, praticam a corrupção no atacado. Esta assume as mais variadas formas. O saque do tesouro nacional é a forma mais tradicional: um general ou sua família fazem um (ou vários) empréstimo(s) no Banco Central (ou uma instituição financeira do Estado) e o(s) sacam em dinheiro vivo. O devedor não apresenta nenhum dossiê, nenhuma caução. Ele jamais pagará o empréstimo.

A quantia desses empréstimos se eleva a vários milhões de dólares. Eles são depositados diretamente na conta pessoal do devedor, em Londres ou em Zurique.

O subfaturamento ou superfaturamento, dependendo do caso, seja de bens exportados, seja de bens importados, é prática corrente na maior parte dos ministérios.

As contas particulares dos generais, em Genebra, Zurique, Londres ou Nova York, são regularmente alimentadas por quantias colossais, ou seja, pelas taxas, se é que se pode chamá-las assim, destinadas a assegurar as boas graças dos mestres dos poços.

O Sr. X é um conhecido operador do mercado de petróleo de nacionalidade francesa, domiciliado em Genebra. Ele é um profissional extremamente competente que observa com um olhar extremamente crítico o meio petrolífero. Devo a ele informações preciosas sobre a corrupção na Nigéria.

Pois nada é fácil neste dossiê.

A junta de Abuja depende dos petroleiros e os petroleiros dependem da junta. Sob a pressão da ONU e de várias ONGs, a Shell elaborou um código de conduta para seu pessoal que trabalha na Nigéria. A junta não tem esse escrúpulo. Ela embolsa os *royalties* legais e contratuais que a Shell paga ao tesouro nigeriano. Mas, não satisfeitos com o saque do tesouro nacional, alguns ministros, generais, governadores ou chefes do PDP intervêm regularmente junto a um ou outro diretor de tal ou tal companhia petrolífera particularmente ativa em sua região. Eles exigem então que ele "se esqueça" de anotar esse ou aquele carregamento de um ou outro navio-petroleiro. O carregamento não é mais contabilizado, dessa maneira, pela sociedade em questão. Ele será diretamente vendido no *spot-market* de Roterdã (o mercado livre). A quantia resultante da venda será em seguida depositada na conta pessoal do beneficiário nigeriano na Europa ou de alguma sociedade *offshore* nas Bahamas. Essa prática, conhecida como "navio fantasma", é corrente na Nigéria.

Os diretores locais das sociedades petrolíferas cedem mais que frequentemente às pressões de seus interlocutores nigerianos. Eles têm medo de retaliações severas, contra eles próprios ou contra suas famílias, se não obedecerem.

Os assassinatos de ocidentais são, efetivamente, frequentes no delta.

Deve-se admitir também que, apesar da voracidade de alguns de seus sócios nigerianos, as sociedades petrolíferas ocidentais não têm do que reclamar. O lucro anual delas é a prova disso.

"Obsceno!" Tal é o adjetivo utilizado pelo Unite, o primeiro sindicato britânico, para qualificar o recorde do lucro anual (31 bilhões de dólares em 2007) da filial britânica do grupo Shell. Um resultado obtido graças ao aumento do preço do barril no mercado, que passou de 85 a 99 dólares no quarto trimestre na Bolsa de Nova York, e isso apesar da queda da produção no mesmo período. O Unite pediu ao governo que arrecadasse impostos suplementares das companhias petrolíferas britânicas. Ideia rejeitada pelo diretor-geral da Shell, Jeroen Van der Veer, segundo o qual tal aumento de impostos poderia atingir a prospecção de novas jazidas...

A Exxon-Mobile, segunda sociedade mais poderosa na Nigéria, por sua vez, obteve em 2007 o maior lucro de sua história: 40,6 bilhões de dólares. Apenas no quarto trimestre o lucro líquido foi de 11,6 bilhões de dólares, atingindo um crescimento de 14% em relação ao mesmo período de 2006.

Post scriptum

Logicamente nem todo o país está podre. Muito pelo contrário! O país abriga uma sociedade civil, composta de uma quantidade infinita de formações sociais, criadas recentemente de maneira geral, que têm uma criatividade, uma vitalidade e uma força de resistência inacreditáveis.

A Environmental Rights Action (ERA) e a Niger Delta Human and Environmental Rescue Organization (ND-HERO) estão entre as mais influentes formações criadas recentemente. Elas têm o apoio do Greenpeace, da Union pour la protection de la nature [União pela

Proteção da Natureza], do World Life Fund e de muitas outras organizações internacionais não governamentais.

Mas devemos admitir que o poder financeiro e político da máfia nigeriana condena, por enquanto, a luta dessas formações ao fracasso.

V

Rastros de sangue no delta

O delta do Níger é o de maior extensão do planeta. Maior que os do Amazonas, do Ganges e do Brahmaputra. Ele se estende por mais de 70.000 km² de terra firme, litoral, margens pantanosas, manguezais e ilhas.

Nele vivem vinte e sete milhões de pessoas pertencentes a inúmeras culturas diferentes. Trata-se de trabalhadores rurais, criadores de animais, pescadores, comerciantes, navegadores e operários do petróleo, provenientes principalmente das culturas igbo, ogoni, ibibio, ijaw, ekoi, mbembe, itsekiri e urhobo.[1]

Hoje o delta representa 90% da receita da Nigéria.

Inúmeras sociedades transcontinentais petrolíferas exploram, logicamente, os lençóis do delta e do planalto continental. A mais poderosa delas é a Royal Dutch Shell Group.

A Shell é um amálgama de mais de mil e setecentas sociedades diferentes, com atuação nos cinco continentes. 60% pertencem à sociedade Royal Dutch, da Holanda; 40% pertencem à Shell Transport and Trading Group, da Grã-Bretanha. Essas duas sociedades

---

1. Para analisar essas civilizações, ver Thomas Hodgkin, *Nigerian Perspectives: an historical anthology* (Oxford: Oxford University Press, 1984).

— holandesa e inglesa — trabalham juntas no mundo inteiro desde 1903.[2]

Teoricamente, o petróleo e o gás nigerianos pertencem ao Estado federal.[3] Este concede licenças de exploração às sociedades privadas estrangeiras.

Na Nigéria, a Shell administra suas licenças por meio de quatro companhias diferentes: a Shell Petroleum Development Company controla um território de mais de 30.000 km² do delta, 6.000 oleodutos, 90 campos petrolíferos, 73 estações de bombeamento e os dois maiores terminais portuários de exportação, na ilha de Bonny e em Forcados. Seus complexos de produção, seus laboratórios, suas torres de escritórios e suas plataformas hoteleiras abrigam quatro mil e quinhentos executivos. Além disso, vinte mil nigerianos trabalham para a companhia.

A Shell Nigeria Exploration and Production Company é especialista na exploração e na extração *offshore*. Essa sociedade, tendo desenvolvido uma técnica inédita, explora particularmente, desde 1999, os campos que se encontram a mais de 120 quilômetros da costa, entre 1.000 e 1.100 metros de profundidade. O campo de Bonga, sozinho, estende-se por uma área de 60 km² e dele se extraem por dia (em 2008) 225.000 barris de petróleo e 150 milhões SCF (*Standard cubic feet*) de gás.

A Shell Nigeria Gas Limited, por seu lado, distribui gás a seus clientes industriais.

A Shell Nigeria Oil Products Limited se ocupa da fabricação e da distribuição de um número infinito de produtos petrolíferos e petroquímicos, indo do diesel até o querosene dos aviões.

A leitura dos diversos e mais recentes *Shell Nigeria Annual Reports* é realmente estonteante. Pois cada uma das sociedades da Shell que opera no delta é acionária de outras companhias petrolíferas e gasíferas, participa em joint-ventures e faz alianças de uma complexidade

---

2. Elas são proprietárias conjuntamente, por exemplo, da Shell Petroleum Company of the USA, da Shell South Africa, da Shell Argentina etc.

3. Através da Nigerian National Petroleum Company.

jurídica diabólica. Entretanto, pode-se ver nesse relatório que as principais sociedades associadas à Shell no delta e no golfo são: Total, ENI, Agip, Chevron, Sun Oil, Exxon Mobil, British Petroleum e British Gas.

Os poços produzem petróleo. Mas com o petróleo vem o gás. Entretanto, esse gás contém venenos perigosos ao ser humano. O uso de filtros é obrigatório em países onde o Estado de direito impera. Eles permitem a limpeza do gás antes que este seja liberado na atmosfera. Qualquer desrespeito a essas regras de proteção é punido com multas que podem chegar a vários milhões de dólares.

Mas, na Nigéria, o gás queima na boca das longas chaminés no delta. Dia e noite as torres do flare ardem, imensas labaredas sobem ao céu. Na maior impunidade.

Cientistas americanos estimam assim que os campos petrolíferos do delta produzem mais CO_2 que todos os outros campos petrolíferos do mundo juntos.

Os *oil-spills*, derramamentos de petróleo na natureza, também castigam os vinte e sete milhões de habitantes do delta. Os derramamentos podem ter duas causas: seja pelo resultado de erro humano no uso da extremamente sofisticada tecnologia das sociedades transcontinentais, seja por defeito do material. As sociedades pouco se importam com o volume de petróleo perdido nesses incidentes. Entretanto, ele é uma verdadeira catástrofe para a saúde das populações, para a vegetação e para a água potável.[4]

Em 1989, o navio-petroleiro *Exxon-Valdez* partiu-se sobre um rochedo no Alasca, provocando a maior catástrofe ambiental jamais ocorrida nos Estados Unidos. Nesse mesmo ano, os derramamentos de petróleo na Nigéria provocaram quatro vezes mais manchas de petróleo que o *Exxon-Valdez*.[5]

---

[4]. Os números são impressionantes. Em 2005, aconteceram cinquenta e um derramamentos; em 2006, trinta e oito; em 2007, trinta e seis. Cf. Environmental Rights Action — ERA (Lagos, 2008).

[5]. Michael Watts, *Black Gold, White Heat. Geographies of Resistance* (Londres: Routledge, 1997); Steven Crayford, "Oil, Human Rights and democratic alternatives in Nigeria", *in Africa Today*, vol. 43, n. 2, abr.-jun. 1996.

Por todo o delta flutua a bandeira branca da Shell, estampada, bem no meio, com a famosa concha amarela rodeada de vermelho. Mas, aos olhos dos trabalhadores rurais e dos pescadores desnutridos, de seus filhos e suas mulheres, essa bandeira é o símbolo da arrogância e da opressão. Pois a agricultura definhou há muito tempo, as palmeiras de azeite de dendê foram sufocadas pelas nuvens negras de gás que saem das pontas das torres do flare.

Periodicamente, os oleodutos vazam e, daqui a pouco tempo, o lençol freático estará destruído. Na baía de Bonny e no estado de Rivers, a pesca marítima não passa de uma lembrança longínqua.

Foi dessa maneira que os chefões das sociedades transcontinentais do petróleo, com sua voracidade feroz pelo lucro, destruíram a existência de milhões de pescadores, trabalhadores rurais, criadores de animais e agricultores nigerianos.

Os macacos também morrem nas florestas dos manguezais encharcados de petróleo. As pirogas são atacadas pela corrosão provocada pelas manchas de petróleo que boiam nas baías. O céu é negro.

O sutil ecossistema do delta — um dos mais ricos, mas um dos mais frágeis do planeta — foi aniquilado.

Uma das guerras mais sangrentas, mas também uma das mais secretas do mundo, acontece hoje no delta.

O principal movimento de resistência armada, o MEND[6] é de uma incrível eficiência militar. Ele reúne vários milhares de combatentes e dispõe de barcos rápidos com motores de popa muito potentes e equipados com metralhadoras pesadas. Seus combatentes usam capuzes e, para respeitar o anonimato estrito, os voluntários são recrutados essencialmente junto ao povo majoritário, os ijaws.

Em 2007, os ataques mais espetaculares aconteceram nos Estados de Bayelsa e de Rivers, no coração da região ijaw.

---

6. Movement for the Emancipation of the Niger Delta (Movimento para a Emancipação do delta do Níger).

O MEND dispõe de um serviço de informação eficiente e de sistemas de comunicação eficazes, aliando pirogas e telefones via satélite.

Os combatentes podem contar, em praticamente todas as cidades e todos os vilarejos do delta, com as eficientes redes de logística clandestinas e um sem-número de esconderijos que a polícia federal e as tropas de intervenção parecem ser incapazes de desmantelar.

Por essa razão, o dia a dia no delta é pontuado por assassinatos, ataques e combates armados.

De onde vêm todos esses potentes botes infláveis zodiac, essas kalashnikovs, esses telefones via satélite, esses morteiros, essas minas antipessoais, essas metralhadoras e esses mísseis que os combatentes do MEND possuem?

Os frequentes sequestros permitiram que o MEND constituísse um verdadeiro tesouro de guerra. Este serve, certamente, para corromper os integrantes das tropas de elite nigerianas enviadas para capturá-los e para comprar as armas mais sofisticadas dos oficiais nigerianos.

Mas se sabe também que as diferentes sociedades petrolíferas ocidentais se digladiam para obter novas licenças ou para retomar licenças antigas. E não se deve excluir a hipótese de que algumas delas financiem e armem secretamente algumas unidades do MEND espalhadas pelo delta.

Seja como for, em março de 2007, por exemplo, guerrilheiros do MEND atacaram algumas instalações da sociedade italiana Agip. Depois de uma breve luta contra os vigias da Agip e o reforço militar enviado em socorro, os combatentes do MEND explodiram um oleoduto, o que causou uma redução de 67.000 barris diários da produção da Agip. Vários engenheiros foram sequestrados.

Outro movimento, as Brigadas dos mártires, é ainda mais misterioso que o MEND. Ele não é formado por nenhuma etnia em particular. Por causa da sua composição multiétnica e multiclasse (partindo do corpo universitário até os pescadores), ele apresenta todas as características de um clássico movimento armado de libertação. Ele se diz seguir um intelectual cujo nome é Alhadji Mujahid Dokubo Asari. Este fez um apelo, em 2006, à "guerra total". Preso, ele acabou desaparecendo.

O incêndio gigantesco das instalações da Shell no Sudeste do delta, em março de 2007, foi obra das Brigadas dos mártires. Assim como o atentado que destruiu o principal oleoduto da companhia, o que chegava ao estreito de Opobo, a aproximadamente cinquenta quilômetros a sudoeste de Port-Harcourt. Esses dois ataques fizeram com que a Shell produzisse 187.000 barris a menos por dia.[7]

Adotar a política da tábula rasa, expulsar os invasores, liquidar a máfia de Abuja: o programa dos brigadistas até que não é tão incoerente.

Num dia do mês de janeiro de 2007, na cidade de Kula, no estado de Rivers, reis e chefes tradicionais realizavam uma assembleia. No final do dia, um comando de jovens encapuzados, armados com kalashnikovs, cercou a casa. Eles invadiram a sala de cerimônias e assassinaram doze dos dignatários presentes e feriram vários outros.

As Brigadas dos mártires criticam os chefes tradicionais dos diferentes povos do delta dizendo que eles pregam a submissão, caluniam a resistência, ou ainda pior: abraçaram a causa dos "opressores estrangeiros".[8]

Mas quem realmente são esses brigadistas?

Nem toda a resis]tência popular é violenta no delta. O destino do escritor Ken Saro Wiwa é testemunho disso.

No dia 10 de novembro de 1995, sexta-feira, uma aurora avermelhada desponta na prisão central de Port-Harcourt. Soldados das forças armadas federais nigerianas invadem as celas de Ken Saro Wiwa, cinquenta e quatro anos, e de mais outros oito prisioneiros. Eles são acordados brutalmente, algemados e empurrados para o

---

7. *The Economist*, 17 de março de 2007.
8. "Blood trail in the Niger-Delta", *in This Day*, jornal (Abuja, 25 de janeiro de 2007).

pátio da prisão. Lá se encontra um cadafalso. Os jovens prisioneiros são enforcados um após o outro.

Ken Saro Wiwa é o último a ser enforcado.

Todos os nove executados pertenciam ao povo ogoni.

Ken Saro Wiwa era um escritor conhecido no mundo inteiro.[9]

Militante ecologista, ele tinha organizado um movimento de protesto pacífico, o Movement for the Survival of the Ogoni People — MOSOP. Ele tinha alertado a imprensa europeia e americana, escrito ao Parlamento Europeu, à ONU, à Organização da Unidade Africana. Em vão. O general Sani Abacha reprimiu de maneira sangrenta as manifestações pacíficas dos ogoni.

Na segunda-feira, 13 de novembro de 1995, três dias depois da execução coletiva de Port-Harcourt, a Federação da Nigéria foi excluída do Commonwealth. Todos os países ocidentais chamaram de volta seus embaixadores em Abuja.

Mas, menos de um ano mais tarde, tudo tinha voltado ao normal. Sani Abacha voltara a ser recebido no círculo dos chefes de Estado úteis, logo, respeitáveis.[10]

Será que alguém pode imaginar que tamanha hipocrisia possa passar realmente despercebida?

Para milhões de africanos, Ken Saro Wiwa continua sendo o Martin Luther King do delta. Seu discurso de defesa diante dos juízes de Port-Harcourt circula por toda a Nigéria. Prova da contradição de um regime militar disfarçado em democracia parlamentar: eu até pude comprar um exemplar do DVD na banca de jornal do Hotel Transcorp-Hilton, em Abuja...

---

9. Seu livro mais famoso é o *Sozaboy, A Novel in Rotten English*, romance que relata sua experiência durante a guerra do Biafra. Ver também *On a Darking Plain*, coletânea de contos.

10. Abacha morreu em junho de 1998, durante uma orgia em Aso Rock, provavelmente de *overdose* de cocaína. Uma parte da sua fortuna, 1,8 bilhão de dólares, encontra-se depositada na Suíça.

Esse discurso é extremamente moderado. Ao se dirigir aos diretores da Shell, o acusado diz:

> Quanto mais rico você for, mais acima da lei você se encontra [...]. A exploração petrolífera transformou meu país em um imenso terreno baldio; a atmosfera está envenenada, carregada de vapores de hidrocarbonetos, de metano, de óxidos de carbono e de cinzas expelidas pelas torres do flare que, há trinta e três anos, queimam vinte e quatro horas por dia bem perto das zonas de habitação. O território ogoni foi devastado pelas chuvas ácidas e pelos derramamentos ou vazamentos de hidrocarbonetos. A rede de oleodutos de alta pressão que se espalha pelas terras cultivadas ou pelos vilarejos ogoni constitui um perigo mortal. [...] *No matter death, we shall win* [A morte não tem importância, nós venceremos].

As populações civis do delta sofrem com uma repressão que é uma interminável ladainha de horrores. As unidades armadas, criadas pela máfia nigeriana, se comportam, mais que frequentemente, como bárbaros, estuprando, roubando, aterrorizando os moradores dos vilarejos e dos bairros pobres das cidades.

A Rivers State Internal Security Task Force é a mais odiada dentre todas essas unidades. Até a Shell já condenou ocasionalmente os crimes cometidos por essas unidades especiais.

Esses massacres chegam raramente ao conhecimento da opinião pública internacional.[11] Mas, apesar de tudo, existem algumas exceções. Foi o caso do massacre de Odioma, em 2006.

Yorgos Avgerropoulos, cineasta grego, em seu filme *Delta-oil's dirty business*, deu a palavra aos sobreviventes da carnificina. Os jatos da aviação nigeriana sobrevoaram, primeiro, a baixa altitude, o vilarejo de Odioma. Em seguida, eles voltaram para incendiar com mísseis os edifícios públicos e as casas dos chefes tradicionais. Um batalhão da Rivers State Internal Security Task Force chegou em

---

11. Steven Cayford (*Africa Today*, n. 43, Londres, 1998) relatou os primeiros grandes massacres.

caminhões, aproximadamente ao meio-dia. Os soldados assassinaram quem fugia pelas ruas. Os que estavam escondidos em casa foram queimados vivos.

No final do dia, o grupo de resgate tinha achado cento e duas crianças de menos de dez anos mortas ou gravemente feridas.

Que crime as pessoas de Odioma tinham cometido?

Elas se opuseram às novas perfurações feitas em suas terras de cultivo por meio de ocupações pacíficas, passeatas de protesto, petições enviadas a Abuja e Port-Harcourt.

As forças armadas impuseram um ultimato. No final dele, elas declararam que Odioma se tornara "vilarejo rebelde" e o destruíram.

VI

Lagos, depósito de lixo do Ocidente

Naquele dia de janeiro de 2007, todos os assentos da classe executiva estavam ocupados. A classe econômica estava praticamente vazia.

Do meu lado se sentou uma bela e elegante jovem loira. Ela usava óculos e trabalhava sem parar no *notebook* que tinha colocado na mesinha de bordo. Ela usava um *tailleur* lilás. Tirou os sapatos, cruzou as longas pernas, que eram certamente bem torneadas. Profundamente concentrada na tela do *notebook*, ela não falou comigo.

Exausto por causa das semanas de trabalho e de alguns dias esquiando no cantão de Valais, na Suíça, acabei adormecendo.

Oito horas mais tarde, chegando à costa do Benin, acordei. Minha vizinha continuava trabalhando no teclado.

A refeição foi servida. A bela passageira finalmente fechou o *notebook*. Começamos a conversar.

Ela era americana e sua família vinha de uma linhagem de professores universitários em Rochester. Ela tinha trabalhado durante sete anos no escritório central europeu da Hewlett Packard em Genebra.

Seu francês era perfeito.

Seu marido era holandês, oficial da marinha. Naquela época ele estava no Afeganistão servindo nas tropas da OTAN. A jovem trabalhava no escritório geral mundial da Royal Dutch Shell, no número 16 da Carel van Bylandtlaan, em Haia. Era especialista em gestão de recursos humanos.

A cada três meses, ela ia à Nigéria. A Shell, com seus 900.000 barris de petróleo brutos produzidos por dia, é, de longe, a mais importante sociedade petrolífera na Nigéria.

Eu lhe perguntei por que ela não desembarcava no aeroporto Murtala-Muhammed de Lagos, a capital econômica do delta, situada bem mais perto das instalações da Royal Dutch Shell que Abuja.

A jovem respondeu: "Porque é muito perigoso."

Ela tinha razão.

O aeroporto Murtala-Muhammed é um verdadeiro antro de assassinos. Nenhum estrangeiro, a não ser que seja completamente desafortunado, passa por ele sem ser escoltado por um (caríssimo) esquadrão de guarda-costas.

Lagos, e seus quinze milhões de habitantes, é hoje a segunda megalópole africana. A primeira é o Cairo. Apenas em 2006, seiscentos mil novos imigrantes vieram a Lagos em busca de um meio de sobrevivência.

O calor dessa cidade é particularmente úmido e abafado. Ele gruda na pele, sufoca os pulmões, esmaga o cérebro. Chris Abani, jovem romancista ioruba, várias vezes preso por "atividades subversivas", restituiu magnificamente em seu romance, *Graceland*, de maneira profundamente lírica e visual, o universo urbano caótico de Lagos.[1]

Lagos é o depósito de lixo do Ocidente. A cada mês, aproximadamente quinhentos contêineres repletos de lixo tóxico (amianto,

---

1. Chris Abani, *Graceland* (Paris: Albin Michel, 2008; traduzido por Michèle Albavet-Maatsch).

ácidos, solventes iônicos, metais, componentes eletrônicos etc.) provenientes da Europa e dos Estados Unidos chegam a seu porto.[2]

Esse lixo tóxico é geralmente muito persistente. A ameaça perdura durante várias gerações.

Eles são, entretanto, estocados a céu aberto em Lagos, com as consequências imagináveis para a saúde da população ribeirinha.

Na Third-Mainland Bridge — ponte de 10 quilômetros que liga o aeroporto aos bairros do centro da cidade e às ilhas Victoria e Ogogoro, onde moram os estrangeiros e os nigerianos ricos —, os sequestros são frequentes.

Ao cair da noite, bandos de jovens, que trabalham geralmente para a polícia, atacam os ônibus amarelos de pintura descascada, quando eles estão parados por causa dos *go-slow*, engarrafamentos típicos dos bairros pobres de Surulere, de Ikeja ou de Alapere, a fim de assaltar os passageiros.

Essa corja tem um nome pitoresco: os *area boys* (marginais). Durante o período eleitoral, eles começam a trabalhar para a máfia, roubando urnas e assassinando os candidatos rebeldes.[3]

Eis a razão pela qual, evidentemente, a jovem do avião, assim como todos os executivos do escritório geral da Royal Dutch Shell em Haia, preferia desembarcar em Abuja.

Ela passaria a noite no Hotel Transcorp-Hilton. No dia seguinte, um Lear-jet da Shell a levaria a Port-Harcourt. De lá, um helicóptero, também da Shell, a levaria à plataforma marítima no golfo da Guiné, onde, durante três dias, ela faria uma conferência com os executivos operacionais da divisão de extração e transporte. Ela voltaria em seguida para Amsterdã, seguindo o mesmo itinerário.

---

2. Pesquisa realizada por Basel Action Network (BAN), retomada por Sam Olukoya, International Press Service e Infosud. Ver *Le Matin*, jornal suíço (Lausanne, 9 de março de 2008).

3. *Le Monde*, 21 de abril de 2007.

Mais de quatro mil executivos, empregados e trabalhadores da Shell moram e trabalham permanentemente nas regiões de Bayelsa, de Port-Harcourt e de Calabar.

A maioria deles dorme em pleno mar, nas plataformas ancoradas no golfo, transformadas em apartamentos coletivos ou em hotéis flutuantes: mesmo com a proteção dos muros, dos vigias e do arame farpado, dormir no continente, no meio dos nigerianos, é perigoso. Pois, nos impenetráveis pântanos dos manguezais, reino dos crocodilos, das cobras e dos mosquitos, ao longo das dezenas de milhares de braços dos rios, das lagoas e dos canais do imenso delta do rio Níger, há mais de uma década a guerra corre solta.

VII
A HIPOCRISIA DO BANCO MUNDIAL

O Ocidente enfrenta um terrível problema na Nigéria. A profunda prevaricação da máfia se tornou responsável pela miséria atroz da maior parte da população.

E essa miséria, que alimenta o desespero das populações, ameaça, a qualquer momento, a segurança dos gigantescos investimentos ocidentais. O que fazer?

Vejamos primeiro o tamanho dessa miséria.

A esperança de vida na Nigéria é, dos homens e das mulheres indistintamente, de cinquenta e sete anos.

Mais de 70% dos cento e quarenta milhões de nigerianos vivem no que o Banco Mundial chama de "extrema pobreza". Eles devem sobreviver com menos de 2 dólares por dia.

Cinquenta e quatro por cento deles se encontram permanentemente em estado de desnutrição. A cada dez crianças, uma morre antes de atingir a idade de dez anos.

Há mais de quinze anos, o Programa das Nações Unidas para o Desenvolvimento (PNUD) estabelece "índices do desenvolvimento humano" (Human development index).[1] A Nigéria se encontra regularmente nas posições mais baixas do quadro.

---

1. Para avaliar cada país, o PNUD aplica os mesmos critérios: acesso a educação, saúde, água potável; liberdade política e proteção efetiva dos direitos humanos; produto interno

Em 2006, o PNUD avaliou cento e setenta e sete países.[2] A Nigéria ocupa o 159º lugar na classificação. Pois é, o oitavo maior produtor mundial de petróleo é um dos vinte países mais miseráveis do planeta!

A metade dos nigerianos é analfabeta, somente 64% das crianças em idade escolar frequentam a escola. Primeiramente a escola primária é particular e as taxas de inscrição, as despesas ligadas à compra do material escolar e dos uniformes obrigatórios ultrapassam os recursos financeiros de muitas famílias.

A população nigeriana, como a de praticamente todos os países subsaarianos, é muito jovem: 45% têm menos de quinze anos. A taxa de crescimento demográfico é de 2,4% ao ano.

Oitenta por cento dos trabalhadores rurais gozam de títulos de propriedades comunitárias ou individuais. Além disso, não faltam terras: 58% das terras férteis não são utilizadas. Mas o investimento público na agricultura alimentar praticamente não existe. Os adubos têm um preço exorbitante, a mecanização é simplesmente desconhecida na maior parte das regiões, os empréstimos bancários são inacessíveis aos trabalhadores rurais, aos criadores de animais ou aos pescadores. Eles acabam fazendo empréstimos com os agiotas. Esse financiamento das sementes, obtido a juros escorchantes que escapam ao controle do Estado, acaba por agravar as dívidas, condenando os lucros que poderiam ser obtidos com as colheitas.

É por essa razão que a Nigéria importa a maior parte da sua alimentação.[3]

Com a miséria, vem o crime organizado. Na Nigéria, o sequestro de crianças, seu tráfico para o estrangeiro, sua venda às redes

---

bruto, nível de poder aquisitivo; porcentagem de pessoas desnutridas de maneira crônica e grave; mortalidade infantil e das parturientes; situação ecológica etc.

2. A guerra e a ausência de estatísticas, particularmente, impedem que o PNUD avalie todos os cento e noventa e dois Estados-membros da ONU.

3. Existem no país algumas grandes fazendas produtivas, fazendas-modelo altamente mecanizadas, que produzem cana-de-açúcar, algodão, frutas, arroz, inhame, tomate e abacaxi de ótima qualidade. Não existem muitas. Quase todas pertencem aos generais, almirantes, especuladores ou comerciantes de produtos derivados do petróleo.

pedófilas constituem uma atividade lucrativa para muitos cartéis do crime.

Dois grupos foram identificados em 2007 pela Interpol. O desmantelamento de uma rede italiana permitiu a prisão de setenta traficantes de crianças nigerianas. Outra investigação, realizada nos Países Baixos, terminou com a prisão de policiais nigerianos e do diretor de um orfanato.

Mas outras centenas de crianças nigerianas desapareceram na Europa, sem deixar nenhum rastro. Desde 2000, os Países Baixos acolheram 3.800 menores desacompanhados, a maioria de origem nigeriana. Em 2007, 238 destes tinham desaparecido dos centros de abrigo, provavelmente sequestrados pelos traficantes, cúmplices das redes pedófilas.

Olusegun Obasanjo, que é, segundo ele próprio, como George W. Bush, um *"born again Christian"*, terminou seu segundo mandato de chefe de Estado em abril de 2007. O astuto ioruba, em entrevista ao *Financial Times* de Londres sobre as realizações das quais se sentia mais orgulhoso, mencionou "o número de bilionários" que criou... e sua granja industrial, perto de Lagos.

O chefão de Aso Rock sentia, entretanto, uma frustração.

Seria por causa da desnutrição assassina que dizima a população? Por causa da pólio e da malária, doenças que avançam e matam a cada ano dezenas de milhares de crianças? Por causa do abandono total dos serviços sanitários e da agricultura alimentar?

De maneira nenhuma.

Depois de oito anos passados no cargo supremo do Estado, o chefão estava frustrado por razões mais nobres. Vejamos:

> *Why can't we have a Nigerian among the three richest persons in the world?... Why are the others making it and we are not making it? What makes the Russian oligarchy or whatever you call it and those in China, in India more different?* (Por que nós não temos um nigeriano entre as três pessoas mais ricas do mundo? O que os outros fazem que nós não conseguimos

fazer? O que faz com que a oligarquia, ou seja lá como vocês chamam isso, russa, chinesa ou indiana seja tão diferente da nossa?)

Com um pragmatismo tipicamente britânico, o *Financial Times* de Londres constata: "A classe emergente dos políticos e dos homens de negócios nigerianos parece indiferente aos sofrimentos dos pobres... que são, no entanto, numericamente falando, bem mais numerosos que eles."[4]

Em tal contexto, marcado pela miséria e voracidade, pode-se compreender a preocupação dos grandes senhores da Shell, da British Gas, da Exxon e da Total.

Felizmente, esses filantropos têm amigos em Washington. Efetivamente, por todo o hemisfério sul, onde os investimentos ocidentais são importantes, o Banco Mundial funciona como uma espécie de seguro total contra eventuais revoltas populares.

A máfia de Abuja recebeu, desde a independência, 352 bilhões de petrodólares?[5] Ela se recusa a realizar os investimentos necessários na agricultura alimentar, nos serviços de saúde básicos, nas escolas e nos hospitais? Existe algum risco de explosão das revoltas? Não tem problema nenhum! O Banco Mundial vai diminuir os riscos.

O Banco Mundial é a maior agência de desenvolvimento do sistema das Nações Unidas. Segundo os próprios termos do seu estatuto, é seu dever apoiar, ajudar, financiar os projetos de desenvolvimento dos governos mais pobres do planeta.

Mas, na Nigéria (como em vários outros países do Sul, que se encontram sob o jugo do Ocidente), a realidade é bem diferente. O Banco Mundial se encontra a serviço dos chefões das sociedades privadas ocidentais.

Ele acalma suas ansiedades.

---

4. *The Financial Times*, 18 de abril de 2007.
5. *Le Monde*, 21 de abril de 2007.

Ele financia um minúsculo investimento social, a fim de conter a cólera do povo.

O diretor regional do Banco Mundial em Abuja é um egípcio, de forte corpulência, astuto e caloroso: Hafez Ghanem. É um economista extremamente competente. Todos os anos, ele explica, o Banco Mundial dedica em média cinco bilhões de dólares à realização de projetos de desenvolvimento em toda a África Subsaariana. Dessa quantia, dois bilhões de dólares vão à Nigéria!

A fim de evitar as revoltas da fome que poderiam colocar em risco os exorbitantes privilégios das sociedades ocidentais, o Banco Mundial não hesita em driblar seus próprios estatutos. Estes estipulam claramente, na realidade, que os investimentos do anco são destinados exclusivamente aos países mais pobres. Entretanto, a Nigéria é um dos países mais ricos do mundo. Sem o menor escrúpulo, os diretores do Banco desrespeitam suas próprias regras ao dar, então, a título de ajuda ao desenvolvimento, todos os anos, quantias astronômicas à Nigéria.

A situação é absurda. Uma miséria atroz corrói a maior parte dos países da África Subsaariana. Mas a própria Nigéria é infinitamente rica. O Banco Mundial serve então os interesses dos chefões do petróleo ao dar a prioridade de seus fundos de desenvolvimento à Nigéria, ao mesmo tempo em que priva inúmeros países pobres de investimentos sociais elementares.

Aliás, o simpático Hafez Ghanem concorda com isso: "Infelizmente, não é aqui no escritório regional que as decisões são tomadas, mas em Washington."[6]

---

6. O Banco Mundial está intimamente ligado aos banqueiros privados de Wall Street. Desde a sua fundação, em 1944, ele sempre foi dirigido por um norte-americano. O atual diretor, Robert Zoellnick, é um antigo ministro de George W. Bush.

VIII

As crianças escravas de Wuze

Wuze-Market II é uma confusão, um interminável labirinto de barracos de concreto cinza, botecos, restaurantes chiques, depósitos, estacionamentos de caminhões e de charretes, um sem-número de vielas estreitas, avenidas recobertas de dejetos plásticos, milhares de estandes a céu aberto, poços de água, capelas e mesquitas.

Uma multidão discreta, colorida, passeia por ela dia e noite. Povos provenientes de toda a Nigéria e de vários outros países da África negra, do Magrebe, do Oriente Médio, do litoral do mar Vermelho são reconhecidos por suas cicatrizes, *boubous*, túnicas, pareôs ou cantos. Dezenas de milhares de pessoas vêm beber, comer, fazer negócios, vender, comprar, rezar, cantar, perambular o tempo todo.

A grande paz dos comerciantes reina sobre toda essa feira-mercado. A atmosfera é agradável, todos sorriem prazerosamente. Nenhuma agressividade é perceptível. Em um canto, um comerciante iemenita elogia ruidosamente suas especiarias; em outro, joalheiros senegaleses oferecem — a preços surpreendentemente baixos para uma capital — joias suntuosas. Há pilhas de latões de azeite de dendê; sacos de arroz; pirâmides de cebola, batata, tomate; montanhas de inhame; caixas de abacaxi, noz-de-cola, feijão vermelho, peixe defumado (poucas de peixe fresco); carcaças de zebus e carneiros, a perder de vista.

Wuze II é uma feira-mercado rica que oferece grandes quantidades de produtos variados. Nas artérias adjacentes circulam automóveis da marca Peugeot pretos com ar condicionado — carro padrão dos ministros, generais e dos altos funcionários. São as arrogantes esposas e amantes destes que vão fazer compras. Mas o tráfego é formado essencialmente por charretes sobrecarregadas, puxadas por burros.

De vez em quando, passa um camelo.

A maioria dos compradores é pobre. Eles pensam longamente, hesitam, vão embora, voltam para trás, barganham e, finalmente, acabam comprando uma pequena quantidade de mercadoria.

Existe, na Nigéria, um hábito cativante. Todo estranho que transpõe o umbral de uma casa, seja ela qual for — o palácio do presidente ou o barraco do desempregado —, recebe três nozes-de-cola, duas vermelhas e uma branca, dispostas sobre uma bandeja de prata ou de madeira, dependendo do lugar.

Presente de boas-vindas, sinal de hospitalidade.

No final do dia, no crepúsculo do harmatão, enquanto eu passeava em uma viela de Wuze II, um comerciante hauçá, com um sorriso enorme, me chamou e me convidou para tomar um copo de chá[1] com ele.

Seu comércio era. na realidade. um restaurante e alguns clientes ainda estavam sentados à mesa, no fundo da sala. Na frente da mesquita, que ficava perto do restaurante, havia um pátio onde os fiéis se prosternavam para a oração do crepúsculo.

Uma matrona de corpulência imponente, usando um pareô azul-celeste e um turbante da mesma cor, surgiu, com um imenso sorriso nos lábio, na soleira da porta. Ela me ofereceu as tradicionais nozes sobre uma bandeja de madeira.

O comerciante falava um inglês perfeito, pois tinha viajado para os Estados Unidos e a Inglaterra.

---

1. Trata-se geralmente de chá de hortelã, servido em pequenos copos. (N.T.)

A noite estava cálida e tranquila. Eu conversava com ele.

De repente, ouço gritos. Gritos de dor. Estridentes. Desesperados.

Levantei-me num salto.

Depois da sala, encontrei a matrona do pareô azul, transformada em um demônio, batendo, com uma vara de metal, em uma pequena menina de, aproximadamente, seis anos. O sangue espirrava da testa e do nariz da menininha. Ela tentava, em vão, proteger seu rosto com os bracinhos magros. Do seu lado tinha outra garotinha agachada, com o olhar apavorado, aterrorizada.

Diante das garotinhas havia, no chão, uma grande bacia cheia de água amarelada. Do lado da bacia, havia duas pirâmides, que mal se mantinham em pé, de pratos metálicos e de copos — era a louça suja dos clientes do boteco.

Tudo indicava que as duas crianças, que lavavam a louça desde a madrugada, tinham desabado de cansaço.

Elas se chamavam Jade e Lallah. Usavam um lenço que cobria os cabelos pretos e pequenos vestidos desbotados. Tinham a pele das pernas e dos braços coberta de manchas azuis, marcas de espancamentos anteriores.

Elas estavam manifestamente desnutridas.

Seus olhos pareciam os de pequenos animais encurralados, meio suplicantes, meio resignados. Elas usavam minúsculos anéis dourados nas orelhas e no nariz.

A história delas é de uma triste banalidade: as duas menininhas vinham de dois vilarejos do estado de Kaduna, na savana árida, onde a fome grassa. A matrona as obrigava a chamá-la de "tia". O sistema já está perfeitamente rodado: mulheres de Abuja, de Lagos e de Kano vão aos vilarejos miseráveis do Norte, prometendo mil maravilhas (escola, comida e, mais tarde, um marido) aos pais angustiados. Elas voltam para a cidade com as menininhas. O destino destas? Trabalho forçado e espancamentos antes da puberdade, prostituição e duas vezes mais espancamentos depois.

Existem centenas de milhares de crianças escravas na Nigéria.

IX

Quando Angela Merkel esbofeteia Wole Soyinka

Os nigerianos, qualquer que seja sua etnia ou cultura, sempre são extremamente gentis quando se relacionam com os estrangeiros. Mas, no fundo, o ódio ao Ocidente é profundo.

Eles se sentem constantemente humilhados.

Por intermédio dos sátrapas nigerianos, o Ocidente lhes impõe um regime de ferro que impossibilita qualquer insurreição. A exploração dos recursos naturais e das forças de trabalho do país causa uma miséria abissal. Mais de 70% da população, como nós dissemos, sofre com isso.

É notório que, sem a assistência ativa da Shell, da Total, da Exxon, da Chevron, da Agip e dos principais governos ocidentais, a junta não poderia se manter no poder durante mais de três meses.

Entretanto, o desprezo que os nigerianos sentem em relação ao Ocidente atingiu um novo apogeu na primavera de 2007.

Voltemos às famosas "eleições" daquele ano, quando Umaru Yar'Adua, irmão do general de mesmo sobrenome, antigo governador do estado muçulmano de Katsina, tornou-se presidente da República. Mas, apesar de ter sido eleito presidente da República, Umaru Yar'Adua conservou sob seu comando o Ministério da

Energia, que engloba três secretarias de Estado, a da eletricidade, a do gás e a do petróleo.

The Economist, revista semanal britânica, caracteriza as eleições de abril de 2007 desta maneira: "A causa de tudo isso [a fraude das eleições] é uma corrupção extravagante e a prevaricação, acopladas a uma cultura política que está mais próxima dos princípios do gangsterismo do que dos da democracia [...]. As eleições de abril foram marcadas pela violência e pela fraude, numa escala que ultrapassa o imaginável, até o dos mais indiferentes nigerianos."[1]

Mas uma poderosa sociedade civil começa a despontar na África Subsaariana. E, particularmente, na Nigéria. Uma resolução do Fórum Social Mundial de Nairóbi, do dia 20 de janeiro de 2007, exige, aliás, "o fim da fraude eleitoral na África".

Os comissários da União Europeia em Bruxelas elaboraram uma importante missão de observação para fiscalizar as eleições nigerianas e acalmar as críticas da sociedade civil. Essa missão consistia em enviar várias centenas de observadores europeus e postá-los nas diversas regiões da Nigéria.

The Economist fala de "gangsterismo" político. O relatório da missão usa termos mais diplomáticos. Mas, no fundo, as conclusões são idênticas: as eleições nacionais nigerianas de 2007 foram uma farsa. Umaru Yar'Adua não tem a mínima legitimidade democrática.

Durante a cúpula do G-8 de junho de 2003 em Evian, na França, Jacques Chirac, então presidente da República francesa, tinha convidado, no Grand Hôtel du Parc, além dos outros presidentes dos principais países industrializados, um número reduzido de convidados de honra representando os países do Sul: Abdelaziz Bouteflika, representando a África, e Luís Inácio Lula da Silva, representando a América Latina.

---

1. *The Economist*, 4 de agosto de 2007, p. 12. Traduzido por Ziegler.

O G-8 foi convidado a se reunir, em 2007, na Alemanha pela chanceler da Alemanha, Angela Merkel. A conferência deveria acontecer no Kurhaus de Heiligendamm, imponente edifício branco da época de Guilherme II, que fica no mar Báltico.

Tudo foi colocado em prática para proteger o G-8: uma imensa rede metálica posta dentro do próprio mar, um muro de 12 quilômetros de arame farpado, mergulhadores de combate, um navio de guerra americano, helicópteros pretos Apache, dezesseis mil policiais, tropas de elite, atiradores de elite postados nos telhados de todos os vilarejos próximos. Cinco mil jornalistas vieram do mundo inteiro cobrir a conferência, mas permaneceram no vilarejo vizinho de Kühlenborn.

Atrás do muro, espalhados a perder de vista no terreno arenoso do Mecklembourg, barracas e abrigos improvisados dos adversários do G-8 foram montados. Havia cento e cinquenta mil pessoas contrárias à conferência.

Em Heiligendamm, Vladimir Putin, Angela Merkel, George W. Bush, Nicolas Sarkozy e seus colegas falavam sobretudo da África. Os dois principais pontos da ordem do dia falavam da "garantia dos investimentos estrangeiros privados" e da "universalidade da proteção das patentes" nesse continente.

A palavra "fome" não constava na agenda de Heiligendamm.

Mas Angela Merkel quis imitar Jacques Chirac. E convidou como convidado de honra, representando os países da África negra, Umaru Yar'Adua.

Wole Soyinka é um homem dócil, sinceramente inimigo da violência. Nunca aderiu a nenhum dos movimentos armados de resistência.

Primeiro africano a receber o Prêmio Nobel de Literatura, suas peças de teatro são montadas em Londres, Berlim, Nova York e Paris. Seus ensaios são traduzidos nas principais línguas europeias. Seus romances têm tiragem considerável.

Ele é, aliás, o autor homenageado pelo Royal Court Theatre de Londres. Seus poemas são recitados nos *campi* das universidades americanas. Sua autobiografia, *You Must Set Forth at Dawn* (Você deve começar seu caminho durante a madrugada), manteve-se na lista dos mais vendidos do *New York Times* durante toda a primavera de 2006.[2]

O jovem Soyinka, jornalista de rádio em Ibadan em 1967, protestou contra a guerra do Biafra. O coronel Gowon mandou prendê-lo e o fez "desaparecer" em uma cela subterrânea.[3] Uma incrível mobilização de escritores e intelectuais ingleses o salvou de uma morte certeira.

Condenado à morte pelo general Sany Abacha, em 1993, Soyinka conseguiu fugir do país. Passou, em seguida, dez anos como professor convidado em diversas universidades inglesas e americanas. Logo, poucos intelectuais africanos devem tanto a certos ocidentais quanto Wole Soyinka.

Entretanto, ele tem um ódio fulgurante ao Ocidente.

Ele se sentiu "esbofeteado" pelo convite feito por Angela Merkel a Umaru Yar'Adua.[4]

Ele escreveu: "O racismo ocidental é o principal responsável pelas desgraças do meu povo."[5]

Em Heiligendamm, a hipocrisia do Ocidente atingiu o apogeu. Em junho de 2007, Angela Merkel se tornava a presidente da União Europeia... A mesma que, três meses antes, tinha qualificado de "fraudulenta" a eleição do presidente nigeriano.[6]

Tradução de Marcelo Mori

---

2. O título do livro, ainda não traduzido na França, vem de um dos mais conhecidos poemas de Soyinka: *You must set forth at dawn... searching for the holy hour*.

3. Soyinka inspirou-se nesses vinte e dois meses passados em um calabouço para escrever *The Prison Poems* e o ensaio *The Man Died. Prison Notes*.

4. Cf. *Jeune Afrique*, revista semanal pan-africana editada em Paris, 26 de agosto de 2007.

5. Wole Soyinka, *in You Must Set Forth Dawn*, op. cit.

6. Cf. relatório do chefe dos observadores europeus, Max Van Berg, *op. cit.*

QUINTA PARTE

Bolívia: A ruptura

I

QUANDO OS PORCOS ESTAVAM FAMINTOS

Na imensa basílica de Aparecida, situada entre o Rio de Janeiro e São Paulo, os raios do sol poente tornam-se vermelhos ao atravessar os vitrais de cores vivas. O prédio foi construído para a visita do papa. Custo da construção: 37 milhões de dólares. Nessa tarde do final do outono, o calor é sufocante.

Bento XVI, com seu corpo frágil inteiramente vestido de branco, com sua voz trêmula, falando pausadamente, dirige a palavra aos milhares de católicos e aos duzentos e dez cardeais, arcebispos e bispos reunidos naquele domingo do dia 13 de maio de 2007.

Joseph Ratzinger diz: "A fé cristã encorajou a vida e a cultura desses povos indígenas durante mais de cinco séculos. O anúncio de Jesus e de seu Evangelho nunca supôs, em nenhum momento, uma alienação das culturas pré-colombianas, nem uma imposição de uma cultura estrangeira."

O papa pergunta: "O que significou a aceitação da fé cristã pelos povos da América Latina e do Caribe? Para eles, isso significou conhecer e aceitar o Cristo, esse Deus desconhecido que seus antepassados, sem perceber, buscavam em suas ricas tradições religiosas. O Cristo era o Salvador que eles desejavam silenciosamente."[1]

---

1. *Le Monde*, 15 de maio de 2007.

Raramente uma mentira histórica foi proferida com tanto sangue-frio.

Em 1550, já fazia sessenta anos que tinha acontecido a "descoberta" espanhola das Américas. O massacre dos astecas e dos aimarás, as terríveis carnificinas cometidas pelos soldados ibéricos nas ilhas, foi objeto de preocupação naquele ano, até mesmo no palácio real de Madri, chegando até a corte papal de Roma.

Com o consentimento do papa Júlio III, o imperador Carlos V (Carlos I da Espanha)[2] decidiu então realizar uma grande controvérsia e reunir os interventores em Valladolid.

Eis as questões que foram debatidas nessa ocasião: Os povos recentemente descobertos pertenceriam ou não à espécie humana? Estariam eles ou não associados ao plano de redenção do Salvador? Seriam eles criaturas do Deus vivo ou uma subespécie quase humana da humanidade? Teriam os índios uma alma? Teria o Cristo morrido por eles também?

De comum acordo, o imperador e o papa designaram dois debatedores principais: o dominicano Bartolomeu de Las Casas, defensor dos indígenas, e Juan Ginés de Sepúlveda, partidário da tese da "sub-humanidade" dos homens recentemente descobertos.

Bartolomeu de Las Casas tinha setenta e seis anos em 1550. Filho de Conversos, ou seja, de judeus convertidos ao catolicismo, ele tinha sido bispo de Chiapas, no México.

Juan Ginés de Sepúlveda tinha quase vinte anos a menos que Las Casas. E se este era um andaluz passional, um pregador nato, Sepúlveda era um frio jurista formado em Bolonha. Além disso, ele

---

2. Como rei de Aragão e de Castela (conde de Flandres, rei de Nápoles e Sicília), ele reinou sobre a maior parte do Novo Mundo. Como imperador do Sacro Império Romano-Germânico, governou a Alemanha. Como não falava alemão e apenas um pouco de espanhol, sua região preferida era a Borgonha. Na Espanha, gostava de passar temporadas em Valladolid.

era o preceptor do príncipe herdeiro, um cargo essencialmente de confiança, o futuro Filipe II.

Segundo Las Casas, os indígenas eram realmente humanos, dotados de uma alma, capazes de alcançar a salvação. Mas Sepúlveda se obstinava em recusar aos indígenas a qualidade de seres humanos.

Enormes interesses econômicos estavam em jogo. Se os indígenas fossem reconhecidos como plenamente humanos, se eles fossem realmente filhos de Deus e associados ao plano de redenção do Cristo, ninguém teria o direito de reduzi-los à escravidão, nem lhes tomar a terra, florestas e minérios. Seria preciso remunerar seu trabalho, comprar seus bens... O que, certamente, provocaria a ruína do império.

A conclusão da controvérsia de Valladolid não deixava dúvidas. Os conquistadores tinham o tesouro real do lado deles.

Desesperado e solitário, Las Casas morreu em Madri, no dia 18 de julho de 1566.

Nada era fácil na Espanha do século XVI.

Em 1542, o imperador Carlos V tinha, efetivamente, promulgado *Las Leyes de las Indias* (as leis das Índias), estipulando a proibição da escravização dos indígenas e a supressão gradual da *encomienda*.[3]

Revolta dos colonos! Em Lima, insurgentes armados expulsaram o vice-rei.

Carlos V recuou e desistiu de aplicar as leis.

Essas leis, obviamente, têm uma história.

Quando era jovem, Carlos V tinha tido aulas com o dominicano Francisco de Vitoria na Universidade de Salamanca. Vitoria era, pois, um contemporâneo, um irmão de armas de Las Casas. Ele é considerado o fundador do direito internacional.

---

3. Nome dado às concessões terrenas com pleno direito — incluindo sobre os homens que lá se encontrassem — que o rei dava aos colonos.

Eu me lembro ainda com emoção de certo dia de verão em Salamanca. A Universidade conservou a pequena sala do jeito que ela era, com seu sobrecéu de púlpito, seus bancos grosseiramente esquadrados, onde o frei Francisco de Vitoria dava suas aulas. Carlos V quase não falava espanhol, mas entendia perfeitamente o latim. Sua assiduidade é comprovada, e sabe-se formalmente que ele assistiu muito regularmente às aulas intituladas *De potestate civili*, em 1528.[4]

Eu podia imaginar Carlos V sentado, entre os estudantes, nesses bancos de madeira, escutando em silêncio a teoria do direito natural, logo ele, o futuro mestre do mundo, reinando dos Andes até Flandres!

Depois da controvérsia de Valladolid, o imperador tentou ressuscitar *Las Nuevas Leyes*... sem, entretanto, se preocupar com sua aplicação nas Américas. Em outras palavras, os escravos indígenas presentes no solo ibérico foram libertos, enquanto os milhões de indígenas cativos, que trabalhavam nas minas americanas ou nas *encomiendas*, tiveram de continuar a suportar a escravidão...

Essa linguagem dupla praticada há tanto tempo pelos ocidentais é simplesmente admirável!

Las Casas evoca este estranho hábito espanhol praticado pelos conquistadores: "Ah! Para nós, qualquer coisa serve. Mas principalmente o ferro, porque a pólvora é cara. Algumas vezes, a gente enfia treze no espeto, coloca palha seca em volta deles e bota fogo. Outras vezes, a gente corta as mãos deles e os larga na floresta."

Por que treze? Las Casas responde:

Em honra do Cristo e dos doze apóstolos! Pois é, eu digo a verdade. O Senhor foi "honrado" com todos os horrores humanos [...]. Algumas vezes pegavam-se crianças pelos pés para esmigalhar seus crânios contra os rochedos! Ou então elas eram colocadas sobre brasas, eram

---

4. Eis aqui as teses de *De potestate civili*: o poder reside no povo que o recebeu de Deus e pode cedê-lo durante certo tempo a um grupo de homens ou a um príncipe. O poder tem por finalidade única o bem-estar material e espiritual dos homens. A sociabilidade é o fundamento do poder, mas uma sociabilidade original, nunca contratual. O papa não tem nenhuma autoridade sobre os governos temporais.

afogadas, eram jogadas a cães famintos, que as devoravam como porcos! Apostas eram feitas para saber quem abriria a barriga de uma mulher com apenas uma facada! [...] Eu vi crueldades tão grandes que nem se pode imaginar. Nenhuma língua, nenhum texto pode descrever o que eu vi.[5]

A população do México pré-colombiano era de 30 a 37,5 milhões de habitantes; estima-se que o número de indígenas na zona andina seria exatamente o mesmo. Já na América Central, havia entre 10 e 13 milhões de almas. A população total de astecas, incas e maias era de 70 a 90 milhões de pessoas quando os conquistadores chegaram. Entretanto, um século e meio depois, restavam apenas 3,5 milhões.[6]

Em um texto náuatle conservado em um livro do século XVI, conhecido como *Codex florentin*, uma testemunha ocular, asteca, descreve o saque de Tenochtitlán e o martírio do imperador Montezuma:

> Os espanhóis estão em estado de graça. Eles erguem o ouro como macacos. Eles se sentam com gestos que mostram sua satisfação. É como se seus corações tivessem rejuvenescido e estivessem iluminados. É aquilo, obviamente, que eles procuravam avidamente. Todo o corpo deles se dilata com essa ideia, eles mostram um apetite voraz em relação ao ouro. Eles cobiçam o ouro como porcos famintos.[7]

Os astrônomos, agricultores, construtores, matemáticos e botanistas astecas, aimarás, quíchuas ou maias não passavam de animais que podiam ser explorados à vontade por esses "porcos famintos", que não tinham nem cultura, nem compaixão, mas dispunham de pólvora, cavalos e espadas afiadas.

---

5. Ver, particularmente, Bartolomeu de Las Casas, *L'Évangile et la force. Choix de textes* (Paris, 1964, tradução de M. Mahn-Lot). As *Obras completas* de Las Casas foram editadas por Perez de Tudela, em 5 volumes, em Madri, em 1957. *L'Historia de la Tudias*, 3 volumes, foi editada no México em 1951. Ver também Jean-Claude Carrière, *La Controverse de Valladolid* (Arles: Actes Sud, 1999).

6. Eduardo Galeano, *Les Veines ouvertes de l'Amérique latine* (Paris: Plon, 1971, coleção "Terre humaine"). [N.R.: Edição brasileira: *As veias abertas da América Latina*. São Paulo: Paz e Terra, 2007, 47ª edição.] Darcy Ribeiro, *Las Americas y la civilización* (Buenos Aires, 1969).

7. Citado em Eduardo Galeano, *op. cit.*, pp. 59ss.

As riquezas extraídas do subsolo, das terras, das florestas e dos vales sul-americanos pelos predadores ibéricos, durante três séculos, desafiam o imaginável.

Dou aqui apenas um exemplo, o de Cerro Rico, a "montanha rica" que domina a cidade de Potosí.

Em 1543, Potosí, nova cidade construída no pé do Cerro Rico, era a cidade mais populosa das Américas e uma das mais ricas de todo o mundo ocidental. O Cerro Rico era, na realidade, atravessado por um sem-número de veios de prata. 40.000 toneladas de prata foram extraídas dele durante três séculos.[8]

Oito milhões de indígenas morreram nele.

O ouro tinha sido a obsessão dos conquistadores, os primeiros saqueadores que desembarcaram nas Américas. Mas, rapidamente, a prata tinha destronado o ouro como principal riqueza a ser extraída das novas terras. Hamilton estima que, na metade do século XVII, a prata já representava mais de 90% das explorações dos minérios da América espanhola.[9]

Os senhores das minas ou seus representantes caçavam escravos a centenas de quilômetros ao redor de Potosí. As comunidades agrícolas quíchua e aimará do Altiplano andino também eram atacadas dia e noite, devastadas, seus moradores eram acorrentados e empurrados como gado nos túneis que levavam ao labirinto subterrâneo do Cerro. Essa era a época na qual muitas pessoas deviam reivindicar nos tribunais sua condição de mestiços para não ser enviadas às minas, nem vendidas e revendidas nos mercados.

Esse sistema de exploração mineira era chamado de *mita*. Os escravos mineiros eram chamados de *mitayos*.

---

8. Earl J. Hamilton, *American Treasure and the Price Revolution in Spain, 1501-1650* (Massachusetts, 1934). Hamilton vasculhou os arquivos da *Casa de Contratación* de Sevilha. A Casa era uma espécie de tesouraria central do reino.

9. *Ibid.*

Os guardas armados enviavam os rebanhos de *mitayos* aos poços — homens, adolescentes, mas também crianças e mulheres. Qualquer um que se recusasse a descer era morto na hora.

Os *mitayos* desciam as escadas, agarrando-se nas barras, tentando não cair nos poços, alguns tinham várias centenas de metros de profundidade.

Ao chegar às galerias, eles mesmos deveriam escorar o teto e as paredes com as vigas de madeira trazidas pelas escadas. Proteção irrisória: os desabamentos eram frequentes. O Cerro Rico abriga, ainda hoje, milhares, talvez, dezenas de milhares, de cadáveres de *mitayos* enterrados vivos sob as paredes e tetos que desabaram.

A partir das galerias já escavadas com suas picaretas, os homens, as mulheres e as crianças prisioneiras das profundezas deviam rastejar como répteis para cavar novas galerias laterais e arrancar novos blocos de minério. Eles deviam, em seguida, carregar os blocos sobre os ombros e levá-los para cima pelas escadas.

Nenhum mineiro tinha a permissão de subir à superfície sem trazer consigo certa quantia de minério argentífero. Guardas armados se encontravam postados no alto das escadas. O mineiro — seja ele homem, mulher ou criança — que tentasse subir à luz do dia sem seu "lote" regulamentar era empurrado impiedosamente às trevas.

Até hoje, o túnel de acesso principal ao Cerro é chamado de "Boca do inferno".[10]

Logicamente, algumas revoltas, às vezes, explodiam. Os mineiros sobreviventes fabricavam punhais com os ossos dos camaradas mortos pela fome ou pelo cansaço no fundo dos poços. Eles subiam, então, até o topo das escadas, utilizando suas últimas forças, e atacavam os guardas.

Juan Giné,2s de Sepúlveda, o teólogo que, em Valladolid, tinha sido o adversário de Bartomoleu de Las Casas, apresenta, para jus-

---

10. Muitas galerias continuam a ser exploradas, ainda hoje, de maneira completamente artesanal.

tificar o sofrimento dos indígenas nas minas e as *encomiendas*, esta explicação: "Os indígenas merecem ser tratados dessa maneira porque seus pecados e idolatrias ofendem a Deus."[11]

Karl Marx dá uma explicação mais realista.

A acumulação inicial do capital, fundamento do desenvolvimento industrial, financeiro e político do Ocidente, aconteceu no hemisfério sul.

Segundo Marx: "O capital veio ao mundo suando sangue e lama por todos os poros [...]. Em geral, a escravidão velada dos operários assalariados na Europa precisava, como pedestal, da escravatura notória no Novo Mundo."[12]

Ainda mais:

> A história moderna do capital data da criação do comércio e do mercado dos dois mundos no século XVI. [...]. As colônias asseguravam um mercado de escoamento às manufaturas em expansão e, pelo monopólio do capital, uma acumulação potenciada. O tesouro capturado fora da Europa, diretamente por pilhagem, escravização, assassinato seguido de roubo, refluiu para a mãe pátria e transformou-se aí em capital.[13]

Evidentemente, nenhuma conquista territorial, nenhuma dominação duradoura é possível sem a ação de um aparato ideológico e repressivo, restritivo, coerente, eficaz. O aparato, que assumiu a função de submeter os povos indígenas das Américas, foi a Santa Inquisição. Seu nome oficial era mais inofensivo: o Tribunal da Igreja.[14] Seus procuradores, investigadores, torturadores, juízes, carrascos e confessores viajavam nas caravelas e nos galeões dos reis de Portugal e da Espanha.

---

11. Jean-Claude Carrière, *La Controverse de Valladolid*, op. cit.

12. Karl Marx, *Œuvres complètes*, editadas por M. Rubel, vol. II: *Le Capital*, tomo I, seção VIII. Paris: Gallimard. Bibliothèque de la Pléiade.

13. *Ibid.*

14. A Inquisição data, na realidade, do século XII. Ela concretiza uma decisão do Concílio de Verona (1183), que tinha ordenado aos bispos lombardos que entregassem à justiça aqueles que, entre os hereges, se recusavam a se converter.

Desde o final do século XV, os inquisidores e seus tribunais da Igreja se espalharam além-mar: sobretudo nas Américas e nas Antilhas.

Os indígenas teriam se submetido "silenciosamente" e "ardentemente" aos benefícios da Inquisição e da conversão forçada ao dogma de Roma, como assegura Bento XVI?

É claro que não!

A resistência indígena nunca diminuiu durante os mais de três séculos que durou a dominação colonial espanhola nas Américas.[15] O martirológio dos insurgentes indígenas, nos vales, nas gargantas e nos altos planaltos dos Andes, atravessa os séculos. Evo Morales o evoca constantemente em seus discursos.

Uma poderosa revolta camponesa varreu, por exemplo, os Andes Centrais em 1571. Ela foi liderada por um indígena chamado Túpac Amaru, que dizia ser descendente do último inca. Ele foi capturado. Milhares de seus combatentes, suas mulheres e seus filhos foram massacrados, seus vilarejos, incendiados. O vice-rei espanhol do Peru, Francisco de Toledo, organizou em Cusco um processo público.

Túpac Amaru foi terrivelmente torturado e, em seguida, decapitado.

Aproximadamente no final do século XVIII, foi organizada a mais obstinada resistência nas minas.

Em 1776, um movimento liderado por José Gabriel Condorcanqui reclamou a abolição da escravatura mineira, a *mita*, especialmente em Potosí. Dezenas de milhares de camponeses e mineiros responderam ao chamado, massacrando os senhores mineiros, os latifundiários e seus guardas.

José Gabriel era um jovem mestiço de pai espanhol e mãe indígena cuja beleza e força física eram conhecidas como excepcionais. Ele tomou como nome Túpac Amaru II.

Durante sete anos, Túpac Amaru II fez, contra os espanhóis, uma guerra de guerrilha extremamente móvel. Mas, finalmente,

---

15. Cuba, a última colônia americana da Espanha, só se tornou independente em 1898.

depois da traição de um de seus companheiros, Túpac Amaru II foi surpreendido durante o sono, acorrentado e levado a Cusco.

Uma noite, um enviado do vice-rei chamado Ardeche entrou em sua cela.

Ardeche ofereceu a liberdade no México e uma grande quantia de dinheiro ao prisioneiro, marcado pelas torturas, exausto pela sede e fome. Mas o mestiço não aceitou se submeter.

Ele foi executado no dia 18 de maio de 1781, na praça Wacaypata, em Cusco. Antes de ser retirado de sua masmorra, teve sua língua cortada pelo carrasco.[16]

O vice-rei temia o discurso que Túpac Amaru II poderia dirigir à enorme multidão espremida na praça.

Antes de morrer, o condenado teve de assistir à degolação de sua mulher, de seus filhos e amigos, que tinham sido capturados com ele perto de Tinta, três meses antes.

Em seguida, os carrascos amarraram seus braços e suas pernas em quatro cavalos. Chicoteados, estes se dirigiram em quatro direções diferentes, mas o corpo de Túpac Amaru II, segundo o que se diz, não se rompeu. Finalmente, os carrascos o arrastaram até o cadafalso e o decapitaram; depois, desmembraram seu corpo.

A cabeça do mártir foi enviada a Tinta, para ser exposta publicamente. Um braço foi exposto em Tungasucu, o outro, em Carabaya, uma perna, em Livitaca, e a outra, em Santa Rosa.

Alguns meses depois do suplício de José Gabriel no Peru, outro jovem aimará, chamado Julian Apaza, de vinte e sete anos, tomou o nome de Túpac Katari e conclamou à revolta, dessa vez nos altos planaltos do Sul do vice-reino, no território atual da Bolívia.

Liderando um exército de mais de quarenta mil camponeses e mineiros com um grande número de escravos africanos fugitivos entre eles, ele fez o cerco de La Paz.

---

16. Daniel Valcarcel, *La Rébellion de Túpac Amaru II* (México, 1947).

Um corpo expedicionário metropolitano, enviado da Andaluzia, venceu os insurgentes.

No dia 15 de novembro de 1781, Julian Apaza, aliás, Túpac Katari, teve, por sua vez, de assistir à degolação de todos os seus filhos e de toda sua família, e, em seguida, ele mesmo foi decapitado e esquartejado.

As últimas palavras de Julian Apaza foram transmitidas ao longo dos séculos, durante as vigílias, nas comunidades quíchua e aimará. O jovem Túpac Katari teria dito ao carrasco que iria decapitá-lo: "Vocês estão apenas me executando: mas eu voltarei e serei milhões."

Hoje, nos altos planaltos andinos do Equador, do Peru e da Bolívia, muitas pessoas acreditam que Evo Morales Ayma é a reencarnação de Túpac Katari.

II

Um indígena na presidência

Foi em Tiwanaku que, no dia 21 de janeiro de 2006, sábado, aconteceu a cerimônia de posse do primeiro presidente indígena da América do Sul.

O sol avermelhado, em breve dourado, do verão andino se levanta sobre o lago Titicaca. Os megálitos de Tiwanaku saem lentamente da sombra. Dezenas de milhares de cobertores estão estendidos pelo chão pedregoso de onde se levantam, agora, dezenas de milhares de homens, mulheres, crianças e adolescentes. Eles tinham passado a noite — às vezes muitos dias e muitas noites — ao pé das estátuas gigantes, debaixo das vigas de basalto, perto das pirâmides meio desmoronadas e dos grandiosos pórticos da cidade santa.

Alguns arqueólogos pensam que a civilização de Tiwanaku era tão rica quanto a do Egito antigo. No entanto, no Peru, na Bolívia, muitas famílias crioulas da oligarquia, reclusas em seus palácios de Lima e de Santa Cruz, ou deitadas ao sol na beirada de suas piscinas em Miami, continuam chamando os descendentes dos incas, que compõem a grande maioria da população de seus países, de *"los animales"* ("os animais"). Isso é simplesmente delirante.

O céu estava, agora, límpido. Finas nuvens brancas se aproximam do lago Titicaca. O som surdo emitido pelas *zampoñas*, as flautas de Pã, acordava as últimas pessoas que ainda dormiam. Os murmúrios das orações da manhã enchiam o ar.

As comunidades tinham dormido separadamente. Agora, elas se misturavam umas às outras. As jovens de Tarija, de uma beleza frequentemente estonteante — amplas saias coloridas, chapéus redondos e flores vermelhas nos cabelos de azeviche —, falam, em um quíchua cantado, com os jovens aimarás silenciosos e dignos em seus ponchos de festa marrons.

O cheiro do milho grelhado, os cantos profundos das *bajoncs*, enormes flautas que são carregadas, cada uma, por dois homens e que os moxos tinham trazido das terras baixas, enchiam o ar.

Ainda fazia frio.

Para camuflar o racismo virulento, as oligarquias que governaram a Bolívia desde sua independência, de 1825 até 2006, afirmam com uma bela constância: "Aqui não existe nem brancos, nem indígenas, nem negros. Somos todos mestiços."

Mas a realidade é outra.

O último recenseamento oficial na Bolívia é o de 2004. Os dez milhões de habitantes (os pais e os adultos responsáveis de crianças deveriam responder por elas) foram convidados a respondê-lo.

O resultado? Mais de 60% dos habitantes se consideraram indígenas.

A categoria de *cholos* mistura todas as variantes da mestiçagem: negros/indígenas, indígenas/brancos, negros/brancos, negros/indígenas/brancos. Já em relação aos africanos, descendentes dos negros deportados durante a colonização para substituir os escravos indígenas massacrados, e que são numerosos na Bolívia (sobretudo na região das Yungas), eles não eram levados em conta em nenhuma categoria do recenseamento.

Hoje existem aproximadamente doze mil comunidades indígenas na Bolívia. Elas têm todos os tamanhos possíveis, indo de cinquenta a quatro mil famílias. Mesmo quando imigraram para as cidades ou para um acampamento mineiro, o indígena e a indígena continuam sob a autoridade do *Mallku*, do chefe e de seu conselho.

A origem de todos esses povos andinos tão cativantes, multiformes, de culturas transbordando riquezas, permanece misteriosa: todos os antropólogos contemporâneos acham que existe uma origem comum na Sibéria. As primeiras famílias e os primeiros clãs indígenas teriam atravessado o estreito de Bering, no Alasca, aproximadamente em 12.000 a.C.

Com picos de mais de 6.000 metros de altitude, planaltos áridos, vales férteis, torrentes e gargantas, os Andes se estendem por mais de 7.000 quilômetros por todo o Oeste do continente sul-americano. Eles abrigam uma quantidade imensa de civilizações milenares. A oeste, os Andes são ladeados pelo oceano Pacífico, a leste pelas florestas tropicais da Amazônia e do Mato Grosso.

Hoje, os três principais Estados andinos — a Bolívia, o Peru e o Equador — conservam uma importante proporção de habitantes de origem indígena e têm Tiwanaku como sua capital sagrada em comum.

De volta ao dia 21 de janeiro de 2006.

A caravana de caminhões, caminhonetes, jipes, carros e motocicletas vem de longe. Os arredores de Tiwanaku são planos. Do alto dos muros, onde uma multidão excitada se espreme, se percebe, ao longe, a coluna de poeira.

Ela se aproxima rapidamente. São onze e meia. Os sacerdotes fazem ressoar o som surdo e potente de suas trompas.[1]

Logo a caravana para. O sol de verão está alto no céu. O ar está saturado de incensos e do cheiro de milho assado.

---

1. Estas se parecem com as trompas dos Alpes. Cada sacerdote sopra em três trompas ao mesmo tempo. Nunca entendi como um pulmão humano era capaz de tal *perfomance*.

Um homem na força da idade, musculoso, rosto largo, nariz proeminente, maçãs do rosto salientes, seu cabelo espesso de cor preta cortado como um capacete, sai da caminhonete que encabeçava o cortejo. Ele tem a agilidade de um adolescente.

A multidão espremida sobre os muros aplaude ruidosamente. A cacofonia dos instrumentos de música, *charangos* (violões), tambores, trombetas, flautas e címbalos, estoura os tímpanos nesse instante.

Os sacerdotes de ponchos vermelhos se aproximam agora com respeito.[2] Eles trazem a *whipala*, o estandarte com as sete cores do arco-íris.

Evo Morales Ayma usa um poncho preto. Fitas de cores vermelha, verde e amarela — as cores da Bolívia — decoram, como guirlandas, seu pescoço e seus ombros.

Os sacerdotes entregam ao presidente um grande pão assado nessa mesma manhã em um dos fornos ainda em atividade atrás da pirâmide de Akapana, *o pão da Pachamama*, da Terra Mãe.

Evo pega o pão, o coloca sobre a cabeça em sinal de submissão à deusa mãe.

Os sacerdotes retiram o poncho e a camisa de Evo, que agora se encontra com o tronco despido. Eles invocam Taita Inti, o Pai Sol, depois Pachamama, a Terra Mãe. Com gestos enérgicos, eles esfregam a parte superior do corpo de Evo. Eles o besuntam com uma mistura de folhas de eucalipto, urtiga e malva. O corpo recebe, dessa maneira, as forças da natureza.

Depois eles cobrem Evo com um poncho vermelho de faixas pretas.

Dessa vez, a pé, o cortejo retoma sua progressão. Dezenas de milhares de indígenas de todas as idades, todas as origens, um rio colorido, furta-cor, barulhento, potente, se perfilam atrás dele. Com os sacerdotes aimarás liderando o cortejo, este se dirige à Puerta del Sol.

---

2. O *huayruru*, o poncho vermelho com faixas pretas, é o sinal da autoridade.

Na esplanada, Evo Morales Ayma, eleito no primeiro turno em dezembro de 2005, com 53,7% dos votos, 193º presidente da Bolívia, começa seu discurso.³ Ele é um orador medíocre. Sua voz, no começo hesitante, se afirma pouco a pouco. Ele escolhe suas palavras prudentemente. Como a maior parte dos indígenas, ele fala baixo.

Às vezes, percebe-se a emoção.

Nas ruínas de Tiwanaku, o silêncio só é rompido, ocasionalmente, pelo latido de um cachorro, pelo choro de um bebê.

O vento do verão balança docemente os galhos dos arbustos raquíticos que cobrem a esplanada.

Evo Morales Ayma é o primeiro presidente indígena eleito em toda a América do Sul. Um ocidental não pode compreender completamente o que esse acontecimento significa para os povos andinos. Quinhentos anos de humilhações, sofrimentos, parecem acabar nesse final de manhã em Tiwanaku.

A inauguração "oficial" (crioula, branca) da presidência de Evo Morales Ayma só aconteceria no dia seguinte, diante do Congresso Nacional, no grande edifício branco, no qual se encontra um relógio ridículo, na praça Murillo em La Paz. Nele, Evo vai falar com os chefes de Estado convidados que vieram do mundo inteiro, com os deputados, com as pessoas importantes. Ele vai jurar fidelidade à Constituição, vai usar fórmulas convencionais, vai dar uma entrevista coletiva à imprensa e vai sorrir para as câmeras das redes de televisão ocidentais.

Mas tudo indica que é aqui, debaixo do sol estival do meio-dia em Tiwanaku, cidade santa dos povos andinos, que o filho de Pachamama terá realmente tomado a posse do poder. Aqui ele terá recebido sua legitimidade profunda das mãos dos sacerdotes de Taita Inti, o Pai Sol.

---

3. Cento e noventa e dois presidentes em cento e noventa e três anos (desde a independência, em 1825). Isso equivale a um golpe de Estado ou um assassinato de presidente a cada doze meses e quatorze dias.

O rito todo foi realizado em quíchua.
Gestos e sons que têm mais de mil anos de história.
O que teria dito Evo Morales Ayma naquele dia?

> Irmãs e irmãos indígenas da Bolívia, dos países da América Latina e do mundo inteiro: hoje, de Tiwanaku, da Bolívia, começa uma nova era para os povos originais, uma nova vida na qual nós buscaremos a igualdade e a justiça; uma nova era, um novo milênio para todos os povos. [...] Estou muito emocionado, convencido de que é somente com a força e a unidade de um povo que nós acabaremos com o Estado colonial. [...] Eu assumo esse compromisso, no local sagrado de Tiwanaku, de defender o povo indígena original, não somente da Bolívia, mas de toda a América.[4]

Evo Morales deve sua vitória eleitoral ao Movimiento al socialismo — MAS (Movimento ao Socialismo), uma aliança de sindicatos do campo, das minas e das cidades. A força dominante do MAS é o sindicato dos *cocaleros*, os plantadores de coca; voltaremos a falar deles.

Mas Evo Morales sabe perfeitamente que o MAS é uma estrutura frágil, estremecida pelos conflitos, que ele não deve sua vitória a uma aparato político, a um partido, mas a algo muito mais misterioso, muito mais profundo: a uma insurreição das consciências, das identidades, das memórias ancestrais. "Graças à Terra Mãe, graças a nosso deus, a consciência ganhou as eleições e, agora, a consciência do povo vai mudar nossa história, irmãs e irmãos. [...] Mando uma saudação especial aos ponchos vermelhos, aos irmãos jilakata, aos mallkus, aos mamatallas."[5]

A clandestinidade, a tortura, o desprezo racista ensinaram uma coisa a Morales: é preciso prestar atenção, ser prudente e determinado o tempo todo para frustrar os estratagemas do inimigo.

Nem todos os dignitários indígenas são santos.

---

4. O texto completo do discurso de Tiwanaku de Evo Morales Ayma se encontra no livro *Pour en finir avec l'État colonial. Discours* (Paris: Éditions L'Esprit frappeur, 2006).

5. Nomes dados às diferentes categorias dos dirigentes das comunidades originais.

Pois a unidade dos oprimidos era a chave da sobrevivência durante a época do Estado colonial. Ela é, hoje, a condição para o sucesso do governo popular.

A *whipala*, a bandeira xadrez com as cores do arco-íris, cuja origem data dos incas, tremula, a partir de então, em cada uma das passeatas do MAS. Ela testemunha a adesão do Movimento à pluralidade das etnias e das culturas legitimamente presentes na Bolívia.

Em resumo, Morales e o MAS se situam no extremo oposto do integrismo étnico. Em Tiwanaku, Morales fez este apelo para a unidade: "Quero pedir a vocês, irmãs e irmãos, a unidade, a unidade total [...]."

Desde a invasão espanhola até nossos dias, um violento racismo marcou as relações produtivas na Bolívia. Entretanto, os indígenas, qualquer que seja a comunidade à qual pertençam, fazem parte do subproletariado — explorados, oprimidos, espoliados — há cinco séculos.

O MAS é, com certeza, fortemente marcado pelas tradições étnicas e culturais de seus membros: aliança dos sindicatos de agricultores e criadores de animais do Altiplano, das Yungas e do Chapacos, de um lado, e sindicatos dos mineiros, do outro. Mas o MAS é, antes de mais nada, uma frente de classes. E, realmente, a organização deve assegurar as alianças urgentemente, pois apenas a luta transclasses vai permitir que se entreveja a vitória:

> Muitos irmãos diplomados, intelectuais, oriundos da classe média, se integraram a nosso combate. Como aimará, sinto orgulho desses diplomados, intelectuais, da classe média, mas peço aos irmãos da classe média, da classe diplomada, intelectual e patronal, que sintam orgulho também de nossos povos indígenas originais, os aimarás, os quíchuas, os mojeños, os guaranis, os chiquitanos, os yuracarés, os chipayas, os muratos. Respeitando a diversidade, respeitando nossas diferenças, juntos, todos nós temos o direito à vida.

A ruptura de Morales com o Ocidente é inequívoca. No âmago do discurso de Tiwanaku há este apelo à solidariedade internacional:

Quero dizer aos irmãos da América e do mundo inteiro: unidos e organizados, nós mudaremos as políticas econômicas que não contribuem para a melhoria da situação das maiorias nacionais. Neste momento, estamos convencidos de que a concentração de capital em um número pequeno de mãos não é, de maneira alguma, a solução para a humanidade; concentrar o capital em um número pequeno de mãos não é, de maneira alguma, a solução para os pobres do mundo inteiro. [...] Temos a obrigação de resolver esses problemas econômicos engendrados pela privatização e pelo leiloamento de nossos recursos naturais. [...] Os movimentos sociais querem continuar a avançar para libertar nossa Bolívia, libertar nossa América. A luta que nos foi legada por Túpac Katari continua, irmãs e irmãos, e nós a continuaremos até recuperarmos todo nosso território. A luta que nos foi legada por Che Guevara, nós a cumpriremos, até o fim. Essa luta não se acaba, essa luta não tem fim. No mundo, ou os ricos governam, ou os pobres governam. [...] Irmãs e irmãos, graças aos votos de vocês, pela primeira vez na história da Bolívia, os aimarás, os quíchuas, os mojeños são presidentes. Não foi apenas Evo que se tornou presidente, todos nós nos tornamos presidentes. Muitíssimo obrigado.[6]

---

6. Evo Morales Ayma, *Pour en finir avec l'État colonial*, op. cit.

III

O ORGULHO REDESCOBERTO

Durante os últimos quinhentos anos, ter origens indígenas na América era ressentido de duas maneiras contraditórias: seja como um estigma imposto pelo olhar ocidental e interiorizado na vergonha, seja como uma dignidade injuriada, um refúgio identitário e uma esperança de uma liberdade futura.

Nunca, em todos os casos, durante esses últimos cinco séculos, a brasa se apagou debaixo das cinzas.

Quais foram, então, os acontecimentos que provocaram esse formidável renascimento indígena?

Na Bolívia, já se podia sentir a ruptura completa com o Estado colonial em 1992, nascida de uma rejeição profunda, definitiva do Ocidente. O Estado colonial e seu governo branco se preparavam para a comemoração, com festas grandiosas e em companhia de vários convidados, especialmente vindos da Europa, dos quinhentos anos da "descoberta das Américas" por Cristóvão Colombo.

Foi, efetivamente, em 12 de outubro de 1492 que a *Santa Maria*, a *Pinta* e a *Nina* acostaram em Guanahani, uma das ilhas do arquipélago das Lucaias (Bahamas).[1] A suntuosa festa de aniversário, o

---

1. Cristóvão Colombo, *La Découverte de l'Amérique, Journal de bord* (Paris: François Maspero, 1979, volume I; tradução francesa de Michel Lequenne e Soledad Estorach, mapas de Jacques Péron).

desfile militar, as cerimônias diplomáticas deveriam acontecer em La Paz de 12 a 14 de outubro.

No Prado, na frente da coluna de mármore branco em cima da qual domina o "Descobridor" e na catedral da praça Murillo, foi previsto um *Te Deum* na presença de dezenas de cardeais, bispos e arcebispos vindos de toda a América Latina e da Europa.

Mas, na manhã do dia 12 de outubro, que prenunciava um belo dia de primavera andino, várias centenas de milhares de aimarás, quíchuas, moxos, guaranis, vestidos com roupas tradicionais, liderados por *queñas* e *bajons*, as mulheres levando os filhos mais novos enrolados em cobertores de lã de lhama sobre as costas, se dirigiram ao cânion de La Paz.

Os indígenas vaiaram Cristóvão Colombo, derrubaram as tribunas de honra e ocuparam a capital durante quatro dias. Fogueiras foram acesas, à noite, em todas as praças da imensa cidade. Nelas foram colocadas grandes bacias. Nelas, os indígenas cozinharam a quinoa.[2] Uma fumaça negra recobriu a cidade.

Os ocidentais foram tomados pelo pânico. Na manhã do quinto dia, os indígenas subiram de pelo cânion a fim de voltar, pacificamente, para suas comunidades no Altiplano e seus vilarejos e aldeias nas terras baixas.

Os caminhos da História são insondáveis. A ocupação de La Paz pelos indígenas, em outubro de 1992, acontecimento que tinha traumatizado tanto os ocidentais, tinha sido, aparentemente, apenas uma manifestação isolada. Mas, na realidade, ela anunciava uma tempestade futura.

Essa tempestade tem um nome: a guerra da água.

Lozada, um proprietário de minas, falando um espanhol com um sotaque norte-americano, era o próprio protótipo do sátrapa neoliberal instalado pelo Ocidente no palácio Quemado. Bilionário

---

2. O cereal local, muito nutritivo.

em dólares, ele tinha passado a maior parte de sua vida em Miami. Ele aplicava, conscienciosamente, a política de privatização ditada por seus mestres. Os bolivianos tinham inventado, para ele, um termo pitoresco: *"Vende-patria"*, aquele que vende o país, pedaço por pedaço.

Quando não havia mais riqueza mineral a ser privatizada — ou seja, vendida às sociedades multinacionais estrangeiras —, Lozada acelerou a privatização da água potável que seu predecessor, o general Banzer, tinha começado. As sociedades ocidentais obtiveram as concessões de abastecimento de água potável das principais municipalidades. Foi dessa maneira que Aguas del Tunari, filial da multinacional britânica International Water Limited, ganhou, por um preço ridículo, a concessão da cidade de Cochabamba. A rede e as estações de esgoto de El Alto foram, por sua vez, vendidas à companhia Aguas del Illimani, cuja proprietária é a Suez.

Os novos proprietários efetuaram alguns consertos na tubulação e, em seguida, aumentaram massivamente, o preço da água potável. Centenas de milhares de famílias viram-se, então, na impossibilidade de pagar a conta de água. Elas tiveram que se abastecer nos riachos poluídos, nos poços envenenados pelo arsênico. As mortes infantis pela "diarreia sangrenta" aumentaram exponencialmente.

Manifestações públicas começaram a explodir.

Sánchez de Lozada proclamou o estado de sítio. O toque de recolher foi instaurado.

Durante os confrontos com a polícia que aconteceram em seguida, dezenas de pessoas foram mortas e centenas ficaram feridas, entre elas muitas mulheres e crianças. Mas os bolivianos não se dobraram. O movimento se espalhou, pelo contrário, por todo o país.

No dia 17 de outubro de 2003, cercados no palácio Quemado por uma multidão enfurecida de mais de duzentos mil manifestantes, o presidente Sánchez de Lozada e seus comparsas mais próximos decidiram fugir do país. Destino: Miami.

Um insípido vice-presidente chamado Carlos Mesa, professor, assumiu a sucessão constitucional. Ele fez uma série de promessas solenes ao povo revoltado, particularmente a convocação de uma Assembleia Constituinte que seria encarregada da redação de uma nova Constituição, que reconheceria o direito das comunidades indígenas às riquezas de seu subsolo, logo, à água.

Mas o professor insosso não cumpriu nenhuma de suas promessas. Tanto é que, de maio a junho de 2005, a revolta popular recomeçou e o exército ocupou o Altiplano.

O ministro do Interior, de seu helicóptero, dirigiu, pessoalmente, as rajadas de metralhadora dirigidas contra os cortejos de protestos e contra as barreiras levantadas nas estradas pelos mineiros e pelos agricultores. O exército vistoriava permanentemente os principais vilarejos e aldeias do Altiplano.

Os assassinatos noturnos de indígenas — sindicalistas, agricultores, homens e mulheres — se multiplicaram. Chegou ao ponto em que até os esquadrões da morte exterminavam famílias inteiras.

As comunidades se revoltaram, então, massivamente. Elas expulsaram, primeiro, os comandos do exército e, finalmente, todos os representantes do Estado. Uma parte importante do imenso Altiplano foi proclamada, em seguida, "zona indígena autônoma".

O professor mentiroso renunciou. Novas eleições presidenciais foram marcadas. Mas, nesse meio-tempo, os principais movimentos de resistência contra a privatização da água, os sindicatos dos *cocaleros* e as comunidades de agricultores do Altiplano, montaram uma frente de resistência.

Evo Morales despontou, rapidamente, como um dos dirigentes principais desse movimento insurrecional popular. Sua extraordinária coragem física, seu temperamento caloroso e seu formidável talento de organização lhe valeram a admiração e a simpatia dos insurgentes.

O movimento designou, logicamente, Evo Morales como seu candidato à eleição presidencial. As eleições aconteceram no dia

18 de dezembro de 2005. Evo foi eleito, como eu disse anteriormente, com 53,7% dos votos no primeiro turno! Um resultado que, nunca, nenhum outro presidente da Bolívia atingiu em toda a história do país.

A biografia de Evo Morales se assemelha exatamente à de dezenas de milhões de crianças indígenas dos Andes.

Miséria e fome, fome e miséria.

Evo nasceu no dia 26 de outubro de 1959, em um casebre do pequeno vilarejo de Orinoca, na província de Oruro. Durante os meses de inverno (de junho a outubro), ventos gelados varrem os altos planaltos. No verão (de novembro a maio), a seca assola frequentemente a região.

Os poços se esvaziam. As plantas morrem. A ausência da chuva faz com que o solo se torne duro como pedra.

Quatro de seus irmãos morrem de desnutrição ainda crianças. Com a energia do desespero, o pai e a mãe, pequenos agricultores oriundos de uma comunidade aimará, tentam fazer com que os três filhos que lhes restam sobrevivam.

O pai e o filho Evo emigram, temporariamente, para a Argentina, como cortadores de cana-de-açúcar.

Em 1981, uma catástrofe arrasa os altos planaltos: "El Niño", fenômeno de aquecimento da superfície do oceano Pacífico, provoca um furacão tropical que destrói 70% da produção agrícola e mata 50% dos animais na província de Oruro. A família decide, então, partir em direção das florestas tropicais das terras baixas.

No Chapare, a família desmata a floresta. Na borda desta, ela constrói uma cabana de tábuas com um telhado de folhas de palmeiras.

Ela começa então a plantar coca.

Aqui, abrimos um parêntese.

O arbusto da coca é uma planta extremamente rentável. Ela pede poucos cuidados, cresce praticamente sozinha e pode ser colhida três vezes ao ano. Nas feiras de Santa Cruz, de Trinidad, de La Paz ou de Sucre, as folhas têm um preço bom. Ele é estável. Sua venda é garantida.

Dezenas de milhares de mineiros de todo o país, que trabalham a 500 metros debaixo da terra, em condições de higiene e de respiração assustadoras, mascam folhas de coca. Os agricultores e criadores de animais também mascam folhas de coca para suportar as intempéries, a miséria, o desespero.

As folhas formam uma bola dentro da boca do consumidor. O suco dessa bola escorre, lentamente, para o estômago. Ele faz com que os músculos do estômago se contraiam e, assim, a fome é esquecida.

Um problema quase insolúvel surge para as autoridades bolivianas: como conciliar a luta contra o crime organizado, que transforma as folhas de coca em cocaína em seus laboratórios clandestinos, e o direito legítimo dos agricultores de cultivar e de vender folhas de coca aos consumidores bolivianos?

A regulamentação em vigor é a seguinte: o governo de La Paz avalia anualmente as necessidades internas de folhas de coca dos consumidores bolivianos. Ele delimita, adequadamente, as superfícies legalmente cultiváveis: 12.000 hectares no Chapare, 8.000 nas Yungas (em 2007). Qualquer plantação de coca que ultrapasse a superfície delimitada é destruída pelo exército.

No Chapare, a família de Evo Morales cultivava terras oficialmente reconhecidas como destinadas à cultura da folha de coca.

Uma manhã, no palácio Quemado, perguntei a Evo Morales se algum acontecimento, em particular, poderia ser tomado como fundador de seu engajamento político.

Ele me explicou que, realmente, quando jovem, ele tinha assistido um dia, em um vilarejo do Chapare, a uma briga entre um cultivador de folhas de coca, que ele conhecia, e oficiais bolivianos assistidos por agentes da Drug Enforcement Administration (DEA) americana. O cultivador aimará foi torturado pelos soldados diante de sua família e de seus vizinhos, impotentes. Em seguida, ele foi queimado vivo. No dia seguinte a esse assassinato, Evo se inscreveu no sindicato dos *cocaleros* de sua região.

A DEA acusava, então, os cultivadores de terras "legais" de vender sua colheita aos laboratórios clandestinos. Para os bolivianos, de todos os partidos, sem distinção, a DEA se dedicava, sobretudo, à repressão da contestação popular; logo, à proteção dos privilégios dos senhores mineiros e petroleiros dos Estados Unidos.[3]

Em 1997, um helicóptero da DEA metralha a sede da Associação para a Proteção dos Direitos Humanos do Chapare, onde Evo participa de uma reunião. Ele escapa, milagrosamente. Alguns participantes são mortos, outros são gravemente feridos.

O jovem sindicalista nunca confessou nada, mesmo tendo sido, várias vezes, preso e interrogado sob tortura pelos capangas norte-americanos. Na Bolívia, o racismo anti-indígena é violento. Evo toma consciência disso através dos insultos lançados contra ele pelos carrascos.

A mais poderosa organização sindical de produtores de folhas de coca tem um nome poético: as Seis Federações do Trópico de Cochabamba. Evo foi eleito presidente dessa organização no final dos anos 1990. Quando, em 1997, o MAS é criado, as Seis Federações se tornam sua espinha dorsal.

---

3. Entre todos os predecessores de Morales, apenas um se opôs à DEA: Jaime Paz Zamora, homem íntegro e patriota, presidente da República no começo dos anos 1990.

IV

A REAPROPRIAÇÃO DAS RIQUEZAS

Desde que chegou ao poder, Evo Morales colocou em prática uma estratégia tripla: reconquista das riquezas minerais, petrolíferas e agrícolas; luta contra a miséria; destruição do Estado colonial e edificação de um Estado nacional.

Lembremos antes como aconteceu o movimento de nacionalização dos recursos naturais.

Raramente na história do mundo, uma transferência tão gigantesca tinha acontecido em um lapso de tempo tão curto. A Bolívia possui as maiores reservas de gás de toda a América Latina e reservas de petróleo tão grandes quanto as da Venezuela. Ela também possui o gasoduto mais sofisticado e mais caro do mundo: o de Cuiabá, que leva o gás de San Alberto (através dos desertos ermos do Chaco e das florestas do Mato Grosso) até o Atlântico. Sua construção custou cinco bilhões de dólares, financiada pela Shell e pelo truste Enron.

O Banco Mundial estima que, durante as próximas duas décadas, a Bolívia obterá mais de 200 bilhões de dólares líquidos (em valor constante) com a venda de seus hidrocarbonetos.

Na aurora do dia 1º de maio de 2006, o avião das Forças Armadas Bolivianas transportando o gabinete *in corpore* tomou a direção da localidade de Carapari, situada a 1.200 quilômetros ao sul de La Paz. Quando o presidente e seu cortejo chegaram na frente do portão das instalações gasíferas de San Alberto, o diretor veio ao encontro do presidente e lhe perguntou qual dos campos de gás ele queria visitar.

Evo Morales sorriu para ele e respondeu: "Eu não vim fazer uma visita, mas tomar — em nome do povo boliviano — o controle de suas instalações."

Repentinamente, o diretor e os diretores executivos ocidentais entenderam o sentido da visita feita no dia anterior por um grupo de engenheiros argelinos e noruegueses. Esses engenheiros, agindo em nome da Yacimientos Petrolíferos Fiscales Bolivianos (YPFB), a companhia nacional de hidrocarbonetos, tinham pretendido vistoriar os equipamentos de segurança. Na realidade, esses especialistas tinham vindo instalar, discretamente, aparelhos ultrassofisticados que tornariam impossível qualquer sabotagem das instalações pelos executivos, engenheiros e técnicos das sociedades proprietárias das instalações.

Durante esse mesmo dia, 1º de maio de 2006, em todo o país, os regimentos de elite do exército ocuparam os campos petrolíferos e gasíferos, as estações de bombeamento, as refinarias, os laboratórios, as salas de comando eletrônico dos oleodutos e dos gasodutos, os depósitos da rede ferroviária, as estações rodoviárias, as oficinas, as sedes administrativas e os centros de comunicação internacional das sociedades estrangeiras.

Seria, evidentemente, absurdo pensar que a expedição de Evo Morales não passava de um gesto fanfarrão de um caubói juvenil. Muito pelo contrário: a operação extremamente complexa, conhecida como do "restabelecimento da soberania energética", tinha sido preparada no mais absoluto segredo, seis meses antes; mais exatamente, desde o dia seguinte à vitória eleitoral de Evo Morales, em dezembro de 2005.

A YPFB, que tinha sido desmantelada por Sánchez de Lozada, era, então, uma concha vazia. Além disso, podia-se contar nos dedos o número de engenheiros petrolíferos e gasíferos competentes.

Evo apelou para os chefes de Estados amigos. Em Argel, o presidente Bouteflika respondeu ao apelo imediatamente. O presidente venezuelano Hugo Rafael Chávez Frias também mostrou a mesma solidariedade.

A colaboração norueguesa foi a que mais surpreendeu. Desde o começo da exploração das jazidas petrolíferas do fundo do mar do Norte, a Noruega desenvolveu uma técnica mundialmente respeitada, no que diz respeito à extração e à gestão petrolíferas. A Noruega, país luterano cujos dirigentes (em particular na época do governo socialista Stoltenberg) e o povo obedecem a uma moral rigorosa, no que diz respeito à política internacional, não hesitou em enviar seus engenheiros à Bolívia.

Os três governos mencionados enviaram também à Bolívia especialistas em *marketing*, gestores e contadores de alto nível. Mas apenas o governo venezuelano se encarregou de fazer com que a redação dos novos contratos, que a Bolívia submeteria brevemente à assinatura das sociedades gasíferas e petrolíferas ocidentais, fosse feita por um famoso e caro escritório de advocacia de Nova York.

O restabelecimento da soberania energética começada por Evo Morales obedecia a um método sutil e complexo. Tratava-se de fazer com que as sociedades petrolíferas e gasíferas estrangeiras (seus engenheiros, sua tecnologia etc.) continuassem a trabalhar no país, mas transformando-as, das sociedades privadas superpoderosas que eram, em sociedades de serviço agindo sob as ordens do Estado boliviano.

Os noruegueses, particularmente, forneceram os cálculos de base. Eles calcularam, para cada uma das jazidas de petróleo e de gás, a taxa exata de rentabilidade. Em outros termos: eles determinaram sob quais condições precisas (de taxação, de retrocessão dos *royalties* etc.), impostas pelo Estado boliviano, as sociedades poderiam gerar lucros próprios para satisfazer as exigências de seus acionistas.

Há muito tempo que o mínimo ataque contra o poder e os lucros astronômicos obtidos pelas sociedades petrolíferas ocidentais provoca, imediatamente, no mundo inteiro, gritos estridentes, um concerto de difamações e lamentações ruidosas. Os Estados ocidentais, que as protegem, nunca recuaram diante da organização de golpes de Estado, ou de assassinatos. Muhammad Mossadegh, ainda nos lembramos dele, procedeu à dissolução da Anglo-Iranian Oil Company em 1951. Um golpe de Estado militar, organizado pelos serviços secretos britânicos, o derrubou dois anos depois.

Jaime Roldós era o presidente democraticamente eleito do Equador. Na tarde do dia 23 de maio de 1981, diante de uma imensa multidão reunida no estádio olímpico de Arajualpa, em Quito, ele anunciou a nacionalização dos campos petrolíferos da Amazônia equatoriana.

Católico veemente, Roldós queria mobilizar os rendimentos do petróleo para tirar seu povo da miséria.

Depois da manifestação, o presidente, sua mulher Martha e alguns de seus colaboradores que o acompanhavam tomaram um avião para ir a Lojas, uma comunidade indígena do Sul, particularmente afetada pela poluição petrolífera.

O aparelho explodiu em pleno voo.[1]

Já Evo Morales conquistou a vitória.

Graças aos estudos noruegueses, o governo boliviano sabia exatamente até onde ele podia ir. Em outros termos, ele sabia quais eram as condições mínimas necessárias para que as sociedades ocidentais aceitassem o acordo. Os noruegueses não tinham se enganado. Até o dia 31 de dezembro de 2006, doze sociedades transcontinentais estrangeiras tinham assinado quarenta e quatro novos contratos.

As sociedades estrangeiras, ao aceitar o Decreto nº 28.701, podem, hoje, continuar a explorar e a comercializar os hidrocarbonetos através da assinatura de um novo contrato.

---

1. John D. Martz, *Politics and Petroleum in Ecuador* (Oxford: Transaction Books, 1987).

O Decreto nº 28.701, do dia 1º de maio de 2006, conhecido como o do "restabelecimento da soberania energética", age em três níveis diferentes. Primeiro ele decreta que todos os campos petrolíferos e gasíferos da Bolívia são, a partir dessa data, propriedade do Estado. As instalações necessárias para sua exploração (oleodutos, gasodutos, estações de bombeamento, centros de comunicação etc.) pertencem às sociedades de exploração, que são responsáveis por sua manutenção, conserto e desenvolvimento.

O Estado outorga as novas concessões de perfuração seguindo o mesmo princípio. Entretanto, as sociedades estão autorizadas a negociar a divisão dos gastos de prospecção. Dessa maneira, o Estado participa, efetivamente, nos gastos de prospecção, que são geralmente muito elevados, pois as perfurações não produtivas são numerosas.

A nova legislação estipula, enfim, que 18% do preço de venda do barril retornem à sociedade produtora e 82% ao Estado. As quantias em jogo variam, evidentemente, com o preço do barril no mercado mundial. Elas são calculadas *Free on board* — FOB e não *Cost, Insurance and Freight* (CIF), ou seja: o cálculo da divisão dos rendimentos acontece no momento em que o petróleo atravessa a fronteira boliviana no oleoduto que o leva até o porto de Santos, no estado de São Paulo, no Brasil.

Nenhum avião transportando Evo Morales, até hoje, explodiu em voo. Evo também não foi assassinado por ninguém.

O fato de ele ainda estar vivo deve-se, provavelmente, a dois ex-professores de sociologia da Universidade Paris-Nanterre: Marco Aurélio Garcia e Emir Sadr, que são, atualmente, conselheiros influentes do presidente brasileiro Luiz Inácio Lula da Silva. Eles têm um amigo em comum em La Paz: o vice-presidente da República, Alvaro Garcia Linera, ele também ex-exilado na França e sociólogo de renome.

A sociedade petrolífera Petrobras, pertencente ao Estado brasileiro, é um dos principais operadores de gás na Bolívia.[2] Além disso,

---

2. A Petrobras investiu na Bolívia 1,6 bilhão de dólares. Além dos campos de gás, ela controla 20% dos pontos de venda de gasolina no país.

Marco Aurélio Garcia, Emir Sader e Alvaro Garcia Linera já tinham antecipado, bem antes do dia 1º de maio de 2006, o contra-ataque à guerra ideológica que a mídia ocidental, frequentemente financiada pelos gigantes petroleiros, não hesitaria em conduzir contra Evo Morales. Foi dessa maneira que, na manhã do dia 2 de maio de 2006, o presidente Lula da Silva fez publicar em Brasília um comunicado no qual ele dizia compreender a operação boliviana e aceitar as consequências financeiras para a Petrobras.

Marco Aurélio Garcia: "Quando me dizem que Evo desestabiliza a Bolívia, respondo que acontece o contrário: se ele não tivesse cumprido suas promessas de campanha, a Bolívia se encontraria em pleno caos."[3]

O fato de a Petrobras ter aceitado imediatamente, julgando "razoáveis" as medidas bolivianas, pegou de surpresa as sociedades ocidentais: nem a Total, nem a British Petroleum, nem a Repsol, nem a Exxon, nem a British Gas, nem nenhuma outra sociedade pôde mobilizar as opiniões públicas de seus respectivos países e governos. Foi simplesmente impossível obter e legitimar alguma ação violenta contra a Bolívia.

O que tinha perfeitamente funcionado no Irã, no Equador, no Iraque e em muitos outros países produtores de petróleo africanos ou árabes, entre os que tinham manifestado alguma veleidade de independência — isto é, intervenção de forças armadas estrangeiras, *putschs* militares ou assassinato dos dirigentes —, mostrou-se impossível de ser feito na Bolívia.

E, desde 2006, os novos contratos produziram arrecadações fiscais importantes. Estas se elevaram a 1,3 bilhão de dólares em 2006, a 1,5 bilhão de dólares em 2007. Em termos de comparação, em 2003, o Estado boliviano recebia apenas 220 milhões de dólares das sociedades petrolíferas e gasíferas.

Imediatamente depois do petróleo e do gás, Evo Morales atacou o problema das minas. Ele usou os mesmos métodos e o mes-

---

3. *Apud* Marc Saint-Upéry, *Le Rêve de Bolívar* (Paris: La Découverte, 2007, pp. 295-296).

mo modelo que tinha colocado em prática no que diz respeito aos hidrocarbonetos.

As sociedades ocidentais que exploravam as minas de ouro, prata, estanho, zinco etc. viram assim sua concessão anulada e foram convidadas a assinar um contrato de serviço. Elas perderam a propriedade das jazidas (que pertencem agora à Corporação Mineira da Bolívia [COMIBOL], a sociedade estatal de minérios) e tiveram de aceitar o pagamento de altas taxas, impostos e *royalties*, mas variável segundo a cotação do mercado mundial do minério em questão.

Em 2006, as exportações de minérios aumentaram 126%. A quantia atingida foi de 1 bilhão de dólares e os rendimentos mineiros representaram 14,7% do PIB desse ano.

A siderurgia e a eletricidade, majoritariamente nas mãos de sociedades norte-americanas, foram, em seguida, integradas ao setor público seguindo as mesmas modalidades.

Evo Morales não hesita em fazer uso da requisição quando uma sociedade estrangeira recusa o diálogo. Exemplo disso: a sociedade transcontinental Glencore,[4] que simplesmente ignorou as ofertas bolivianas de negociação. Em fevereiro de 2007, sua usina de fundição de metais, em Vinto, foi ocupada pelo exército e requisitada pelo Estado.

---

4. A Glencore foi fundada por Marc Rich, um homem de negócios e especulador domiciliado em Zoug, na Suíça Central. Procurado durante doze anos pela justiça dos Estados Unidos, por diversos delitos, finalmente recebeu o indulto do presidente Clinton. Nesse meio-tempo, Rich vendeu a Glencore.

V
Vencer a miséria

A miséria na Bolívia, herança do Estado colonial, é atroz. Vencê-la o mais rapidamente possível é o segundo objetivo assumido pelo novo presidente. Não se deve esquecer que, depois do Haiti, a Bolívia é o segundo país mais pobre do continente.[1] A desnutrição grave e permanente afeta uma em cada quatro crianças na Bolívia. A taxa de desnutrição infantil mais elevada é a da zona rural, mais particularmente nas regiões dos altos planaltos de Potosí e de Chuquisaca, mas também nos departamentos amazônicos de Beni e de Pando.

As crianças das comunidades dos povos autóctones são as que mais sofrem nos quatro departamentos mais afetados.

No plano nacional, a diferença entre as famílias quíchuas, aimarás, guaranis (e outros povos autóctones) e as famílias mestiças ou brancas é gritante: a desnutrição grave e permanente aniquila 28% das famílias indígenas e 16% das famílias mestiças e brancas.

As vítimas da taxa de desnutrição mais elevada são os afro-bolivianos.

A carência em micronutriente provoca hecatombes na Bolívia.[2]

---

1. O país se encontra na 187ª posição na lista do PNUD em 2006. Ver o relatório sobre o desenvolvimento urbano, *op. cit.*

2. UNICEF e Banco Mundial (relatório conjunto), *Vitamin and Mineral Deficiency. A Global Assessment Report* (Nova York-Genebra, 2006).

Entre as doenças mais comuns e mais disseminadas provocadas por essa carência temos o *kwashiorkor*, a anemia, o raquitismo e a cegueira. Os adolescentes vítimas do *kwashiorkor* têm a barriga inchada, os cabelos se tornam ruivos e a pele, amarela. Eles perdem os dentes. O raquitismo impede o desenvolvimento normal da ossatura da criança. Já a anemia ataca o sistema sanguíneo e priva a vítima de energia e da capacidade de se concentrar.

A metade das crianças bolivianas de menos de dez anos sofre de anemia e de outras deficiências de micronutrientes, especialmente iodo, vitamina A e ferro.

A desnutrição é particularmente devastadora nas crianças de menos de cinco anos: as células (ou neurônios) de seu cérebro não se desenvolvem, ou se desenvolvem parcialmente, o que significa que dezenas de milhares de crianças bolivianas, a cada ano, são predestinadas a uma vida de invalidez cerebral permanente.

Mas, deve-se sublinhar, a extrema pobreza afeta as comunidades originais muito mais violentamente que as comunidades mestiças ou brancas. 49% dos indígenas vivem em uma miséria abjeta, em oposição aos 24% dos mestiços.

Os mais pobres dos pobres são os trabalhadores migrantes agrícolas e os agricultores que dispõem apenas de um terreno de meio ou um hectare no Altiplano. As grandes cidades estão cada vez mais cercadas por favelas, que são pudicamente chamadas de *"habitat informal"* pelos burocratas da ONU.

Nelas, os ratos também brigam com as crianças por um pedaço de pão.

Mais de 60% da população dos departamentos de Potosí e de Chuquisaca vegetam abaixo da "linha de pobreza nacional",[3] sofrendo com a fome, com a ausência de água potável, com moradias indignas e com o desemprego permanente. No departamento de Santa Cruz, por outro lado, esse número cai para menos de 25%.

---

3. Fixada pelo Ministério da Saúde, que é dirigido por uma mulher extraordinária: Nilda Heredia.

* * *

As condições de trabalho, particularmente nas minas, são infernais.

Eu visitei, em 2007, a Cooperativa Minera La Salvadora, que fica no pé da montanha desmatada que domina a cidade de Oruro. O calor humano, a gravidade e a fraternidade que nela reinam me emocionaram. A região é muito rica em metais.

A cooperativa explora três minas distintas: a primeira se chama "Corazón de Jesús"; a segunda, "Ernesto Che Guevara", e a terceira, "San José".

A idade mínima exigida pelo estatuto da cooperativa para a obtenção da autorização de trabalho é de dezessete anos.

O agricultor (ou a agricultora) esfomeado(a) se apresenta no escritório da cooperativa. Se houver um lugar vago na equipe, ele (ou ela) é autorizado(a) a integrá-la. A taxa de inscrição é de cinquenta dólares.

Duas equipes se revezam: a primeira desce debaixo da terra às 7 horas e sobe de volta às 15 horas; às 15 horas, a segunda entra no elevador e desce para subir de volta às 23 horas; nesse momento, a primeira equipe desce de novo, e assim por diante.

Os mineiros trabalham assim durante dez dias, depois descansam durante cinco dias.

Um mineiro de dezessete anos me disse: "Não tem nem dia nem noite. Nem domingo... Mas, durante as *Diabladas*, ninguém desce."[4]

Os capacetes, as lanternas, as picaretas e os martelos ficam a encargo do mineiro. Eles podem comprá-los na loja da cooperativa ou alugá-los. As bananas de dinamite e as perfuradoras são, gratuitamente, fornecidas pela cooperativa.

Essas três minas são muito antigas. Os primeiros livros de registro dos metais extraídos da "San José" datam de três séculos e

---

4. *Las Diabladas* (as danças dos diabos) é uma festa popular originária do século XIX da Catalunha e dura doze dias, a cada ano, durante a época do carnaval de Oruro.

meio atrás. Extraem-se, essencialmente, prata e estanho, mas também outros metais.

Eu entrei no túnel de acesso da "Corazón de Jesús". Essa mina tem dezoito níveis, chegando a até 500 metros de profundidade. Quilômetros e mais quilômetros de galerias são escavados, horizontalmente, em cada um dos níveis.

Além do risco permanente de desabamentos de paredes, o gás é o risco mais obcecante: ninguém pode detectá-lo. Os mineiros do grupo se vigiam mutuamente. Quando um deles desmaia, os outros o retiram da galeria ou do túnel.

Apesar das regras de prudência draconianas, as explosões de gás são frequentes. E, geralmente, devastadoras e mortais.

Os mineiros, para acalmar a fome, mascam folhas de coca. Cada um traz consigo, permanentemente, uma garrafinha de álcool puro.

Eles rastejam como répteis nas galerias de oitenta centímetros de diâmetro. Trabalham deitados, arrancando a pedra dos tetos e das paredes com suas picaretas.

No labirinto das galerias, dos corredores, dos elevadores, das escadas, ao longo dos trilhos por onde circulam vagões empurrados pelos adolescentes, a temperatura é alta: 40 graus em média. Em outras galerias, repentinamente, a temperatura cai para 10 graus negativos: a diferença de temperatura varia em função das correntes de ar que varrem os subterrâneos.

A ventilação é deplorável e as chaminés de ventilação são estreitas. Os mineiros trabalham com o torso despido. Eles respiram com dificuldade. A poeira fina produzida pelas perfuradoras ataca os olhos, os pulmões e a pele.

A montanha se parece com um gigantesco formigueiro. As galerias se desdobram até debaixo das ruas e das praças do centro de Oruro...

Na "Corazón de Jesús", um pouco mais de dois mil mineiros, sobretudo homens, mas também quinze mulheres, se matam de trabalhar. Todos fazem parte da cooperativa e dividem o total dos gastos de manutenção das instalações. Ganha-se o salário por mérito. O próprio membro da cooperativa vende seus minérios.

Eis como as coisas funcionam.

O mineiro sai ao ar livre, carregando nas costas um pequeno saco feito de um tecido cinza e que pesa aproximadamente quinze quilos. São necessários três dias para encher um saco. Este contém pedaços de pedras onde se encontram os veios de metal. O triturador de *Changadora* vai extrair o metal.

O mineiro consegue ganhar, dificilmente, cinquenta dólares por mês.

Estou sentado na frente do presidente da cooperativa, Zamiro Helguero. O homem é mal-humorado e taciturno.

É um *cholo*, um mestiço, com o rosto marcado por cicatrizes e o olhar duro. Ele não tem uma boa reputação na cidade. É chamado de autocrata.

Zamiro, quando era adolescente, conheceu o legendário Juan Lechin, o dirigente do sindicato dos mineiros.

Diz-se que Zamiro, ele próprio antigo mineiro das profundezas, despreza todos esses indígenas esfomeados que arriscam a vida na "Corazón de Jesús", sem dispor da formação necessária, nem do "amor à montanha", como ele mesmo diz.

Zamiro diz ser extremamente rigoroso com a aplicação do regulamento: nenhuma criança nas minas.

Eu retomo, cansado, minhas questões, sentado na frente de um copo de mate no refeitório, depois de ter visitado longamente as instalações.

Eu tinha cruzado com crianças que pareciam ter entre dez e doze anos no túnel de acesso.

Insisto.

Zamiro Helguero me diz: "O que é que se pode fazer? Nós não temos coragem de negar... Suas famílias são pobres. Eles têm fome. Frequentemente, não têm mais pai. A mãe toma conta dos menores. Os maiores se apresentam no Cerro. Como é que podemos mandá-los de volta?"

Em Oruro, os meninos de rua pedem esmolas para si próprios e para seus irmãos e irmãs menores.

Um grande número desses mendigos é formado por órfãos de mineiros mortos de silicose ou enterrados vivos debaixo dos desabamentos das galerias. Muitas outras crianças, frequentemente de pouca idade, fugiram de casa: os pais ainda são jovens, mas, atingidos pela silicose e condenados ao desemprego permanente, não aguentam mais sua situação. Sem contar que, depois de quinze anos de batalha extenuante, mesmo os mineiros mais robustos não são mais capazes de descer aos poços. Eles se tornam alcoólatras ou drogados, e, mais que frequentemente, violentos. Seus filhos são diariamente espancados, xingados e insultados; muitas vezes, também sofrem abusos sexuais.

As crianças fogem de casa.

Um casal de aposentados — antigos professores do primeiro ciclo do Ensino Fundamental, Julia e Fernando Sandalio, apoiados pelo Emaús-França e pelo Emaús-Suíça[5] — tenta ajudar alguns deles. Julia e Fernando abriram duas escolas chamadas Escuelitas Cooperativas "Campito Emaús", uma em San Pedro e outra perto do aeroporto.

Duzentos e oitenta meninos e meninas, entre cinco e quatorze anos, frequentam essas escolas cinco dias por semana, das 9 horas da manhã até o final do dia. Eles recebem uma formação escolar e refeições.[6]

Desde o final de 2006, como se viu anteriormente, o lucro das nacionalizações dos campos petrolíferos e gasíferos, das refinarias, das fundições e das minas, atingiu quantias não desprezíveis. Mas

---

5. Emaús é uma associação criada pelo abade Pierre em 1947 na França, que luta contra a pobreza. (N.T.)

6. Grupo Emaús Oruro, Casilla postal 747, Oruro. Voix Libres, uma ONG de Estrasburgo, também realiza esse mesmo trabalho para as crianças de Potosí; Voix Libres, 15, rue Saint-Nicolas, 67000 — Strasbourg. *E-mail*: strasbourg@voixlibres.org

o que é que o governo faz com esse maná? Ele reduz a dívida pública para sair da dependência, financia a receita do Estado para assegurar sua viabilidade e dá início a reformas sociais para tirar o povo da miséria.

Já em 2006, a dívida foi consideravelmente reduzida, enquanto a receita estava praticamente equilibrada. A tendência se acentuou em 2007, 2008 e 2009. Ela continua em 2010.

Aliás, com a ajuda do PNUD, o governo elaborou um plano nacional de desenvolvimento. Este foi publicado em 2007 e cobre o período 2007-2012. Foi dessa maneira que os gastos públicos a favor da luta contra a desnutrição, o analfabetismo, a água poluída e as epidemias aumentaram para 10,5% do PIB, em 2006, e 14,8% em 2007.

Todos esses números foram publicados pelo Fundo Monetário Internacional, que não pode ser visto como simpático a um regime que dá a prioridade absoluta à luta contra a pobreza.[7]

O inimigo número um do povo boliviano continua sendo a desnutrição, a fome e seu cortejo de crianças inválidas por toda a vida, os trabalhadores que se tornaram inaptos ao trabalho mineiro ou rural e as mulheres anêmicas.

O *Programa malnutrición zero*, cuja primeira fase começou em 2007, visa assegurar alimentação adequada, tratamento médico, moradia e água potável a todas as crianças até dois anos de idade.

Numa manhã clara do inverno andino, eu me sento na sala de conferências do Ministério da Saúde, no coração da cidade alta de La Paz. A sala é escura. Suas paredes são recobertas com madeira escura de Beni.

A ministra, Nilda Heredia, cirurgiã, é uma pequena mulher de tez cor de cobre, cabelos grisalhos e olhos luminosos. Ela perdeu seu

---

7. FMI, *Public Information Notice* n. 07/08, 17 de julho de 2007; FMI, *Bolivia, Country Report* nº 07/248, 2007.

filho durante a repressão de Sánchez de Lozada. O estado-maior do ministério é composto, quase totalmente, por mulheres de cinquenta a sessenta anos que têm, atrás de si, uma longa experiência em hospitais públicos.

Como muitos países do Sul, a Bolívia sofre com uma *nomenklatura* médica cínica e exclusivamente interessada pelo dinheiro. Ela obtém lucros, em suas clínicas particulares, que fariam empalidecer os médicos de Genebra ou de Paris. Logo, apenas uma minoria, entre os dez milhões de habitantes da Bolívia, tem acesso aos tratamentos médicos de que precisa. No Altiplano e nos vastos territórios da Amazônia e do Oriente, ou seja, em dois terços do milhão de quilômetros quadrados do território boliviano, muito poucos hospitais e postos de saúde podem ser encontrados.

Para atenuar essa deficiência, a ministra Nilda Heredia pediu ajuda a Cuba. E, em 2008, oitocentos e cinquenta médicos cubanos tratam, operam, vacinam crianças nos grotões mais afastados desse imenso país... Cuba, aliás, ofereceu à Bolívia vinte e dois hospitais e mais de uma centena de centros nutricionais infantis.

Um clamor se faz ouvir lá fora. Na frente do ministério, na praça, centenas de médicos particulares protestam. Contra o quê? Contra o programa "desnutrição zero". Como é que o tratamento médico gratuito oferecido aos bebês pobres pode atrapalhar a *nomenklatura* das clínicas particulares de luxo?

Nilda Heredia me diz: "Nossos colegas não têm medo de perder a clientela deles. Nenhuma criança pobre nunca foi tratada na clínica deles! Mas eles têm medo do exemplo, do precedente; se nosso programa tiver sucesso, outras camadas da população vão exigir a abolição do *apartheid* médico."

A algazarra aumenta lá fora. Em seguida, ouço o barulho surdo das bombas de gás lacrimogêneo lançadas pela polícia. Mas os manifestantes não desistem. Ouvem-se gritos; pedras e tábuas de uma obra vizinha são lançadas na praça e se espatifam contra a fachada do ministério.

Somos levados ao terceiro andar.

Nilda se levanta, fecha as janelas e as pesadas cortinas azuis.

Outra reforma, indubitavelmente bem menos espetacular, mas de importância capital para o dia a dia dos pobres, particularmente dos indígenas, diz respeito à atribuição de documentos de identidade. Sem a carteira de identidade (certidão de nascimento ou de casamento, sem carteira de trabalho etc.), a vida do pobre é um inferno. De fato, a expedição de documentos de identidade sempre foi um caso de assalto burocrático.

Comunidades inteiras precisavam cotizar para permitir que um deles obtivesse a carteira de identidade tão desejada, sem a qual era impossível vender quinoa e legumes nas feiras.

Também é preciso entender que o guichê da prefeitura sempre foi o lugar onde o indígena sofreu, implacavelmente, com o racismo do funcionário subalterno mestiço ou branco.

A partir desse momento, o direito ao documento de identidade é assegurado. Ele é gratuito e universal.

Em 2006, 35,3% da população boliviana era "extremamente pobre". Com as reformas em curso, esse número cairá a 27,2% em 2010. Já a categoria dos "pobres" era, em 2006, 58,9% da população global; esse número cairá a 49,7% até 2010, segundo a previsão do Banco Mundial.[8]

Mas a revolução boliviana não pode ser resumida a um catálogo de reformas promissoras. Muito pelo contrário!

Houve muitos contratempos, fracassos e erros. Quero dar aqui alguns exemplos.

A nova lei sobre a terra.

Para os criadores de gado, a autorização de extensão máxima de propriedade da terra é, a partir desse momento, de 5.000 hectares;

---

8. Banco Mundial, *Bolivia, Towards a New Social Contract, A Country Social Analysis*, volume II (Washington, 2006).

para os plantadores de soja, de algodão, de milho e de cereais, a extensão máxima é de 2.000 hectares.

Para que a lei seja respeitada, os agentes do Instituto Nacional de Reforma Agrária (INRA) podem pedir ajuda, a qualquer momento, à guarnição do exército mais próxima. Os hectares excedentes são confiscados e entregues aos boias-frias sem terra ou aos pequenos agricultores que possuem apenas terrenos de um ou dois hectares.

Aliás, o INRA tem o poder de questionar a validade dos títulos de propriedade.

Mas os latifundiários do Oriente encontraram uma solução para o problema. Suas terras ultrapassam a superfície máxima legal? Os agentes do INRA exigem a distribuição dos hectares excedentes aos boias-frias? Não há nenhum problema. Basta que um tabelião corrupto o ajude, dividindo a propriedade do latifundiário. Dessa maneira, por exemplo, os hectares excedentes vão ser declarados como pertencentes à esposa, ao primo do proprietário ou a algum laranja...

Mas o latifundiário está disposto a ir mais longe, se necessário. Isso pode ser constatado, sobretudo, nas terras baixas do Oriente, nos departamentos de Santa Cruz, Tarija e Beni: aqui os assassinatos de agentes do INRA são cometidos sem nenhum problema pelos *pistoleros* dos latifundiários. E alguns comandantes do exército se juntaram aos latifundiários...

Em resumo, a reforma agrária não progride.

Outro fracasso. Evo Morales aumentou o salário mínimo em 18,2% em 2006, o que, com a inflação anual limitada a 3%, representa um importante aumento do poder de compra. Mais de 66% dos trabalhadores bolivianos pertencem ao "setor informal", no qual nem o contrato de trabalho, nem o estatuto, muito menos a legislação social existem.[9] Milhões de crianças, homens e mulheres exercem

---

9. *Ibid.*

uma variedade infinita dessas profissões "informais" e mudam constantemente de profissão.[10]

Em La Paz, Oruro, Sucre e Santa Cruz, noite e dia, esses *biscateros* — crianças de menos de dez anos, mulheres magras e desdentadas, homens com o olhar vítreo, desesperados, submissos — ficam encostados nas paredes, esperando alguém que precise de seus serviços.[11]

Ainda outro fracasso. O MAS sofre com a falta dramática de executivos competentes.

Desde sua chegada ao palácio Quemado, Evo Morales tomou uma decisão que teve consequências imprevistas. Ele proibiu todos os ministros, diretores de sociedade de Estado ou altos funcionários de manter qualquer relação, profissional ou pessoal, com algum mandatário dos antigos governos.

Os dirigentes do Estado colonial defunto sofreram uma espécie de anátema.

Essa ruptura radical com o passado aconteceu, supostamente, para servir de obstáculo à contaminação, aos compromissos, aos desvios. Mas ela também priva o Estado de executivos que, em certos casos, não mereciam esse tratamento.

Logo, no MAS, os executivos capazes de organizar, de pilotar, de fazer com que o processo complexo de libertação antiocidental obtenha o sucesso desejado, são raros. Depois de dois anos no poder, Evo Morales já mudou três vezes o ministro da Agricultura, cinco vezes o diretor da YPFB, duas vezes o ministro dos Hidrocarbonetos e quatro vezes o ministro da Justiça...

---

10. As profissões mais comuns do setor são as de engraxates, empregados domésticos, boias-frias nas fazendas, cortadores temporários de cana-de-açúcar, vendedores ambulantes, trabalhadores de bares de rua, ajudantes alugados nas esquinas que servem no transporte de cargas mais pesadas que aquelas colocadas sobre as mulas, carvoeiros na floresta, tijoleiros de fundo de quintal, carregadores de água, vigias de canteiros de obras, lavadeiras etc.

11. A palavra brasileira *biscate* também é usada frequentemente em Santa Cruz, em Beni, em Tarija, e cada vez mais nas terras altas e nas cidades dos vales.

VI
O Estado nacional

A destruição do Estado colonial e a edificação de um Estado nacional são o terceiro objetivo que Evo Morales e o MAS assumiram.

Morales chama de "Estado colonial" o sistema político institucional que governou a Bolívia de 1825 até 2006. Ao se tornar mestre das riquezas e soberano de suas terras, o povo boliviano deve construir uma nação pluriétnica, democrática e solidária. Morales esclareceu isso longamente durante a sessão de abertura da Assembleia Constituinte em Sucre, em agosto de 2006.

Para ele, o Estado nacional é sinônimo de Estado de direito. Ele organiza a justiça social, a igualdade, a proteção dos direitos humanos. Ele assegura a cada um a liberdade e a segurança.

Jean-Jacques Rousseau afirma essa evidência: "Nas relações entre os homens, o pior que pode acontecer a um deles é se encontrar à discrição do outro."[1]

O contrato social é o fundamento da nação. Apenas ele liberta o homem da escravidão, da dependência, do arbitrário. O contrato social une todos os cidadãos, qualquer que seja sua origem étnica, suas crenças, sua cor de pele.

---

1. Jean-Jacques Rousseau, *Discours sur l'origine et les fondements de l'inégalité parmi les hommes* [Discurso sobre a origem e os fundamentos da desigualdade entre os homens], 1775.

A consciência nacional, portanto, é por definição pluriétnica e multicultural.

A monoidentidade é exatamente o contrário de uma consciência nacional. A nação é um ser social vivo e vive da capitalização das afiliações múltiplas, das heranças culturais diferentes. O etnonacionalismo, a devoção comunitária e o fanatismo tribal são os inimigos mortais da nação, como também da democracia.

Desse ponto de vista, o Estado nacional boliviano deve enfrentar uma grave ameaça.

O movimento Pachakuti, dirigido por um líder carismático, Felipe Quispe, um aimará, encoraja a afirmação de um indigenismo fanático, no próprio âmago da ressurreição indígena e da construção do Estado nacional. Foi ele que organizou a resistência armada contra Sánchez de Lozada.

O homem é de uma coragem... e de uma brutalidade excepcionais, uma espécie de Savonarola[2] dos Andes; tem um formidável dom da arte da oratória e da organização e é movido pelo ódio aos brancos e aos mestiços. Sua intransigência, sua austeridade e seu tom de voz inflamado lhe asseguram a adesão de centenas de milhares de adeptos.

Ele é baixo, atarracado e tem um olhar perspicaz. Goza, particularmente junto à juventude dos altos planaltos, de uma veneração ardente. Sua mensagem é simples: os *Q'ara*, os brancos, são os invasores. Seus crimes hediondos — antigos e atuais — tornam intolerável sua presença nas terras dos ancestrais. A Pachamama, a Terra Mãe, ordena sua expulsão. É preciso expulsá-los da Bolívia. Todos. Sob a ameaça das armas, se necessário. Esse é o preço da ressurreição da Bolívia indígena.

Sem rodeios, Quispe acusa Morales de comprometimento com o Ocidente. Brancos (a começar pelo vice-presidente Garcia Linera, diz ele praguejando) participam do governo. Generais brancos co-

---

2. Monge florentino do século XV, que pregava com veemência o retorno aos modos austeros da vida ancestral.

mandam o exército. A Igreja espanhola continua a celebrar missas. Tudo isso, a seus olhos, é intolerável.

Ele pode ser ainda mais ardiloso: insinua que Morales não é um verdadeiro filho de Pachamama, porque ele e sua família desertaram sua comunidade de origem, em Orinoca, no planalto de Oruro, para ir cultivar coca na floresta do Chapare, nas terras baixas, longe dos Apus e dos Ayilus.[3]

Quispe afirma falar com os Apus e com os Ayilus. Ele diz que sua legitimidade provém deles.

Evo Morales é um orador medíocre, enfadonho, enquanto Quispe empolga multidões.

Do outro lado do lago Titicaca, no vizinho Peru, Felipe Quispe dispõe de um aliado poderoso, Ollanda Humala. Pois, Humala, carismático líder quíchua, perdeu a eleição presidencial peruana, em 2007, para o candidato dos Estados Unidos, Alan García. Depois do desastre que a eleição democrática de Evo Morales significou para o Ocidente (em dezembro de 2005), Washington investiu dezenas de milhões de dólares em Alan García para evitar a contaminação...

Humala é o profeta da *raza cobriza*, da raça da tez cor de cobre, única proprietária legítima, a seus olhos, das cordilheiras, das estepes, dos vales, das nascentes e dos minérios dos Andes. Como Quispe, ele conclama a insurreição armada contra os brancos (e os *cholos*). Eles devem abandonar os Andes, segundo Humala. Eles são usurpadores e maculam a terra sagrada de Pachamama.

A coluna vertebral do Estado nacional é formada por doze mil povos "originais" — aimará, quíchua, moxo, guarani etc. — que estruturam a população indígena.[4]

---

3. Os Apus são espíritos que moram nos altos cumes, a 5 ou 6.000 metros de altitude. Cada Apu tem um pico nevado onde mora. Os Apus protegem, do alto, o ciclo da semeadura e das colheitas, a reprodução dos lhamas, a fertilidade da terra. Já os Ayilus vivem debaixo da terra, em subterrâneos proibidos ao comum dos mortais. São ancestrais mortos. Eles protegem os clãs e as famílias e asseguram a permanência do homem na terra.

4. *Pueblos originales* é a expressão oficial para designar os diferentes povos indígenas.

A vida desses indígenas é extremamente dura. Mas paciência destes está acabando. Logo, as reivindicações endereçadas a Morales e a seu governo são marcadas pela urgência e pela intransigência. Pois, se o Estado não conseguir transformar profundamente as condições de existência dos indígenas, se ele não abolir as misérias e não restaurar a dignidade, ele será rejeitado. O fanatismo comunitário se oferecerá, então, como refúgio para todos aqueles que estiverem decepcionados com o Estado nacional.

Evo Morales encontra-se numa corrida contra o tempo. Ou o Estado nacional é construído rapidamente, trazendo seus frutos e afirmando sua legitimidade, ou Felipe Quispe e os teóricos racistas desviarão a cólera dos indígenas dos Andes na direção do combate etnonacionalista, da patologia identitária, do fanatismo tribal.

Para melhor compreensão da dimensão da tarefa que Morales tem de enfrentar, gostaria de me aprofundar sobre as condições de vida e o estado da consciência coletiva de uma comunidade típica, a dos aimarás de Socomany, no departamento de Oruro, que eu visitei em 2007.

Socomany quer dizer "o bom caminho", em aimará. Em Socomany, moram cento e vinte e uma famílias, novecentas e cinquenta e quatro pessoas no total.

O conselho de administração nos recebe.

A *corregidora* (vice-presidente) é uma mulher forte, com rosto largo e sorridente, gestos enérgicos, saias múltiplas, amplas e coloridas. Seus cabelos de azeviche são divididos em duas belas tranças que chegam até suas ancas largas. Ela se chama Felicidad Berdoja de Alborta e tem quarenta anos.

O secretário-geral é um homem jovem, Luiz Choque. O responsável pela água potável se chama Bruno Ayza, e o responsável pelo gado, Felipe Lopez.

Naquele dia, faltava o personagem principal de Socomany, o *alcalde mayor*, o chefe aimará, o poncho vermelho.

Socomany produz cebola, alface, flores, quinoa, batata, nabo, fava, trigo, beterraba, acelga, couve, rabanete, salsinha e tomate. Perus, porcos, lhamas, carneiros, coelhos, patos e galinhas perambulam entre as cabanas e chegam até a ampla praça de chão batido, que fica na frente do prédio do conselho de administração.

Mas o orgulho da comunidade são suas quinze vacas. Todavia, nem o leite nem a carne das vacas (dos carneiros ou das lhamas) são usados em benefício dos habitantes, visivelmente marcados pela desnutrição.

Pois a carne e o leite são vendidos em Oruro. Eles constituem a principal fonte de renda dos agricultores.[5]

A comunidade não possui, aliás, nenhum trator e nenhuma outra máquina agrícola. Aqui, como em muitas outras comunidades, o arado é um instrumento desconhecido. Os aimarás e os quíchuas trabalham como há mil anos: usando enxadas, pás, a força do braço, do amanhecer ao anoitecer, a família unida, na precariedade, debaixo dos furacões de verão, aos frios intensos do inverno.[6]

A irrigação, que permitiria aumentar a produtividade do solo, não existe nos planaltos. Há milhões de anos, o Altiplano era um oceano. Hoje seu solo é árido e seco.

A *corregidora* sonha em voz alta: "Ah! Se nós tivéssemos uma vaca holandesa! Nós podemos comprá-las perto de El Alto. Uma vaca holandesa produz 30 litros de leite por dia. Nós poderíamos então comprar um trator e um arado..."

Cada família possui seu poço, mas não há bombas. A água deve ser içada manualmente, com baldes amarrados em cordas, em poços que chegam a 30 metros de profundidade. Além disso, a água do Altiplano é salgada. No verão, não há água suficiente para tudo. As

---

5. As vacas produzem cada uma, em média, oito litros de leite por dia.

6. Visitei a comunidade de Jintamarca, perto de Guaqui, nas proximidades do lago Titicaca. Oitenta e duas famílias, a maioria de origem aimará, moram nela. Elas perderam toda a colheita de batata e de quinoa em três dias por causa de uma geada intensa, em julho de 2006.

famílias devem comprá-la de uma empresa particular de Oruro. O caminhão vem duas vezes por semana. Mas 200 litros de água custam dois bolivianos.[7]

Perto do prédio de concreto onde nós fomos recebidos, e que serve de sala de reunião do conselho de administração, se encontra a escola, uma casa clara, de muros brancos, de um andar. Duzentas e cinquenta e três crianças são escolarizadas nela por uma professora e dois professores do Ensino Fundamental (mal) pagos pelo prefeito do departamento.

A terra é comunitária para a forragem. Fora isso, cada família possui seu terreno, que pode variar de meio a quinze hectares. A comunidade tem no total 1.774 hectares. Mas nenhum adubo verdadeiro para enriquecê-la.

Muitas crianças sofrem com a diarreia. No inverno, são os resfriados e as pneumonias que as ameaçam. Não existe posto de saúde nem igreja, diga-se de passagem.

"*Quando no hay producción, pasamos hambre*",[8] diz sobriamente Felicidad.

A recepção, na sala do conselho, é solene. Os membros do conselho de administração falam um por vez. Felicidad cala os que falam demais.

Vejo penduradas em molduras poeirentas na parede atrás da *mesa directorial*, uma pesada mesa de madeira, as três imagens tradicionais desbotadas: o brasão da Bolívia,[9] o retrato enfeitado com uma fita verde, amarela e vermelha de Simón Bolívar com uma espada e o de Antonio José de Sucre. Os dois *Libertadores* usam uniformes coloridos, parecidos com os dos marechais de Napoleão.

Fico intrigado com esse trio. Onde está Evo Morales, aimará como eles e primeiro presidente indígena em quinhentos anos?

---

7. Sete bolivianos equivalem a um dólar (taxa de câmbio de maio de 2008).

8. "Quando não há colheitas, passamos fome."

9. O brasão mostra um sol nascendo, o Illimani e suas neves eternas, uma pradaria, uma árvore e um lhama.

Repentinamente um silêncio se abate na sala. Temo ter sido indelicado.

Felicidad me olha, então, longamente. Em seguida, coloca a mão direita sobre o coração. Os responsáveis da água e do gado, o secretário-geral e o vice-presidente fazem o mesmo gesto. O significado desse gesto é claro: os generais crioulos mofam nas paredes; Evo, ele mora em nosso coração.

A mais rigorosa democracia rege as comunidades.

Existem dois conselhos ao lado do conselho de direção que administra os projetos em andamento: a *junta escolar*, encarregada do bom funcionamento da escola, e a *junta vecinal*, que se ocupa das relações exteriores (obtenção de alvarás, junto às autoridades civis, de construção, de escavação de poços, de construção de galinheiros suplementares etc.).

Bebericamos mate de coca. Bebida amarga, estimulante, adocicada... que me embrulha o estômago.

Quando anoitece, pergunto se poderia visitar algumas famílias. Eu também queria passear até o extremo norte da comunidade, a três quilômetros, lugar por onde passam, sem cessar, os ônibus que vão de La Paz a Oruro.

Aproveito a dispersão do cortejo para me aproximar de Felicidad. A *corregidora* acelera o passo. Eu a alcanço.

Ela entendeu que eu queria falar com ela a sós.

A democracia integral de base teria sido acalmada e se tornado tolerante, alimentada pela sabedoria milenar que rege as comunidades quíchua, guarani, moxo e aimará? Uma mentira inocente de antropólogos, retomada periodicamente pelo governo e pelos militantes do MAS. A maior parte das comunidades conhecem conflitos importantes.

Elas devem enfrentar problemas difíceis, exteriormente e interiormente. Todos os dias.

Felicidad murmura:

Nós trabalhamos como animais. É verdade... Muitos dos nossos jovens já não aguentam mais essa vida. Mas o que fazer? Se eles forem para as cidades, se transformarão em desempregados. Eles sabem disso. Eles nos pedem para alugarmos, em Oruro, um trator com um arado. Mas o aluguel custa 80 bolivianos por hora. Além disso, é preciso pagar o *diesel*. Nós não temos dinheiro para isso [...]. Alguns foram para a Argentina colher mate. Eles se desiludiram rapidamente. O salário mal cobre o custo da viagem.

Ela pensa um pouco.

"Aumentar a produção de legumes, quinoa e cebolas? Vai ser difícil. Nós temos apenas adubos naturais. Precisamos deixar a terra descansar..."

Uma perspectiva a assusta: a venda, na feira de Oruro, dos legumes, da quinoa, do trigo e das favas.

Nossos jovens sabem ler, ele se informam. Sobretudo os que estiveram na Argentina. Eles dizem que o preço da quinoa é alto na cidade e que os produtos de alimentação importados são baratos. Eles conhecem o preço da *pasta*, o macarrão que é vendido em Oruro. Mas eu não quero isso [...]. Eu percebi quando você olhou para nossa escola ao passarmos diante dela. Realmente, muitas de nossas crianças não são saudáveis. Elas não se alimentam suficientemente todos os dias. Mas, pelo menos, o que elas comem é nutritivo. São nossos legumes, nossas batatas, nossos nabos e nossas cebolas. Vender todos nossos produtos? Comprar macarrão brasileiro ou argentino? Nunca! Nossas crianças apenas iriam piorar.

Um orgulho ilumina subitamente seu rosto. Ela diz: "Até hoje, nenhum dos nossos jovens foi obrigado a ir para San José!"

A montanha de San José, que domina Oruro, abriga veios de prata, zinco, chumbo e ouro. Uma sorte para a comunidade? Não, pois essa montanha rejeita os mineiros antes de completarem trinta e dois anos. Doentes por causa da silicose, abandonados sem indenização, física e psicologicamente destruídos. As vítimas de San José, milhares delas, vão morar nas favelas de Oruro.

As relações com as autoridades do departamento são péssimas. Felicidad está irritada:

> Nenhuma canalização, nenhum transporte público, nenhum mísero empréstimo, nada!... Eu queria que, ao menos, um ponto de ônibus fosse criado na estrada asfaltada que vai para La Paz ou para Oruro... Mas o prefeito se recusa a receber o *alcalde mayor* ou qualquer um dos membros da comissão de administração... Às vezes, eu me encontro com ele em uma rua de Oruro. Ele me diz: "*Ven, compañera.*"[10] Mas quando tento marcar uma hora com seu secretário, este se recusa.

Com um olhar enigmático, ela diz ainda: "O prefeito tem medo de nós."

Os benefícios do Estado nacional, manifestamente, ainda não foram sentidos em Socomany. As relações são tensas entre as novas autoridades e a comunidade ancestral.

No dia seguinte, eu me sento em uma das poltronas de couro verde do escritório do prefeito, Luis Alberto Aguilar. A prefeitura fica em um magnífico edifício branco, antigo palácio de um grande senhor mineiro.

O prefeito é um homem poderoso.[11] Ele faz parte do MAS e me recebe vestido com um agasalho azul escuro: acaba de chegar da inauguração de uma corrida ciclística.

Aguilar é um homem de uns quarenta anos, com um riso sincero, e uma inteligência aguçada. Aproveito a ocasião para lhe informar das queixas da *corregidora* de Socomany. Ele reage às informações com uma má-fé desconcertante: "Como assim? Eu recebo todos meus administrados a qualquer momento. Aqui, neste escritório, todo mundo está em casa. Vou dar a maior bronca no meu secretário."

---

10. "Venha me ver um dia desses, companheira!"
11. O departamento de Oruro tem trinta e quatro municípios. O orçamento de funcionamento é de 250 milhões de bolivianos.

* * *

Uma humilhação longa demais, um sofrimento cruel demais, podem jogar os povos nos braços dos piores demagogos. Evo Morales está perfeitamente consciente desse perigo.

E foi exatamente para bani-lo que ele anunciou, desde o dia de sua posse em Tiwanaku, a convocação de uma Assembleia Constituinte. Pois ele está convencido de que a instituição de um Estado nacional, de um Estado de direito, é a única arma eficaz para se combaterem a febre identitária e o fanatismo comunitário.

Desde agosto de 2006, e durante os quinze meses que se seguiram, a Assembleia Constituinte se reuniu, então, na antiga capital da Bolívia, Sucre. Sua tarefa: acabar com o Estado colonial, fundar o Estado nacional, tornar permanentes as rupturas e as reformas radicais criadas pelos decretos presidenciais, assegurar, por meio de instituições fiáveis, a perenidade do renascimento indígena.

A presidente da Assembleia, uma sindicalista agricultora de Cochabamba de aspecto grave, bochechas salientes, cujo nome é Silvia Lazarte, recusou-se a me ver. Mas sua vice-presidente, originária de Tarija, é uma mulher de vinte e oito anos, alegre e loquaz. Ela usa um pequeno chapéu redondo cinza sobre suas tranças pretas e as amplas saias brancas de sua região de origem. E, como todas as mulheres de Tarija, ela exibe, atrás de sua orelha esquerda, um cravo vermelho.

Ela diz que a Assembleia Constituinte era um campo de batalha decisivo. A oligarquia de Santa Cruz era fortemente representada. Seus deputados eram advogados de negócios, geralmente hábeis e astutos, banqueiros bem relacionados internacionalmente e engenheiros que trabalham para as sociedades estrangeiras. Diante dos deputados do MAS, majoritários, eles se mostraram obstinados, tentando permanentemente dividir os deputados indígenas.

Durante muito tempo, fui deputado socialista de Genebra no Parlamento da Confederação Helvética. Tenho grande experiência com as armadilhas, as emboscadas e os golpes baixos que uma direita competente, determinada, temendo por seus privilégios, pode colocar em prática para sabotar qualquer ação inovadora. Fiquei arrepiado ao ouvir a jovem e simpática vice-presidente da Assembleia Constituinte: os deputados de Santa Cruz não teriam o mínimo problema com ela e com a presidente taciturna.

Mas me enganei.

No domingo, dia 25 de novembro de 2007, a Constituição foi adotada por cento e trinta e seis deputados dentre os duzentos e cinquenta e cinco. É uma das mais volumosas e mais detalhadas Constituições do mundo: quatrocentos e trinta e um artigos! Apenas o catálogo dos direitos humanos — civil, político, econômico, social e cultural — contém trinta e dois artigos.

Mas até hoje, os adversários de Evo Morales se recusam a reconhecer a legalidade desse voto democrático.

O artigo 4º da Constituição institui a equivalência entre a religião católica e as cosmogonias indígenas. A alta hierarquia da Igreja e o núncio apostólico se escandalizam.

A extrema direita secessionista rejeita as nacionalizações, o novo sistema fiscal, a *Renta dignidad* (que o Estado atribui, partir de então, a cada pessoa necessitada que tenha mais de sessenta anos[12]). Ela acha inaceitável que a lei fundamental comporte no artigo 8º palavras em língua aimará. Esse artigo diz: *"El Estado asume como principio etico-moral: Ama ghella, ama llulla, ama suwa"* ("O Estado assume como princípio ético-moral: não seja preguiçoso, não seja mentiroso, não seja ladrão").

A solução desse conflito determinará o futuro do regime. Seu alcance histórico é, portanto, considerável.

---

12. A *Renta dignidad* (renda da dignidade) é a primeira medida universal de seguridade social da história da Bolívia.

VII

A FESTA

O 1º de maio de 2007 em La Paz continua sendo, para mim, uma lembrança inesquecível. Uma multidão imensa e colorida se espreme debaixo da sacada do palácio Quemado, em cima das escadarias da catedral, nas ruas próximas. O centro da cidade está repleto de pessoas.

Rojões artesanais explodem no céu límpido. A fumaça forma pequenas nuvens cinza que flutuam sobre os telhados.

Dezenas de milhares de famílias e comunidades, lideradas por bandeiras e orquestras, afluem da imensa cidade-satélite de El Alto que, do alto de seu planalto, domina os velhos bairros de La Paz, aninhados no fundo do cânion. Os mineiros de Oruro e Potosí usam capacetes e lanternas de acetileno. A orquestra da guarda municipal toca a *Marcha do Presidente*, herança de um passado longínquo. A multidão parece indiferente a ela.

Mas, quando uma fanfarra dos mineiros de Potosí, perdida no meio de uma floresta de bandeiras com as cores da Bolívia — amarelo, verde e vermelho —, vira na avenida Ingavi para se postar, diretamente, debaixo da sacada do palácio Quemado, os aplausos explodem como um trovão.

A catedral fica ao lado do palácio. Nesse dia de festa, ela permanece trancafiada. O cardeal é inimigo do *Cambio*. Seus jornalistas, padres e deputados passam o tempo todo difamando cada uma das iniciativas do governo.

O sol já está alto no céu.

Entre as árvores, os sindicalistas estenderam bandeirolas.

"Bolivia cambia, Evo cumple" ("A Bolívia está mudando, Evo está cumprindo suas promessas"); *"Fuerza y gloria, paz, unión"* ("Força e glória, paz e união"); *"Nacionalización es vivir bien"* ("Nacionalizar significa viver bem"); *"Bienvenidos, señores extranjeros que visitan a nuestro país, Que sean nuestros hermanos"* ("Sejam bem-vindos, senhores estrangeiros que visitam nosso país, sejam nossos irmãos").

"Primer aniversario de la nacionalización de los hidrocarburos" ("Primeiro aniversário da nacionalização dos hidrocarbonetos"); "Vamos festejar o aniversário da assinatura dos quarenta e quatro contratos de nacionalização"; *"La nacionalización — la hacemos todos"* ("A nacionalização, todos nós a fazemos").

As bandeirolas de conotação religiosa também são encontradas em grande número. *"Bolivia querida, amada de Dios"* ("Bolívia querida, amada por Deus"); "Em nome do Pai, do Filho e do Espírito Santo, que Deus proteja a Bolívia."

Na imensa praça, nenhuma bandeira vermelha. Nenhuma foto de qualquer líder histórico do movimento operário internacional. Apenas um grande retrato em preto e branco pendurado na fachada do palácio do Parlamento: o belo rosto de Che Guevara. Embaixo, estas simples palavras: *"Con lealdad siempre te saludamos"* ("Nós sempre te saudamos com lealdade").

Evo sai, repentinamente, para a sacada, acompanhado por um oficial vestido com um uniforme do exército, pelo ministro do Trabalho com a camisa desabotoada, por alguns sindicalistas agricultores, por mineiros com seus capacetes na cabeça.

Evo usa a faixa presidencial com dignidade, vestido com seu eterno *jeans* azul claro desbotado, com suas botas de borracha e lona e com uma camisa azul-clara. Seu cabelo espesso preto cai como um capacete sobre seu rosto e o nariz proeminente. De cima de seu um metro e oitenta e cinco, sua cabeça se destaca acima da pequena multidão espremida na sacada.

O locutor anuncia: "*El Primer Mandatario.*"

"Pachamama nos deu os minérios", diz o presidente. "Outros os roubaram de nós. Nós vamos retomá-los integralmente. Nossas crianças têm fome. É preciso que elas possam comer. Todos os dias. Suficientemente."

Na praça, um silêncio solene se instalou. Nenhum rojão explode mais no céu. As pombas se divertem em cima do monumento Murillo. As bandeirolas penduradas nas árvores balançam com a brisa.

O desemprego é uma praga secular nas grandes cidades do país. Quem primeiro sofre com ele são, evidentemente, os indígenas.

"*Lograr trabajo. Y mejor trabajo*" ("Encontrar trabalho, um trabalho melhor"), promete o presidente. Como sempre ele é preciso: "Nós temos dinheiro para criar 200.000 postos de trabalho. 70.000 vão ser criados até o dia 1º de maio do ano que vem."

A multidão, silenciosa, escuta.

"*Pueblo de Bolivia y pueblo de América latina. Pueblo de Perú, de Bolivia, de Ecuador...*" ("Povo da Bolívia e povo da América Latina. Povo do Peru, da Bolívia, do Equador...")

A voz de Evo fica um pouco mais forte.

Hermanos, Hermanas... (Irmãos, irmãs...) [...] A Madre Tierra (Terra Mãe) fez surgir de nosso solo os minérios, o gás e o petróleo [...] para que deles nos servíssemos para o bem de nossas famílias. Nós consultamos nossos amigos da Noruega, da Argélia, da Venezuela [...] eles nos ajudaram a redigir os contratos de nacionalização, eles nos ajudaram a negociar com os estrangeiros. Vamos agradecer aos amigos da Noruega, da Argélia e da Venezuela [...]. Vamos nos lembrar dos mártires de Chicago e dos mártires bolivianos que lutaram contra os invasores, os barões do estanho, pela jornada de dezesseis horas — lembrem-se: "*Gloria a los mártires de aquí y de allá... Viva Bolivia libre, sin esclavos*" ("Glória aos mártires daqui e de lá... Viva a Bolívia livre, sem escravos").

O presidente, repentinamente, se cala. A multidão permanece imóvel em seus pensamentos. Nenhuma explosão de aplausos.

Apenas alguns gritos: "Evo! Evo!"

Em seguida a multidão se dispersa.

Uma jovem mulher usando três camadas de saias coloridas, um poncho gasto, um chapéu redondo — tal qual Carlos V tinha imposto a todas as indígenas dos Andes no século XVI —, caminha do meu lado na calle Commercio.

Ela tem belos olhos negros, um rosto fino, a tez acobreada. Ela me olha, furtivamente, timidamente. Ela tem, manifestamente, vontade de saber o que é que esse gringo pensa de seu presidente e do discurso que ele acaba de pronunciar.

Com a solenidade, um pouco ridícula, de um importante social-democrata europeu, digo: "Esse é o mais belo 1º de maio que eu já vivi em minha vida."

Ela me ouve. Abaixa os olhos. E, em seguida, me diz: "*Un hombre pobre como nosotros... un campesino, elegido presidente constitucional, que nacionalizó los hidrocarburos... que afrontó al imperialismo.*"[1]

Um gesto furtivo com a mão.

Em seguida, ela desaparece na multidão.

---

1. "Um homem pobre como nós... um agricultor, eleito presidente constitucional, que nacionalizou os hidrocarbonetos... que enfrentou o imperialismo."

VIII

Os ustashes estão de volta

Nos planaltos do Altiplano e nas terras baixas de Santa Cruz, o Ocidente acaba de sofrer uma terrível derrota.

Os gigantes petrolíferos e gasíferos se ajoelharam. Os barões das minas que, há séculos, reinavam sobre seus Cerros (as montanhas que abrigam ouro, prata e os outros minérios) viram seu poder tomado. As sociedades detentoras das minas de lítio (minério indispensável à produção nuclear) foram, elas também, nacionalizadas. Os agrimensores da reforma agrária traçam, dia após dia, os novos limites legais das fazendas.

Pela primeira vez em cinco séculos, um indígena, um homem dessa *raza cobriza* (raça acobreada), desse povo de tez acobreada, é o presidente democraticamente eleito de um país da América do Sul.

Esse país detém as três maiores reservas do mundo de gás líquido, uma grande parte das reservas petrolíferas e uma quantidade apreciável de minérios estratégicos entre os mais raros e os mais preciosos do planeta.

O Ocidente contra-ataca, evidentemente. Essencialmente, no momento, por intermédio de seus mercenários locais. Quem são eles?

Em suas terras baixas, a Bolívia acolheu, depois de 1945, um grande número de antigos nazistas, de origem alemã e austríaca, ustashes croatas, Guardas de Ferro romenos, muitos criminosos fascistas oriundos da Hungria, Letônia, Ucrânia etc. Muitos eram procurados pela Interpol, às vezes, há décadas. Geralmente em vão.

Neste momento, um pouco de História é indispensável.

No dia 10 de agosto de 1944, aconteceu em Estrasburgo, na França, no Hotel Maison-Rouge, uma reunião dos responsáveis da economia e dos generais das SS. Ela tinha sido convocada por Heinrich Himmler.[1]

A primeira pauta da reunião era a transferência massiva de capitais alemães para a América do Sul, para que "depois da derrota, um IV Reich alemão poderoso pudesse renascer".[2]

O segundo objetivo era a organização e o financiamento da fuga dos responsáveis das SS, da Gestapo e de seus auxiliares. Diante da inevitável derrota, as SS [Seções de Segurança] e seus cúmplices acabaram optando por uma região determinada: a província de Misiones, no Norte da Argentina, as margens do rio Paraguai e as terras baixas da Bolívia. Santa Cruz é a capital desse triângulo.

O historiador Jorge Camarasa conta como, desde o final de 1944, submarinos alemães chegaram durante a noite à foz do rio da Prata. Esses submarinos estavam repletos de caixas de ouro, prata e diamantes, e eram escoltados por agentes alemães armados. Do rio da Prata, a carga era desembarcada, antes de ser embarcada em barcas que subiam o rio Paraguai até Puerto Suárez, o porto fluvial de Santa Cruz.[3]

No dia 12 de dezembro de 1996, o governo americano publicou um documento, que tinha permanecido secreto durante cinquenta e um anos, que, pela primeira vez, fornecia uma estimativa do butim nazista transferido para esse triângulo. Apenas no mês de abril de 1945, um bilhão de dólares (valor de 1945) foram recebidos, dessa maneira, pelas companhias de seguro, pelos bancos, pelas sociedades

---

1. Ao redor da mesa se encontraram os diretores-gerais da Krupp, Röchling, Volkswagen, Rheinmetall, Messerschmitt e outras grandes sociedades industriais. Muitos diretores da IG Farben, que forneciam o gás Zyklon B aos campos de extermínio, também estavam presentes. A maior parte desses representantes da indústria estava pessoalmente ligada aos homens de uniforme preto com a caveira. Eles se conheciam e trabalhavam juntos há anos.

2. Relatório do Office of Strategic Services (OSS) dos Estados Unidos, *apud* Jean Ziegler, *La Suisse, l'or et les morts* (Paris: Seuil, 1997; coleção Points, 1998 e 2008).

3. Jorge Camarasa, *Odessa del Sur* (Buenos Aires, 1995).

fiduciárias, pelos administradores de bens e pelas casas de comércio da Bolívia (do Paraguai e da Argentina).

Assim, desde o final de 1944, nos departamentos bolivianos de Santa Cruz, Beni e Pando, os agentes alemães compraram gigantescas propriedades, empresas agroindustriais, criações de animais e empresas de transporte.

A realização do segundo objetivo da conferência de Estrasburgo exigia esforços consideráveis. A organização estruturada, eficiente, destinada a assegurar a evasão clandestina dos assassinos para a América Latina foi colocada em prática sob o codinome "Odessa". (*Organisation der ehemaligen SS-Angehörigen*, Organização de antigos membros das SS). Graças a ela, Joseph Mengele, médico em Auschwitz, conseguiu se esconder durante várias décadas entre o rio Paraguai e o departamento de Santa Cruz. Eduard Roschmann, conhecido como o "açougueiro de Riga", o chefe da Gestapo Heinrich Müller e muitos outros assassinos nazistas aproveitaram uma aposentadoria tranquila nesse triângulo. Com exceção de Adolf Eichmann, responsável por assuntos judaicos na Secretaria de Segurança do Reich, raptado em Buenos Aires em 1960, e de Klaus Barbie, nenhum outro desses criminosos foi preso. Durante sua fuga, o próprio Eichmann passou por Santa Cruz.

Quantos nazistas pediram ajuda às redes da "Odessa"? Ninguém sabe. Mas o que se sabe, por outro lado, é que muitos dos ustashes aproveitaram a Ratline[4] estabelecida pela organização "Odessa".[5]

O IV Reich não foi, obviamente, fundado no Oriente boliviano. Mas até hoje nessa região, ainda se continua fiel ao passado. Bertold Brecht escreveu: "O ventre de onde surgiu a besta imunda ainda é fecundo."

---

4. Ratline: rotas de fuga dos ratos. Essa expressão é a que a própria organização Odessa utilizava.

5. Dois prelados croatas, que ocupavam postos-chave no Vaticano, o cardeal Stepanović e o padre Draganović, entregavam passaportes do Vaticano aos ustashes.

Como explicar a tamanha impunidade desses criminosos nazistas e fascistas? As antigas SS, os agentes da Gestapo e os ustashes ocuparam cargos dirigentes no seio dos aparatos de Estado da Bolívia e do Paraguai (e da Argentina no tempo de Perón). Alguns desses piores criminosos também fizeram carreira na polícia e nos serviços secretos bolivianos.

Vamos examinar o caso Klaus Barbie, chefe da Gestapo de Lyon, França, responsável pela prisão de Jean Moulin[6] e carrasco de centenas de membros da resistência francesa e da *Les enfants d'Izieu*.[7] Barbie foi o chefe da Polícia Nacional Boliviana durante duas ditaduras militares sucessivas: a do general René Barrientos e, em seguida, a do general Ovandro "Bravo" Candía.

Ele teve, particularmente, um papel-chave na captura e no assassinato de Che Guevara. Além de ter sido administrador da companhia Transmarítima Boliviana, acumulou uma fortuna considerável. Sua organização secreta, formada em grande parte por antigos nazistas, os "Noivos da morte", preparou, em 1980, a chegada ao poder do general Arce Gómez.[8]

Graças à obstinação de François Mitterrand[9] e de Régis Debray,[10] ajudados por Serge Klarsfeld,[11] Barbie foi finalmente preso no dia 5 de fevereiro de 1983, em Santa Cruz, e expulso para a França. Mas os alunos de Barbie ocuparam postos-chave nos serviços secretos e na polícia da Bolívia até a chegada de Evo Morales ao poder.

---

6. Herói francês da resistência francesa contra a ocupação alemã durante a Segunda Guerra Mundial. (N.T.)

7. *Les enfants d'Izieu* (As crianças de Izieu) era uma colônia de crianças judias refugiadas na cidade de Izieu (hora em zona livre, hora em zona ocupada). No dia 6 de abril de 1944, Klaus Barbie enviou um comando da Gestapo para prender as quarenta e quatro crianças residentes e os sete adultos que lá se encontravam e enviá-los aos campos de extermínação, onde morreram. (N.T.)

8. Fabrizio Calvi, *France-États-Unis, cinquante ans de coups tordus* (Paris: Albin Michel, 2004). Calvi defende a tese de uma proteção de Barbie pela CIA. Kevin McDonald, em seu filme *O inimigo do meu inimigo* (*My Enemy's Enemy*), 2007, diz a mesma coisa.

9. Presidente da França de 1981 até 1995. (N.T.)

10. Um dos altos funcionários de relações internacionais do governo francês. (N.T.)

11. Advogado francês judeu que luta pelos processos de antigos nazistas. (N.T.)

* * *

Santa Cruz é uma cidade maravilhosa, de 1,5 milhão de habitantes. Ela é, de longe, a cidade mais rica e mais animada da Bolívia. Fundada em 1561 pelo aventureiro espanhol Ñuflo de Chávez, a cidade começou a se desenvolver no final dos anos 1940 e no começo dos anos 50 do século XX.

As casas com suas colunas enfeitam as vastas bulevares onde crescem as palmeiras reais. Os jardins tropicais resplandecem de cores. As piscinas são enormes. O piso delas é de mármore.

O ar é úmido e suave o ano inteiro. O calor, no verão, é de tirar o fôlego.

Fazendas modernas e produtivas se estendem por todos os lados em volta da cidade. O rebanho das criações de gado chega, em cada uma delas, a vários milhares de reses. As plantações de algodão foram pouco a pouco substituídas pelas de soja, ainda mais rentáveis.

A soja, o arroz, as favas de cacau, o óleo de girassol, o melaço de cana-de-açúcar e o gado chegam a Puerto Suárez pela estrada. Barcas gigantescas viajam pelo rio Paraguai até sua foz no oceano, o rio da Prata.

No porto de Montevidéu, Uruguai, os grandes senhores de Santa Cruz possuem, aliás, uma zona franca de depósitos, guindastes, elevadores e cais. As mercadorias são exportadas para as grandes cidades da costa leste dos Estados Unidos ou, pelo Atlântico Sul, para a Europa.

A terra é abundante no Oriente boliviano. O Banco Mundial estima em oito milhões de hectares o tamanho das terras cultiváveis. Em 2007, apenas 2,5 milhões eram efetivamente explorados.[12]

Mas é preciso que se saiba que os filhos e filhas, netos e netas dos agentes das SS, da Gestapo, dos ustashes, dos Guardas de Ferro romenos, são os donos dessas suntuosas fazendas, criações de gado,

---

12. Até 2007, a agricultura de subsistência tinha sido abandonada. 80% de sua alimentação era importada pelo país.

frotas de barcas do rio Paraguai, indústrias químicas. Aliás, esses homens e essas mulheres são, geralmente, dinâmicos, competentes e, frequentemente, diplomados das mais prestigiosas universidades norte-americanas, e dispõem de uma imensa rede de relações financeiras e comerciais no mundo inteiro. Mas, frequentemente, mais do que frequentemente, eles são movidos por uma concepção discriminatória da vida e sentem um verdadeiro ódio racista por aqueles que chamam de "macacos": os indígenas, os judeus e os negros.

No seio dessa nova oligarquia de Santa Cruz de la Sierra, os ustashes formam um grupo à parte.

Ao contrário dos outros filhos de refugiados, eles se engajaram, frequentemente, em operações políticas e militares contemporâneas na Europa. Muitos deles, em particular, são procurados pelo Tribunal Internacional de Haia, por crimes de guerra cometidos nos Bálcãs entre 1992 e 2000.

Qual é a origem dos ustashes?

Em 1941, a Wehrmacht invadiu a Iugoslávia. Hitler desmembrou o país. Ele instaurou um regime à sua imagem em Zagreb. O Führer croata tinha o título de Poglavnik. Seu verdadeiro nome: Ante Pavelić.[13]

Acontece que, em sua loucura, Hitler não considerava os croatas como eslavos... já que eles eram católicos e não ortodoxos. Ele lhes concedeu, então, um Estado independente, reconhecido pelo Reich e por Mussolini.

Curzio Malaparte, trabalhando como correspondente de guerra do *Corriere della Sera*,[14] usava o uniforme de capitão do exército italiano. Ele visitou Ante Pavelić, um dia, em seu esconderijo de Agram. Este o recebeu calorosamente, lhe apresentando um cesto repleto de olhos humanos: "Eis aqui olhos de judeus e de sérvios

---

13. Mesmo antes da guerra, Ante Pavelić já tinha fundado os ustashes, uma sociedade secreta de extrema direita que lutava pela independência da Croácia. Ante Pavelić tinha mandado assassinar o rei Alexandre da Iugoslávia.

14. Jornal italiano (N.T.).

— vinte quilos, no total — que meus fiéis ustashes acabam de me oferecer."[15]

Eu me lembro de um dia quente do verão de 1996 em Lindau, pequena cidade medieval do *Land*[16] alemão de Baden-Württemberg, às margens do lago de Constança. Os socialistas europeus fizeram uma reunião em um hotel que dominava o lago.

Ao cair da noite, Hans Koschnik,[17] antigo governador do *Land* de Bremen, então enviado especial da União Europeia em Mostar, nos manteve a par de seus problemas.[18]

Mostar estava dividida entre bósnios e croatas. A ponte, de apenas um arco sobre o rio Neretva, construída pelos otomanos em 1566, jazia no fundo do rio, destruída pela artilharia croata. Os combatentes bósnios, nas ruínas das mesquitas e das casas da margem oriental, mal equipados, sofrendo com a fome e a sede, isolados do interior da região pelos soldados sérvios postados nos telhados atrás dos bairros orientais, resistiam como podiam.

Koschnik nos disse:

> Eu não tenho nenhuma esperança em encontrar uma solução negociada! Não é Franjo Tuđman que, do palácio presidencial de Zagreb, toma as decisões; elas são tomadas em Santa Cruz, na Bolívia. [...] Os ustashes bolivianos financiam as milícias croatas de Mostar. No mercado mundial de armas, eles compram os mais modernos canhões, as melhores metralhadoras e os mais eficientes lançadores de mísseis. [...] Eles matam os feridos, atiram contra os bairros onde as mulheres e as crianças se escondem — são selvagens. [...] O fanatismo deles é

---

15. Curzio Malaparte, *Kaputt* (Frankfurt: Fischer Verlag, reedição de 2007, p. 350). Cito a edição alemã porque é a mais recente e comporta um aparato científico importante. O título *Kaputt* vem da palavra hebraica *Kapparoth*, que significa "vítima".

16. A Alemanha é divida em estados (*Länders*). (N.T.)

17. Hans Koschnik era administrador da União Europeia em Mostar, onde foi nomeado prefeito em julho de 1994. Sua missão: reconciliar as duas partes da cidade e organizar sua reconstrução.

18. Ao sobreviver, milagrosamente, a um atentado praticado pelos ustashes, Koschnik se demitiu em 1997.

impermeável a qualquer raciocínio. Eles são racistas, estimulados por uma fúria de outra época. Eles não aceitam nenhum interlocutor [...] Ante Pavelić é o herói deles. Sua imagem está estampada em todos os lugares...

Koschnik parecia horrorizado:

Centenas de jovens ustashes bolivianos atravessam o Atlântico durante as férias [...]. Eles vêm para as margens do Neretva para praticar a caça ao muçulmano [...]. O nacionalismo deles é cego [...]. Se os americanos não convencerem os ustashes de Santa Cruz, nenhuma paz poderá ser selada em Mostar.

Evo Morales é o inimigo a ser abatido, na opinião dos ustashes. Ele os priva de seus privilégios, ameaça suas fortunas e lhes impõe o respeito das liberdades democráticas. A coesão entre os ustashes, os muitos descendentes dos imigrantes SS e a oligarquia local — frequentemente de origem paraguaia ou brasileira — é total nesse assunto.

E, na verdade, nos três principais departamentos do Oriente — os de Santa Cruz, Beni e Pando —, Evo Morales obteve apenas 33% do total de votos da eleição presidencial de 2005.

Nas fazendas do Chaco, onde o trabalho escravo é frequente, os escravos votaram como seus mestres. A mesma coisa aconteceu na Amazônia, nas imensas plantações de soja, milho e algodão.[19]

Os bancos de Tarija ou de Santa Cruz são donos de praticamente todos os jornais do país — e não somente os do Oriente —, assim como das principais redes de televisão e de rádio. Eles lançam, contra o governo, campanhas de difamação incessantes — e, frequentemente, de uma violência extraordinária.

---

19. A baixa votação de Evo Morales nesses departamentos, consequentemente, não é inesperada. Durante a Revolução Francesa, aconteceu um fenômeno análogo: os agricultores pobres da região Vendée se rebelaram, influenciados pelos párocos e aristocratas, contra a República em 1793. Esta, no entanto, tinha abolido quatro anos antes a servidão pessoal e os direitos feudais.

Por exemplo, os ustashes e seus aliados usam como pretexto o resultado eleitoral de 2005 no Oriente para negar a legitimidade de Evo Morales como presidente.

Entretanto, deve-se saber que a oposição da oligarquia mantém relações estreitas com as dos gigantes ocidentais do petróleo e do gás que não aceitaram sua derrota. Por exemplo, os fascistas dos departamentos de Pando, Tarija, Beni e Santa Cruz formaram uma Frente autonomista que reclama a secessão do Oriente. Alguns membros do alto clero abençoam a Frente.[20]

Até em Santa Cruz, os ustashes e outros neonazistas dominam três organizações-chave: a Câmara de Comércio e de Indústria, o Comitê Cívico e a União dos Jovens de Santa Cruz.

David Ceja, presidente da União dos Jovens, diz: "Evo Morales está levando a Bolívia para uma guerra racial, quer implantar um governo hitleriano, nós não temos a culpa pelos quinhentos anos de submissão dos indígenas."[21] O ataque de um ultranacionalista croata, herdeiro de Ante Pavelić, contra um presidente democraticamente eleito o chamando de novo Hitler constitui, indubitavelmente, uma variante inédita da paranoia política...

Os secessionistas reivindicam seis dos nove departamentos da Bolívia: Santa Cruz, Tarija, Cochabamba, Chuquisaca, Beni e Pando. Estes abrigam as principais riquezas petrolíferas, gasíferas e agroindustriais do país. 40% da população, frequentemente branca ou mestiça, moram nessa região.

Milícias de extrema direita atuam em cada um desses departamentos secessionistas. A mais importante é a *Phalange Socialista Boliviana*. Fundada nos anos 1930, ela foi rearmada e reorganizada por um homem que se diz chamar Guido Strauss.

---

20. A Bolívia tem a (duvidosa) honra de ter o primeiro arcebispo abertamente afiliado ao Opus Dei do continente.

21. Declaração de David Ceja a Pablo Stefanoni, em *Um ano de Evo Morales, Carta Maior*, semanal publicado em São Paulo, Brasil, 3 de janeiro de 2007.

Branko Marinković é o presidente do Comitê Cívico. Ele não aceita a soberania boliviana sobre o Oriente: "As autonomias são uma realidade. Nós não podemos esperar que elas nos sejam dadas."[22]

Todas essas milícias são abertamente racistas. Elas veem o indígena como "o inimigo da civilização". Um panfleto recente das *Juventudes cruceñas* conclamava a "defesa da fronteira do Ocidente" em Santa Cruz...

Já na Câmara de Agricultura do Oriente, os interesses estrangeiros, em seu seio, são mais poderosos, particularmente os de uma sociedade multinacional britânica, a Anglo-Bolivian Land and Cattle Company. A diretoria política da organização encontra-se nas mãos de descendentes de alemães, particularmente do deputado de extrema direita Fernando Messmer.

No meio de tal clima, é possível se surpreender quando Percy Fernández, prefeito de Santa Cruz, faz um apelo para a criação no Oriente de uma "nova nação", preferencialmente branca e solidamente aliada ao Ocidente?[23]

Samuel Doria Medina é deputado na Assembleia Constituinte, eleito por La Paz. Ele aparece em uma lista nominativa de "traidores a serem abatidos", estabelecida por Branko Marinković. Um panfleto do Comitê Cívico prometia "livrar Santa Cruz da escória do MAS".[24] Outro fazia um apelo para matar todos os "macacos cubanos e venezuelanos".[25]

Em novembro de 2007, lia-se estampado no título do jornal *El País* de Madri: "*Bolivia se asoma en la violencia y la división*" ("A Bolívia se perde na violência e na divisão").[26] O marionetista dessa divisão e

---

22. *Libération*, jornal francês, 9 de dezembro de 2007.
23. *Libération*, 9 de dezembro de 2007.
24. *Le Monde*, 11 de dezembro de 2007.
25. *Ibid.*
26. *El País*, jornal espanhol, 30 de novembro de 2007.

dessa violência se chama Philip S. Goldberg. Embaixador dos Estados Unidos em La Paz, ele dispõe de uma rica experiência nesse assunto. Antes de assumir o cargo na Bolívia, ele tinha sido embaixador em vários Estados nascidos do desmembramento da antiga Iugoslávia.[27]

No dia 6 de dezembro de 2009, Evo Morales Ayma foi reeleito presidente da República com impressionantes 63,7% do total dos votos. A partir de então, na Câmara dos Deputados e no Senado, o MAS e seus aliados são maioria. Mas a vitória definitiva ainda está longe de ser conquistada.

Entre o Estado nacional e a oligarquia secessionista, a batalha é terrível. Seu resultado é incerto.

A única certeza: a determinação de Evo Morales, das comunidades indígenas e do MAS de romper a corrente de opressão e exploração. Foi por isso que, recentemente, quarenta e seis generais, coronéis e almirantes das forças armadas foram reformados antecipadamente. Os jovens oficiais são, majoritariamente, patriotas e orgulhosos das nacionalizações. O ultraindigenismo foi refreado, a alta hierarquia da Igreja Católica foi isolada, os ustashes, provisoriamente, reduzidos à impotência.

Mas por quanto tempo?

Tradução de Marcelo Mori

---

27. *Le Courrier*, jornal suíço (Genebra, 27 de dezembro de 2007). Goldberg foi expulso em 2009.

Epílogo

"A nossa hora é chegada"[1]

Marie-Ange Magloire é uma avó de cinquenta e nove anos refugiada da fome de Jeremie, no Sul do Haiti. Com os seis filhos de sua falecida filha, com idades entre 3 e 9 anos, ela vive em um barracão de lata de 15 m², sem água ou eletricidade, para baixo de Cité Soleil. Essa favela se estende às margens do cintilante mar das Caraíbas, ao pé da capital, Porto Príncipe, e abriga, em 4 km², cerca de trezentas mil pessoas.

Gangues rivais, que lutam pelo controle do tráfico de cocaína, ali semeiam o terror.

Um canal a céu aberto atravessa o bairro onde vive Marie-Ange, um esgoto transportando detritos e dejetos humanos, infestado de ratos. Na penumbra do barraco, numa esteira infestada de baratas, Dieudonné, o caçula dos netos, de três anos, está dormindo.

Desde o nascer do sol, Marie-Ange fica agachada em frente do barracão. Sua magreza é escondida por um vestido vermelho, remendado várias vezes, com furos de um lado. Nos cabelos negros, ela usa um lenço vermelho e, nos pés, sandálias de borracha.

Ela tem o porte de uma rainha. Seu olhar é grave e seus gestos, enérgicos.

---

1. Aimé Césaire, *Lettre à Maurice Thorez* (Paris: Éditions Présence africaine, 1956).

Uma bacia de plástico onde se amontoam algumas notas de *gourdes* (moeda oficial do Haiti) está colocada diante dela, diretamente no chão.

Marie-Ange vende bolos ou bolachas de lama.

Misturada com um pouco de sal e resíduos vegetais que fornecem a gordura, a lama forma uma massa lisa. Seca ao sol, torna-se dura.

Para vender o bolo, Marie-Ange o corta em fatias. A lama é valorizada pelo cálcio. Ela cimenta o estômago e acalma a fome.

Mesmo no centro das piores tragédias, os haitianos não perdem o seu senso de ironia. Essas rodelas são chamadas de "biscoitos duros".

Para centenas de milhares de famílias, o bolo de lama é a principal refeição do dia.

Em tempos normais, os nove milhões de haitianos consomem 200.000 toneladas de farinha e 320.000 toneladas de arroz por ano. A farinha é 100% importada e o arroz, 75%.

Entre janeiro de 2007 e janeiro de 2008, o preço da farinha no Haiti subiu 83% e o do arroz, 69%.

Seis milhões de haitianos vivem na pobreza extrema. Muitos deles são levados a comer lama.

"Ojos que no ven, corazón que no siene" ("O que os olhos não veem o coração não sente").[2]

Raramente, na História, os povos do Ocidente testemunharam tanta cegueira, tanta indiferença, tanto cinismo como hoje. Sua ignorância em relação às diversas realidades é impressionante. E assim se alimenta o ódio.

Durante o primeiro trimestre de 2008, revoltas da fome eclodiram em trinta e sete países do hemisfério sul, do Egito às Filipinas, de Bangladesh ao Haiti. O súbito aumento dos preços dos alimentos condena à miséria novas categorias sociais, predominantemente urbanas. Os que se enquadram nessas categorias, cujo gasto com

---

2. Canção cubana.

alimentação é de 80 a 90% do orçamento, não têm mais o rendimento necessário para comprar comida diariamente. Eles fazem parte dos 2,2 bilhões de seres humanos oriundos dos países subdesenvolvidos, que vivem naquilo que o Banco Mundial chama eufemisticamente de "pobreza absoluta".[3]

Ainda durante o primeiro trimestre de 2008, o preço do arroz no mercado mundial aumentou 59% e o do trigo, do milho e do sorgo, 61% em média.[4]

De acordo com todas as previsões, principalmente as da ONU, os preços continuarão a subir nos próximos anos. E, consequentemente, a angústia do dia seguinte, como também o desespero dos habitantes dos países do hemisfério sul. Espera-se, para os próximos cinco anos, assistir a tumultos cada vez mais violentos, cada vez menos controláveis. E, além disso, a um número de pessoas famintas aumentando rapidamente.

De onde vem essa explosão de preços das matérias-primas agrícolas no mercado mundial? Três estratégias, implementadas pelo Ocidente e cujos efeitos são cumulativos, são a causa.

A primeira estratégia é da competência do Fundo Monetário Internacional. Para conter a dívida externa acumulada dos cento e vinte e dois países "em vias de desenvolvimento" (que, em 31 de dezembro 2007, subia para 2,1 trilhões de dólares), o FMI impõe, de tempos em tempos, aos mais pobres, programas chamados "de ajustamento estrutural". Na prática, todos esses planos privilegiam a agricultura de exportação, em detrimento das culturas de subsistência. Por uma simples razão: é só exportando algodão, soja, cana-de-açúcar, óleo de palma, café, chá, cacau, entre outros, que o país devedor garantirá divisas. Nem os juros nem a amortização

---

3. Banco Mundial, *Relatório anual de 2007* (Oxford: Oxford University Press, 2008).

4. Os preços dos alimentos são geralmente cotados FOB (*Free On Board*), por oposição a CIF (*Cost Insurance Freight*); em outras palavras, aos preços de mercado indicados aqui, devem ser adicionados os custos com transporte.

da dívida externa poderiam ser financiados em moeda local. Portanto, é preciso a qualquer preço adquirir divisas estrangeiras. Desse ponto de vista, o FMI é o guardião impiedoso dos interesses dos bancos credores e das grandes corporações multinacionais do Ocidente.

Como consequência, o FMI contribui para destruir as culturas de subsistência em muitos países do hemisfério sul.[5] Em qualquer lugar onde crescem algodão e cana-de-açúcar, não cresce arroz, nem milho, nem mandioca. Lembro-me do exemplo do Mali. Em 2007, o país exportou 380.000 toneladas de algodão e importou a maior parte de seus alimentos, principalmente arroz do Vietnã e da Tailândia.

Por outro lado, a especulação representa um papel importante no aumento dos preços.

Heiner Flassbeck, economista chefe da Conferência das Nações Unidas para o Comércio e o Desenvolvimento (CNUCED) estima em 50 ou 60% a quota de ganhos especulativos na explosão dos preços mundiais dos alimentos de base.[6]

Quanto ao presidente do Banco Mundial, Robert Zoellnick, ele acredita que os especuladores são responsáveis por cerca de 37% do aumento dos preços.[7]

Oito empresas ocidentais controlam atualmente a maior parte do mercado mundial de produtos alimentares. Com suas redes de distribuição global, seus depósitos nos cinco continentes, suas frotas marítimas, elas fixam os preços de compra, armazenamento, transporte etc. Assim, a Cargill, a mais poderosa e mais antiga delas, e

---

5. Entre as inúmeras investigações sobre a relação de causa e efeito entre as estratégias do FMI e o aumento do número de vítimas da fome, ver especialmente *Trade Policy and Hunger, the Impact of Trade Liberalisation on the Right to Food of Rice Farming Communities in Ghana, Honduras and Indonesia* (Genebra: FIAN e Ecumenical Advocacy Alliance, Conselho Mundial de Igrejas, 2007).

6. Heiner Flassbeck, *in Tagesanzeiger* (Zurique, 14 de maio de 2008).

7. Comunicação de Robert Zoellnick (Washington, 14 de abril de 2008).

cuja sede fica em Mineápolis, nos Estados Unidos, dominou até 26% do comércio mundial de cereais em 2007.

Essas empresas controlam o Commodity Stock Exchange de Chicago, a mais antiga e mais poderosa das bolsas de matérias-primas agrícolas do mundo.[8] Ora, depois da quebra dos mercados financeiros, em novembro-dezembro de 2007 — enquanto mais de um trilhão de dólares em ativos foram destruídos —, os *hedge-funds* e outros grandes fundos especulativos encontraram refúgio na Bolsa de Chicago. Suas operações foram acrescentadas às dos tradicionais senhores do comércio de agroalimentos. Como resultado, o volume total anual dos "papéis" negociados em bolsa agroalimentar em todo o mundo (em geral, contratos a prazo) explodiu: ele era de 10 bilhões de dólares em 2000 e chegou a 175 bilhões de dólares em maio de 2008.[9]

Os especuladores obtêm lucros surpreendentes. Assim, no primeiro trimestre de 2007, a Cargill obteve um lucro de 553 milhões de dólares. Em 2008, durante o mesmo período, seu lucro foi de 1,03 bilhão de dólares, isto é, um ganho de 86%. É que a Bolsa de Chicago opera como todas as bolsas do mundo: os operadores procuram maximizar o seu lucro no menor período de tempo.

A terceira estratégia em questão é aquela que envolve a conversão em massa de alimentos de base em biocombustíveis, com o pretexto de que se deve combater a deterioração do clima. Nos Estados Unidos, em 2007, 138 milhões de toneladas de milho (e centenas de bilhões de toneladas de trigo) foram, dessa forma, queimadas e transformadas em biocombustíveis.[10] Entretanto, devemos saber que, para encher o tanque de um automóvel médio que funciona com bioetanol, é preciso queimar 358 quilos de milho e que, com 358

---

8. Ela fica na South Wacker Street, em Chicago.

9. Só no mês de janeiro de 2008, mais três bilhões de dólares foram investidos na Bolsa de Chicago.

10. A União Europeia está comprometida com um programa similar. Nos Estados Unidos, o presidente Barack Obama dá continuidade à política de George W. Bush.

quilos de milho, uma criança no México ou na Zâmbia (onde o milho é o alimento de base) vive um ano inteiro.

As empresas de agroalimentos do Ocidente obtêm lucros astronômicos com o biodiesel e o bioetanol.

E que morram os pobres da metade sul do planeta!

O Conselho Econômico e Social da ONU reúne-se a cada ano em Nova York ou Genebra, alternadamente. A UNICEF (para as crianças), a FAO (para a agricultura), o PAM, a OMS (para a saúde), a UNESCO (para a educação), a OIT (para o trabalho) e todas as outras organizações especializadas das Nações Unidas devem apresentar seu relatório de atividades.

Da vasta documentação depreende-se em 2007 que, naquele mesmo ano, trinta e seis milhões de pessoas morreram de fome ou de suas consequências imediatas (doenças relacionadas à subnutrição, *kwashiorkor*, anemia etc.). Que doenças há muito vencidas no Ocidente (tuberculose, febre amarela, malária etc.) são a causa da morte de nove milhões de pessoas. Que outros sete milhões morreram de aids, uma doença que, no Ocidente, está sob controle graças às terapias triplas.

De acordo com os dados publicados em 2007 pelas organizações especializadas da ONU, as mortes causadas pelo subdesenvolvimento das forças de produção econômica e pela extrema miséria dos países do Sul subiram para mais de cinquenta e nove milhões.

Quanto aos casos graves de invalidez causados pela subnutrição permanente, pela falta de medicamentos, pela falta de água potável, eles atingem mais de 2,2 bilhões de pessoas, ou seja, um terço da humanidade.

Os demógrafos avaliam assim os estragos provocados pela Segunda Guerra Mundial: de dezesseis a dezoito milhões de homens e mulheres foram mortos em combate, dezenas de milhões de combatentes foram mutilados, amputados, desfigurados. Entre cinquenta e cinquenta e cinco milhões de civis foram mortos. Quanto aos feridos civis, o seu número aumenta em várias centenas de milhões.

No hemisfério sul, as epidemias, a fome, a água poluída e as guerras civis, resultantes da miséria, destroem, a cada ano, quase tantos seres humanos quanto a Segunda Guerra Mundial em seis anos.[11]

Como romper com esse sistema destrutivo? Como transformar o ódio que ele alimenta em uma força histórica de reivindicação de justiça e libertação vitoriosa?

Em primeiro lugar, pela reconstituição da memória, com a recuperação da identidade, pela conscientização sobre os direitos humanos, pela construção nacional nos países do hemisfério sul.

Neste livro, abordei extensamente a necessidade, das populações, de tentar recuperar sua identidade e revitalizar sua memória histórica.

Retomemos, a esse respeito, a experiência boliviana. Na noite em que os membros da Assembleia Constituinte votaram a nova Constituição, na antiga capital de Sucre, em 25 de novembro de 2007, Evo Morales exclamou:

> *"Acabo el saqueo de Bolivia!*
> *Acabo el Estado colonial!"*
> ("Acabou o saque na Bolívia!
> Acabou o Estado colonial!")[12]

A maioria dos países da África negra, nascidos da descolonização dos anos 1960, além de vários países da América Andina, do Caribe e da América Central formados no século XIX, nunca conheceu a verdadeira independência. Quando os países ocidentais, mui-

---

11. Cf. Jacques Dupâquier, *La Population mondiale au XXeme Siècle* (Paris: PUF, 1999; pp. 44ss) (Edição em português: *A população mundial no século XX*. Lisboa: Instituto Piaget, 2002).

12. Discurso de 25 de novembro de 2007.

tas vezes por razões de conveniência, renunciaram à ocupação territorial, o Estado colonial permaneceu intacto, tendo os senhores simplesmente trocado de máscara.

Para os povos do Sul, a vez do Estado nacional, da construção da nação, chegou hoje.

A nação é o produto da Revolução Francesa. Ela irrompeu na História em Valmy, em 1792, e agora vive nos sonhos de libertação de Evo Morales e de Wole Soyinka.

Uma recordação de história aqui se faz necessária.

No alvorecer de 20 de setembro de 1792, nos campos encharcados de chuva e nas colinas que rodeiam a aldeia de Valmy, no vale do Marne, os soldados revolucionários, sob o duplo comando dos generais Dumouriez e Kellermann, observam as fileiras superiormente equipadas do exército do duque de Brunswick. A Europa reacionária, antirrepublicana, mobilizada pelos exilados franceses e liderada pelos marechais prussianos e austríacos, prepara-se para invadir a França. Trata-se de vingar a afronta da derrubada da monarquia em 10 de agosto de 1792, de esmagar uma revolução que, do Atlântico às planícies da Hungria, faz aumentar a esperança de povos escravizados.

Tiros de canhões, o trovão retumbante dos obuses e — saindo de dezenas de milhares de gargantas — um grito: "Viva a nação!". Os pobres de Dumouriez e Kellermann, com uniformes de várias cores, armamento heterogêneo, vencem, numa manhã, a onda de vingança da Europa aliada. Em um cume atrás das linhas da Prússia, um homem de quarenta e cinco anos, curvado, grisalho nas têmporas, com os olhos febris, ministro do ducado de Weimar, assiste à cena. Atrás dele está seu criado que, momentos antes, o carregou nos braços, pelos caminhos alagados. Johann Wolfgang von Goethe está sofrendo. Mas também está perfeitamente lúcido. Em seu caderno de notas, ele observa: "Neste dia e neste lugar, tem início uma nova era na história do mundo." Mais tarde, falando a seu amigo Eckermann, ele dirá: "Os soldados franceses poderiam ter gritado: 'Viva todas as nações!'... É esse o significado oculto do seu grito."[13]

Em algum momento da História, em algum lugar do planeta onde pudesse surgir, a nação abriga dentro de si valores universais.

Pouco antes de Valmy, Maximilien Robespierre tinha feito, em Paris, este discurso:

> Franceses, uma glória imortal os espera, mas vocês terão de obtê-la com muito trabalho. Nós temos apenas de escolher entre as formas mais abomináveis de escravidão e a liberdade perfeita. É preciso que os reis ou os franceses sucumbam. À nossa sorte está ligada a de todas as nações. É preciso que o povo francês suporte o peso do mundo. Que o alarme que soou em Paris seja ouvido por todos os povos.[14]

Todos os seres humanos anseiam por saúde, educação, conhecimento, uma existência segura, um emprego estável, uma renda fixa, proteger sua família das humilhações, exercer plenamente suas responsabilidades civis e políticas, longe de todo sistema arbitrário, protegidos dos infortúnios que ofendem a sua dignidade.

A nação que surgiu em Valmy é uma nação de pobres, bem determinados a viver — e a viver livres. Atualmente, ela pode muito bem servir de modelo para a maioria dos movimentos populares, para os revolucionários da Bolívia, da Venezuela, do Equador, do Qatar, de Cuba, do Bahrein, do Nepal e de outros países.

E, de fato, a exemplo dos bolivianos, muitos povos dos países do hemisfério sul decidiram construir nações capazes de romper

---

13. J. P. Eckermann, *Gespräche mit Goethe in den letzten Jahren seines Lebens* (Wisbaden: Insel Verlag, 1955).

Esse livro pode ser encontrado em inglês, com traduções de John Oxenford, publicado como *Conversations of Goethe with Johann Peter Eckerman*, com introdução de Havelock Ellis (Londres: Everyman's Library, 1827, edição de J. K. Moorhead, 1971); de Margaret Fuller, *Conversations with Goethe, from the German of Eckermann* (Boston: Hilliard, Gray, and company, 1839), e de Gisela C. O'Brien, ed. H. Kohn, *Conversations with Goethe during the last years of his life* (Nova York: Frederick Ungar Publishing, 1964). (N.T.)

14. *Apud* Jean-Philippe Domecq, *Robespierre, derniers temps* (Paris: Seuil, 1984).

com o Ocidente, de fazer do ódio uma força de justiça, progresso e liberdade. E de direito.

Se, ao longo destas páginas, insistimos tanto sobre a necessária reconstrução da memória, é porque, nas suas culturas nativas, nas suas identidades coletivas, nas suas tradições é que os povos do Sul lançarão mão da coragem de ser livres.

Mas existem também caminhos sem saída. E todos sabem que o ódio pode levar ao retraimento identitário, comunitário ou tribal. Como vimos, a ameaça pesa na Bolívia. Pois o sentimento de desapropriação de si sofrida pelos povos que saíram da escravidão e do colonialismo, as perturbações e os traumas profundos sofridos durante séculos também podem instituir uma verdadeira fúria identitária, seja ela de ordem étnica, religiosa ou cultural.

Contrariamente à tensão de identidade, a nação é portadora dos valores universais. Ela aceita as diferenças e as reúne na consciência de pertencer a um conjunto protetor. Contradição insuperável entre diferença e universalidade? Não.

Escreve Eugène Ionesco: "A única sociedade viva é aquela onde cada um pode ser outro em meio aos seus semelhantes."

O encontro de culturas singulares, o aspecto complementar das associações constitui a riqueza das nações.

Na revista *Tropiques*, no centro das trevas da Segunda Guerra Mundial, Aimé Césaire escreveu: "Nós somos daqueles que dizem não à sombra. Sabemos que a salvação do mundo depende também de nós. Que a terra tem necessidade de quaisquer de seus filhos. Os mais humildes. A sombra ganha [...]. Ah! Toda a esperança não é demais para olhar o século diante de nós!"[15]

---

15. Do encontro entre André Breton, a caminho de seu exílio nos Estados Unidos, e Aimé Césaire (e sua mulher Suzanne), em 1941, nasceu a revista *Tropiques*, em Fort-de-France, na Martinica.

Hoje, o hemisfério sul experimenta o ódio. Mas, para ele, a oportunidade é ótima para partir para a conquista de si e de sua plenitude. "A nossa hora é chegada" — escreveu de maneira profética Aimé Césaire a Maurice Thorez, em 1956.[16]

O Sul não quer mais um Ocidente universal. Mas, Sul e Ocidente são colegas de quartos do mesmo planeta. Como "organizar" esse planeta? Pela tolerância, pela reciprocidade e pelo direito. E a regra vale tanto para o Sul quanto para o Ocidente.

Não, identidade singular e cidadania global não são antagônicas. Em todo caso, a multipolaridade da sociedade internacional impõe estas condições: respeitar os direitos humanos, do contrato social global, da distribuição equitativa dos recursos, da proteção conjunta do ar, da água, dos alimentos para a sobrevivência de cada um de nós.

O homem é um animal inquietante e estranho. Escreve Blaise Pascal: "O homem é um vazio capaz de Deus."[17] Por Deus devemos entender aqui responsabilidade nacional e individual, despertar do conhecimento, razão, amor, liberdade de escolha.

Claude Lévi-Strauss afirma: "O mundo começou sem o homem e acabará sem ele."[18] Se o Ocidente não despertar para o sofrimento, não ouvir aumentar a ira dos povos do Sul, não mudar radicalmente o método, não levar em conta os anseios e a determinação dos oprimidos, o ódio patológico prevalecerá.

A partir de hoje, os estrategistas da OTAN estão considerando recorrer ao bombardeio nuclear — por meio de bombas chamadas táticas — de alguns países que resistem à "democracia" e aos "direitos humanos".

---

16. *Lettre à Maurice Thorez*, 24 de outubro de 1956, *op. cit.*

17. Blaise Pascal, *Pensées* (Paris: Gallimard, 1963, coleção "Bibliothèque de la Plêiade" [Em português: *Pensamentos*. São Paulo: Martins Fontes, 2001; Abril Cultural, 1973,1ª edição, col. Os Pensadores, vol. XVI]).

18. Claude Lévi-Strauss, *La Pensée sauvage* (Paris: Plon, 1967 [Em português: *O pensamento selvagem*. São Paulo: EDUSP/Editora Nacional, 1970]).

Em certos locais, no mercado cinza, as armas nucleares estão circulando. Compradas e disparadas por homens enlouquecidos pelo ódio ao Ocidente, elas podem levar o planeta ao inverno nuclear.

Desde meados do século passado, a paz nuclear foi assegurada pelo equilíbrio do terror entre os países que dispõem de armas nucleares. Mas essa doutrina do equilíbrio não é mais pertinente quando forças terroristas não ligadas ao Estado são passíveis de pôr as mãos nesses meios de destruição em massa. Os salafistas, a Al-Qaeda e outros jihadistas não se preocupam com o equilíbrio do terror.

Atualmente, não há mais controle algum sobre as armas nucleares em circulação. E a última das sessões da Conferência sobre Desarmamento da ONU, em abril de 2008, resultou, mais uma vez, em um fracasso total. Então, deixemos a última palavra a Bertrand Russell, que escreveu, na primeira Conferência sobre o Desarmamento, logo após a tragédia de Hiroshima:

We appeal as human beings to human beings.
Remember your humanity and forget the rest!
If you can do so, the way is open for a new society,
If you cannot, there lies before you the risk of universal death.[19]

Tradução de Mariclara Oliveira

---

19. "Fazemos um apelo como seres humanos a outros seres humanos. Lembrem-se de sua humanidade e esqueçam o resto! Se vocês podem fazer isso, o caminho está aberto para uma nova sociedade. Se não podem, está à sua frente o risco da morte universal."

Agradecimentos

> *De tanto amar e andar surgem os livros.*
> *E se não têm beijos ou regiões,*
> *Se não têm homens de mãos cheias,*
> *Se não têm mulheres em cada gota,*
> *Se não têm fome, desejo, cólera, caminhos,*
> *Não servem para escudos nem sinos:*
> *Não têm olhos nem poderão abri-los,*
> *Terão apenas a boca morta do preceito.*[20]
>
> Pablo Neruda,
> *Memorial de Isla Negra.*

Nos altos planaltos andinos da Bolívia, fui recebido com calor humano e generosidade por comunidades aimarás e quíchuas. Na região do delta do Níger, na sierra de Chocotan (Guatemala), nas savanas do Mali, nas terras baixas da Etiópia, no coração das florestas de Madhya Pradesh, no litoral de Orissa[21] (à beira do golfo de

---

20. Este poema se intitula "Arte magnética" e se encontra em *Memorial de Isla Negra*. Transcrevemos aqui a versão original:
> *De tanto amar y andar salen los libros.*
> *Y si no tienen besos o regiones*
> *y si no tienen hombre a manos llenas,*
> *si no tienen mujer en cada gota,*
> *hambre, deseo, cólera, caminos,*
> *no sirven para escudo ni campana:*
> *están sin ojos y no podrán abrirlos,*
> *tendrán la boca muerta del precepto.* (N.T.)

21. Orissa e Madhya Pradesh são estados da Índia.(N.T.)

Bengala), como também em Nova York, na Cidade de Gaza, em La Paz, Caracas, Jerusalém, Bayamo (no Oriente[22] cubano), Madri, Cairo, Lima, Nova Déli, Selenge,[23] Peshawar[24] e muitos outros lugares do planeta, homens e mulheres de condições, posições sociais, culturas, religiões e orientações políticas diferentes se dirigiram a mim com a maior abertura, responderam a meus questionamentos, partilharam comigo seus conhecimentos, angústias e esperanças.

Meu livro foi fartamente nutrido por todos esses encontros.

Como de costume, com acurada atenção crítica, um talento de editor impressionante e uma amizade bastante sólida, Olivier Bétourné acompanhou cada etapa de redação deste livro. Com elevada exigência analítica e teórica, Erica Deuber-Ziegler releu cada linha que escrevi. Dominique Ziegler[25] também fez a revisão de provas. Devo a eles um sem-número de ideias, intuições e hipóteses profícuas.

A erudição e os recursos documentais a que tive acesso por meio do diálogo com Christophe Golay, Sally-Ann Way e Claire Mahon, meus colaboradores mais próximos, foram indispensáveis. Ingrid Bucher também me legou sua ajuda.

Arlette Sallin se debruçou sobre as versões sucessivas do texto com competência minuciosa. Também pude contar com os conselhos sensatos e a assistência amiga de Sabine Ibach e Mary Kling.

Para a edição do livro de bolso,[26] Caroline Mathieu, Claudine Le Gourriérec e Christiane Poulain me deram um auxílio precioso.

Meu reconhecimento a todas e a todos vai além do que as palavras são capazes de manifestar.

Tradução de Tiago José Risi Leme

---

22. Antiga província cubana, hoje dividida em cinco outras províncias. (N.T.)

23. Uma das vinte e uma *aimags* (províncias) da Mongólia, no Norte do país. (N.T.)

24. Cidade do Paquistão, capital da província de Khyber Pakhtunkhwa. (N.T.)

25. Erica Deuber-Ziegler é esposa de Jean Ziegler. Dominique Ziegler é filho do casal, nascido em 1970 e diretor de teatro, além de escritor. (N.T.)

26. O livro foi publicado na série Le Livre de Poche das Éditions Albin Michel (Paris), em 2008. (N.T.)